Nuevas evidencias científicas
de la existencia de Dios

José Carlos González-Hurtado (Madrid, 1964) es el presidente de EWTN España (EWTN es la mayor red de medios de comunicación religiosos en el mundo. Se emite en más de treinta idiomas, y se ve diariamente en más de 320 millones de hogares de 140 países).

Además es *senior advisor* global de la consultora estratégica Roland Berger y de algunas de las mayores firmas mundiales de *private equity*, así como consejero de varias compañías multinacionales de tecnología y consumo en Europa y América. Fue presidente internacional de IRI Worldwide (compañía multinacional norteamericana líder en tecnología, *big data* y analítica); *chief commercial officer* global y miembro del consejo ejecutivo del grupo Carrefour, y vicepresidente y *officer* en Procter & Gamble (la mayor multinacional de consumo del mundo, donde dirigió el negocio mundial de Braun y otros de sus negocios globales durante más de dos décadas).

Elegido uno de los Top 100 Global Board Candidates por el *Financial Times* (*Agenda Magazine*); uno de los top 10 líderes en Israel; Mejor Empresario del Año... Ha recibido otros muchos galardones internacionales.

Está casado con Doris y es padre de siete hijos. Recientemente ha regresado a España tras vivir la mayor parte de su vida fuera de su país de origen, en Francia, Gran Bretaña, Alemania, Ucrania, Rusia, Israel, Suiza, Grecia, Italia, Estados Unidos, Colombia, Venezuela, Perú y Brasil.

nuevasevidenciascientificas@gmail.com

Nuevas evidencias científicas de la existencia de Dios

José Carlos González-Hurtado

rocabolsillo

Penguin
Random House
Grupo Editorial

Primera edición: febrero de 2024

© 2023, José Carlos González-Hurtado y VOZdePAPEL
© 2023, Fundación EWTN España
© 2024, Roca Editorial de Libros, S. L. U.
Travessera de Gràcia, 47-49. 08021 Barcelona
© 2023, Fernando Sols, por el prólogo
Diseño de la cubierta: Penguin Random House Grupo Editorial / Marta Pardina
Imagen de la cubierta: © Shutterstock

Printed in Spain – Impreso en España

ISBN: 978-84-19498-70-0
Depósito legal: B-1.710-2024

Compuesto en M.I. Maquetación, S. L.
Impreso en Black Print CPI Ibérica
Sant Andreu de la Barca (Barcelona)

RB 9 8 7 0 0

Este libro está dedicado a:
Él, sin el cual nada —ni este libro, ni usted, ni yo— sería posible.
Doris, mi CHEC, mi Camino Hacia El Cielo.
Y a mis hijos —todos y cada uno de ellos—, regalos de Dios:
Clara
Diego
Isabel
Cristina
Teresa
Sofía
Paula
Y a mis más-que-amigos, providenciales:
Sofía
Álex
Daniel
Joaquín
Conchi
Y a mi padre, en el cielo, y mi madre, con nosotros a Dios gracias.
Y a todos los benefactores de EWTN España que ayudan a difundir «La alegría y el orgullo de ser católico».
Que Dios les bendiga a todos

Índice

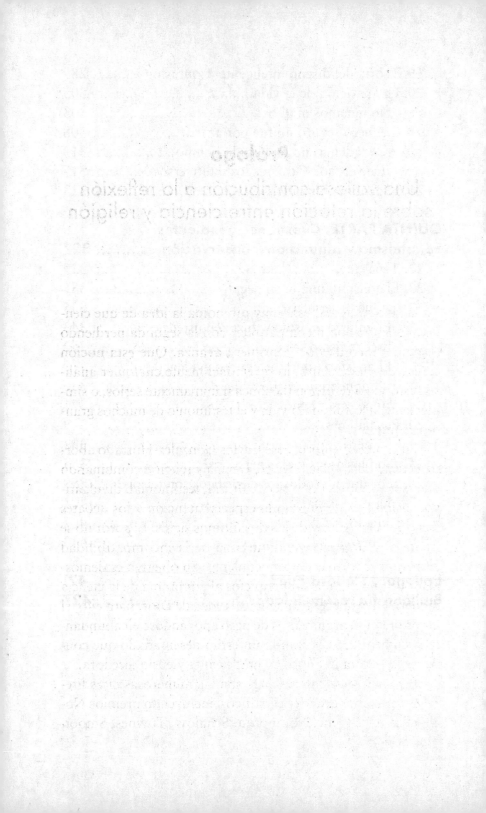

Prólogo
Una valiosa contribución a la reflexión sobre la relación entre ciencia y religión

En la cultura actual está muy difundida la idea de que ciencia y religión son incompatibles, con la segunda perdiendo terreno a medida que la primera avanza. Que esta noción carece de fundamento, lo revela fácilmente cualquier análisis histórico o reflexión filosófica mínimamente serios, o simplemente la lectura de la vida y el testimonio de muchos grandes científicos.

En el presente libro, José Carlos González-Hurtado aborda el tema de la relación entre ciencia y religión combinando diversos enfoques (histórico, cultural, testimonial, divulgativo, sociológico) y prestando especial atención a los debates científicos actuales y de los dos últimos siglos. El autor no se limita a refutar la leyenda urbana de la incompatibilidad entre ambas formas de conocimiento. Su objetivo es demostrar que una mirada sin prejuicios al panorama de la ciencia moderna lleva necesariamente a la idea de Dios. Para ello, el autor presenta argumentos de peso apoyándose en abundante documentación y usando un estilo desenfadado que convierte la lectura del libro en gratificante y enriquecedora.

Especialmente interesantes son las numerosas citas literales de muchos grandes científicos, incluyendo premios Nobel (Einstein, Planck, Compton, Schalow, Townes, Smoot,

Zeilinger) y otras figuras de gran peso como Dobzhansky, Gould, Ayala, Collins, Hoyle, o Vilenkin, así como gigantes históricos de la talla de Riemann, Mendel, Gödel, Lemaître y Von Neumann. Algunos de ellos se convirtieron al teísmo interpelados por los descubrimientos de la ciencia moderna. Por supuesto, la lista podría ser mucho más larga, pero no es un objetivo del libro la presentación sistemática de testimonios de científicos creyentes.

El libro toca muchos temas de ciencia con relevancia filosófica o teológica. Entre ellos no puede faltar una discusión de la teoría del diseño inteligente, que el autor presenta como una propuesta interesante pero que, al no ser refutable, no puede ser considerada científica. En cualquier caso, el autor sostiene que la agresividad con la que el diseño inteligente ha sido recibido por algunos científicos o pensadores ateos es a todas luces excesiva.

De forma más general, el libro incluye una documentada crítica a las propuestas y actitudes de las versiones más radicales del cientificismo ateo, en ocasiones refiriendo hechos poco conocidos. Especialmente interesante es el relato de la inmensa resistencia con que durante décadas fue recibida la teoría del Big Bang, propuesta por el astrofísico y sacerdote católico Lemaître, quien demostró que las ecuaciones de Einstein admiten soluciones de un universo en expansión. La teoría del Big Bang (cuyo nombre fue introducido de forma despectiva por su oponente Hoyle, quien más tarde se convertiría en teísta) solo fue aceptada cuando se descubrió el fondo cósmico de microondas.

Mientras que en occidente las críticas al Big Bang se quedaron en mera hostilidad intelectual, en la Unión Soviética tuvieron consecuencias trágicas, terminando en el probable envenenamiento de Friedmann, quien llegó a conclusiones similares antes que Lemaître, y en la ejecución o deportación de un nutrido grupo de científicos del observatorio astronómico de Pulkovo, incluyéndose familiares cercanos entre los deportados.

González-Hurtado dedica bastantes páginas a poner en evidencia la falta de rigor intelectual de los ateos cientificistas más radicales, quienes, atribuyéndose la representación e interpretación de la ciencia, atacan la religión hasta el punto de que han tenido que ser criticados por colegas de ideología afín pero más moderados. Presenta una larga lista de citas literales de conocidos pensadores ateos cuya valoración deja a los lectores.

El autor sostiene que el ateísmo es una forma de fe que, no estando basada ni en la ciencia ni en la razón, resulta difícil de profesar a sus defensores sin incurrir en inconsistencias o propuestas supuestamente científicas que no son más que especulaciones gratuitas. Entre esas *boutades* incluye la teoría de los muchos mundos o el multiverso, que interpreta como intentos desesperados por evitar la noción de Dios y de una cierta inmaterialidad en la naturaleza. En opinión del autor, estas ideas acientíficas, propuestas para evitar llegar a Dios, contrastan con la prudencia de algunos científicos teístas que sostienen que la ciencia actual sugiere fuertemente la idea de una realidad trascendente, pero no de forma conclusiva. Ahí queda la cuestión para el debate.

Al hablar de biología de la evolución, González-Hurtado hace una importante distinción entre la teoría científica de la evolución y el evolucionismo, siendo lo segundo una mera interpretación materialista de la primera. También nos recuerda cómo el evolucionismo materialista llevó al racismo científico, afortunadamente hoy superado, pero entre cuyos defensores figuró el mismo Charles Darwin, dato que cabe incluir entre los secretos mejor guardados de la alta cultura.

Por su relevancia para la cuestión de la relación entre ciencia y Dios, el libro repasa numerosos temas científicos de alto interés divulgativo. Junto a los temas ya mencionados, el autor se extiende sobre el principio antrópico, la indeterminación cuántica, el proyecto del genoma humano, el mapa del fondo cósmico de microondas, la estadística de Bayes y los teoremas de incompletitud de Gödel.

El autor termina animando explícitamente al lector a dar el paso de abrirse a la idea de Dios, asegurándole que, dentro de una cosmovisión cristiana, se encontrará con un escenario mucho más interesante y bello que el que puede aportarle el ateísmo.

La lectura del libro plantea algún problema epistemológico de cierto calado. Entre los científicos teístas es frecuente escuchar la idea de que hay que evitar recurrir al «dios de los agujeros» *(god of the gaps)* cuando se presenta un problema científico que no se entiende ahora, pero del que es concebible una comprensión futura. Si utilizamos un punto de ignorancia (por ejemplo, el comienzo de la vida o el origen del ajuste fino de las constantes de la naturaleza) para invocar la necesidad de Dios, corremos el riesgo de que un día la ciencia lo explique y nos quedemos sin argumento, contribuyendo a alimentar el falso mito de que la religión retrocede a medida que la ciencia avanza. Es más, ni siquiera es necesario esperar a que la ciencia rellene esa laguna. Basta la posibilidad teórica de que eso llegue a ocurrir para que el concepto de suma cero entre ciencia y religión ya esté servido. Bonhoeffer decía que debemos buscar a Dios en lo que conocemos, no en lo que ignoramos. Según esa visión (contraria al dios de los agujeros), lo conocido nos tiene que sugerir a Dios más fuertemente que lo ignorado.

Por otro lado, cabe argumentar que hay enigmas cuya futura comprensión nos parece tan inverosímil, o sucesos pasados cuya probabilidad previa estimamos tan minúscula, que nos llevan a pensar que tiene que haber intervenido alguien con el poder que se atribuye a Dios. El interrogante que surge entonces es si, a partir de la reflexión sobre el conocimiento natural, a Dios se le debe buscar por lo entendido o por lo enigmático, por lo conocido o por lo ignorado. Nos puede ayudar una frase de san Pablo que, como nos recuerda González-Hurtado, figura como epitafio en la tumba del gran matemático Riemann: «Para los que aman a Dios, todo es para bien» (Rm 8, 28). También podemos recordar la cita: «Lo invisible de Dios, desde la creación del mundo, se deja ver a la inteligencia a través de sus obras» (Rm 2, 20). Si hace dos mil años, san Pablo hablaba del acceso a Dios por sus obras, ¿qué no podremos decir en el siglo XXI ante el espectacular panorama de la ciencia y la técnica? Entendiendo y no entendiendo un hecho científico se puede atisbar la trascendencia, si se tiene la actitud adecuada. De forma más general, con y sin ciencia se puede llegar a Dios. Este libro está dedicado a mostrar la primera vía.

En resumen, el presente libro de José Carlos González-Hurtado es una valiosa contribución a la reflexión sobre la relación entre ciencia y religión. El autor defiende la tesis de que un acercamiento sin prejuicios a la ciencia moderna lleva necesariamente a Dios, como de hecho ha llevado a algunos científicos que él cita explícitamente. Dentro de un estilo ameno, el libro presenta abundante documentación y material de divulgación científica. Lo que es más importante, la lectura de este libro suscita reflexiones profundas acerca del sentido del universo y de la vida, a la vez que ofrece conclusiones naturales y racionales.

FERNANDO SOLS
Catedrático de Física de la Materia Condensada
Universidad Complutense de Madrid

Introducción

Mi paladar saborea la verdad, mis labios detestan el mal.

Libro de los Proverbios 8, 7 (la Biblia)[1]

Nihil minus est hominis occupati quam vivere.

Lucio Anneo Séneca[2]

Este libro no dejará indiferente a nadie. Las evidencias científicas a favor de la existencia de Dios son tan abrumadoras que de tratarse de otro tema el consenso sería total y la discusión ninguna. Estas evidencias —como

1. Para todas las citas bíblicas tomaremos la versión de la Biblia de la Conferencia Episcopal Española, que se puede consultar en <https://www.conferen ciaepiscopal.es/biblia/>.
2. «No hay nada que ocupe menos al hombre ocupado que vivir». Séneca, *De brevitate vitae*. Séneca el Joven fue un filósofo romano nacido en Córdoba, España. Muerto en el año 65 d.C. Sus escritos son considerados «protocristianos»; es mencionado por san Jerónimo y san Agustín, que le incluyen entre los escritores cristianos, posteriormente también así considerado por san Martín de Braga. Se conservan unas «Cartas de san Pablo y Séneca» que hoy se estiman escritas en el siglo IV.

veremos— se han acumulado en las últimas décadas, dejando al ateísmo derrotado en toda la línea y en franca retirada, pero como pasa con frecuencia en la historia y si me permiten la metáfora bélica, los ejércitos que se saben vencidos lanzan una ofensiva casi suicida como un último y desesperado intento de revertir lo que ya ven inexorable. En realidad, es una cortina de humo que pretende confundir al enemigo que en ocasiones ignora hasta qué punto ya ha obtenido la victoria. Sin tener que ir muy lejos ni en el tiempo ni en el espacio: el ejército nazi lo intentó en la ofensiva de las Ardenas entre diciembre de 1944 y enero de 1945, apenas cinco meses antes de la rendición incondicional alemana. Tras un inicial éxito, el resultado final de esa ofensiva fue una derrota para el Reich que, eso sí, produjo el mayor número de bajas para el ejército norteamericano de toda la Segunda Guerra Mundial... El ateísmo está desbaratado, pero nadie dice que no se pueda llevar consigo muchas almas antes que se consuma. Esto no es anecdótico, es casi una regla y tenemos otro ejemplo bélico cercano: durante la guerra civil española, el ejército republicano-comunista intentó cambiar su bien trabajada derrota con la llamada batalla del Ebro entre julio y noviembre de 1938 y otra vez, tras un éxito inicial, terminó siendo su derrota definitiva que precipitó la rendición final casualmente también cinco meses después. Al igual que la batalla de las Ardenas, la del Ebro fue un pavoroso, sangriento e innecesario canto de cisne. La religiosidad va en aumento: en Estados Unidos el 40 por ciento de los miembros de la generación Z se considera *muy* religioso y otro 30 por ciento se considera religioso, mientras que solo el 17 por ciento no se considera religioso;[3] en la última parte de este

---

3. Estudio del Sprintide Research Institute, publicado en abril de 2023 y referido a 2022 (post-COVID), <https://www.springtideresearch.org/>. La generación Z tiene de dieciocho a veinticinco años en el momento del estudio.

libro veremos que la gran mayoría de los científicos son teístas y lo son en mayor medida cuanto más jóvenes, mientras que solo una minoría —en general de científicos que no están en activo o jubilados hace décadas— se consideran agnósticos o ateos.

En las óperas, cuando sale a cantar la «dama gorda» sabemos que nuestro sufrimiento está cercano a terminar (aunque si la dama es la valquiria Brünnhilde, de la saga de los Nibelungos, la mala noticia es que quedan veinte minutos de despedida. A Wagner le cuesta irse); de igual modo cuando aparecen los «jinetes del Apocalipsis» del nuevo ateísmo, sabemos que esa religión o ideología está de salida. Uno de los objetivos de este libro es minimizar las «bajas» producidas por aquello que no es sino otro ejemplo de estéril acometida final.

Siempre habrá ateos —claro—, como siempre los hubo, porque el hombre es capaz de creer en cualquier excentricidad. Creer que el universo se engendró a sí mismo demuestra una gran credulidad, y obligarse posteriormente a uno mismo a no preguntar nada más, manifiesta una gran contención intelectual. Pensar que las leyes y las constantes de la física son las que son porque nos viene bien atestigua cierta ingenuidad y no poco egocentrismo. Evitar preguntarse cómo apareció la vida —porque no nos gusta ninguna de las posibles respuestas— es inmaduro y, además, poco científico. Pensar que usted y yo estamos aquí por el mero azar es ignorar completamente los resultados del cálculo de esas probabilidades, y es que los ateos, siendo en muchos casos personas desgraciadas, piensan paradójicamente que hemos tenido una suerte inusitada y que el universo y la Tierra y la vida y la vida humana han aparecido por casualidad en contra de todo lo esperable. Ignorar los avances y descubrimientos de las matemáticas o de la física o de la mecánica cuántica o de la cosmología o de la química o de la biología que «imponen la idea de Dios», y todo para afianzarse en la convicción apriorística de que un ser Creador no existe, tiene todos los ingredientes de una manía.

Todo lo anterior lo podrá leer en este libro: los avances en la física y en la cosmología que apuntan a la existencia de un Creador. También los nuevos teoremas matemáticos y las últimas pruebas lógicas que igualmente confirman la necesidad de un Ser Omnisciente no creado; asimismo hablaremos de los avances en la biología y la química que no dejan dudas sobre la necesidad de un Algo/Alguien —eso que llamamos Dios.

La ciencia en los últimos setenta años —una generación— ha dado pasos de gigante que han hecho imposible ignorar la presencia de un Creador. Como dijimos más arriba, resulta sorprendente e irónico que sea precisamente en el momento histórico en que el conocimiento científico lleva inexorablemente a esa conclusión, cuando se levanten voces en nombre de la ciencia que desafían lo que la ciencia sanciona. Parece una maniobra de diversión... se pretende que los teístas no miremos a las conclusiones científicas porque se finge que ellas desdicen el teísmo, cuando es todo lo contrario.

El mayor matemático de la historia reciente —y posiblemente de toda la historia— (Kurt Gödel) era teísta; el mayor —o más conocido— físico de la historia reciente (Albert Einstein) era teísta; el mayor cosmólogo de la historia reciente (Georges Lemaître) era teísta, bueno, y también sacerdote católico; el padre de la genética (Mendel) también era teísta y, además, fue sacerdote católico; el que es posiblemente el mayor biólogo vivo contemporáneo (Francis Collins) es teísta; el padre de la física cuántica (Max Planck) era teísta; el otro padre de la física cuántica (Werner Heisenberg) también era teísta —y es que en ciencia como en la vida en ocasiones hay varias atribuciones de paternidad—; el fundador de la estadística moderna (Ronald Fisher) también era religioso; el padre de la química moderna (Robert Boyle) fue también teólogo; y el fundador de la microbiología (Louis Pasteur), devoto cristiano; también lo fue Ramón y Cajal, padre de la neurociencia, y John Eccles, de la neurofisiología; también el progenitor de la nanotecnología (Richard Smalley) era creyente y religioso... de muchos de ellos y de sus descubrimientos daremos cuenta en este libro. Algunos de entre ellos no iniciaron su vida científica siendo teístas —algunos eran originalmente profesos ateos o tibios agnósticos—, pero a medida que avanzaron en el conocimiento de sus diferentes campos científicos se adhirieron a lo que la ciencia les desvelaba.

Por otro lado, los adalides del nuevo ateísmo que presume de cientifismo provienen en general de estudios llamados «de letras». Eso no les desmerece —supongo—, pero es un hecho poco conocido que es relevante sobre quienes levantan la bandera de la ciencia contra el Creador de la misma. Ellos son más bien hombres de «academia», no de «laboratorio»: así, Daniel Dennett estudió Filosofía; Sam Harris también estudió Filosofía —y se lo tomó con calma, ya que terminó sus estudios tras un paréntesis de quince años—; Christopher Hitchens fue periodista; Steven Pinker es psicólogo, como también lo es Darrell Ray; Michel Onfray es profesor de Filosofía en bachillerato. Hay otros que sí tienen formación científica, como Richard Dawkins, que estudió Zoología, o Lawrence Krauss, que cursó Física; pero no creemos que ninguno pueda ser considerado como notable científico ni se les conocen descubrimientos relevantes hasta la fecha —aunque no perdemos la esperanza.

También hablaremos de todo ello en la primera y quinta parte de este libro. Veremos que el ateísmo es muy minoritario en el mundo (apenas un 3 por ciento de la población global), aunque bastante ruidoso y que —contrariamente a lo que se suele creer— es una ideología más extendida entre los «hombres de letras» que entre los científicos. En la segunda parte dedicada a la física veremos cómo la segunda ley de la termodinámica apunta a Dios y cómo por ello fue atacada por los ateos de su tiempo; y también presentaremos el principio del universo —el «Big Bang»—, que igualmente muestra al Creador e asimismo fue silenciado por los escépticos. Hablaremos de las leyes y constantes físicas que permiten un universo antrópico: un universo en que usted pueda leer esto y yo escribirlo, contra toda probabilidad. Presentaremos el principio de incertidumbre de la física cuántica y explicaremos cómo ello también apunta a la existencia de un Creador. En la tercera parte, dedicada a las matemáticas, explicaremos cómo la negación de los infinitos actuales de Hilbert demanda también un comienzo para nuestro universo, un primer momento, un Big Bang. Presentaremos a quien posiblemente sea el mayor matemático de la historia —Kurt Gödel— y sus teoremas de incompletitud que necesariamente indican la existencia de eso-que-llamamos-Dios. También hablaremos de la probabilidad bayesiana, favorable a la existencia de ese Algo/Alguien/Creador. En la cuarta parte veremos que los avances de la biología desarman el escepticismo. Hablaremos de la evolución, de la aparición de la vida, del genoma humano... y de cómo el conocimiento de todo ello ha ido añadiendo más y más científicos al campo del teísmo. Finalmente, dedicaremos la quinta parte a cuestiones finales y daremos consideración a los posibles motivos por los que personas razonables y honestas pueden abrazar la fe atea. Es una pregunta que —creo— se hará todo lector de este libro al llegar a su final.

Este libro empezó a escribirse en 2003, cuando quien lo escribe era director general de una multinacional norteamericana en Oriente Próximo. La guerra de Irak, la Intifada palestina, los suicidas-bomba me hicieron considerar la existencia de una manera distinta. Sin darme cuenta o mucha cuenta, cambié, tomé conciencia de lo insólito que era «estar aquí» y decidí vivir consecuentemente —con moderado éxito—. En 2006, ya viviendo en Kiev (Ucrania), di mi primera conferencia sobre «Ciencia y Dios». El tema «me perseguía» y me pidieron otras conferencias sobre el mismo asunto cuando residía en Alemania y luego en París. En 2019 me solicitaron dar alguna en Madrid y me pareció una magnífica oportunidad para visitar mi país, del que estaba ausente desde hacía más de veinticinco años. Todas esas conferencias y charlas han sido la génesis de este libro. Recientemente ha surgido la oportunidad de hacer una serie de programas sobre Dios y ciencia en EWTN, el canal de televisión cristiano católico. Todo este interés por entender de qué forma la ciencia desvela el misterio del Creador no es sino otro camino, acorde a los tiempos que vivimos, por el que se manifiesta el interés por Dios.

El hombre no puede vivir sin Dios —literalmente—. Si Dios de forma deliberada no mantuviera la existencia de cada uno de nosotros, en ese mismo instante dejaríamos de ser. Puede usted ser consciente de esto o no, pero su ignorancia o conocimiento no cambia esa realidad. Sin embargo, ese hecho —necesitar de Dios para existir— excita con frecuencia nuestro orgullo. Querríamos no necesitar de nadie y nos sentimos ofendidos por tener esa necesidad. Muchos deciden vivir resentidos por ello. He observado repetidamente que no es una decisión que lleve a la felicidad.

Pero volviendo a la ciencia moderna, actualmente todos los astrofísicos saben que el universo no es infinito ni en el espacio ni en el tiempo. Se sabe sin lugar a duda que el universo tiene una cantidad de masa definida y también se sabe con seguridad que el universo no es intemporal, se conoce que tuvo un principio y además se ha calculado cuándo ocurrió. Sin embargo, la mayoría de la población occidental (y la inmensa mayoría de la oriental) sigue pensando que el universo es infinito, que no tiene fronteras y que no tuvo principio. Cuando preguntan a los occidentales si están de acuerdo con que «cuanto más sabemos de astronomía y de cosmología más difícil es ser religioso» solo el 36 por ciento está en desacuerdo, y cuando les preguntan si están de acuerdo con que «la teoría del Big Bang hace más difícil ser religioso» solo el 31 por ciento está en desacuerdo.[4] Es decir que una mayoría piensa que los descubrimientos de la cosmología o la teoría del Big Bang son argumentos *en contra* de la existencia de Dios, cuando son precisamente todo lo contrario como veremos en este libro.

Todos los biólogos saben —o deberían saber— que es imposible que la vida en la Tierra haya aparecido por puro azar. Todos saben que los experimentos intentando reproducir la «sopa primordial» en la que se pretendía que la vida apareció han fracasado tan estrepitosamente que prácticamente se han abandonado. Todos saben que ignoramos de dónde surgió la vida en nuestro planeta. Sin embargo, no es disparatado pensar que la mayoría de la población occidental semieducada cree que la vida surgió por alguna extraña reacción química que, de alguna manera inexplicable y posiblemente con el concurso de la electricidad, produjo un ser vivo. Poco importa que estas ideas nada tengan que ver con la realidad probada y muy poco con lo que sabemos que ha sido posible.

Estas discordancias entre la realidad que es conocida por los eruditos y desconocida por el gran público parecen en

---

4. Estudio «Ciencia y religión» del Instituto Theos, dirigido por Nick Spencer y Hannah Waite, 2022, p. 35. Se puede encontrar en la web de la Sociedad de Científicos Católicos de España en la sección recursos; véase <https://www.cientificoscatolicos.com/recursos>. El estudio está realizado para Reino Unido, pero con algo de generosidad suponemos que los británicos son en esto como el resto de los occidentales.

ocasiones provocadas interesadamente, pero en cualquier caso no son exclusivas de nuestra era, aunque quizá sí sean menos aceptables considerando la extensión de los medios de comunicación y la rapidez de transmisión de la información que existe actualmente. A lo largo de la historia se han producido circunstancias en que algunas verdades que eran conocidas con certeza por minorías ilustradas no habían permeado al común de la gente que, o bien sostenía opiniones completamente erradas, o bien ignoraba por completo el problema. Cuando Cristóbal Colón convence a los reyes de España para que financien un viaje que diera la vuelta al mundo, ya era sabido por gran parte del mundo cultivado que la Tierra era esférica; sin embargo, la mayor parte de la gente lo ignoraba. Cuando el aragonés Miguel Servet escribió sobre la circulación pulmonar en 1553 en el libro V de su obra *Christianismi restitutio* —«La restitución del cristianismo»—, ello ya era en realidad conocido por doctos en anatomía. No obstante, la idea de que la sangre sale del ventrículo derecho del corazón, entra en los pulmones y luego regresa al corazón por las venas pulmonares causó escándalo en muchos, entre ellos el protestante Calvino, que le condenó a morir quemado vivo en la protestante y calvinista Ginebra donde don Miguel tuvo la imprudencia de parar de camino a Italia.

Algo así pasa con el conocimiento científico que lleva a la creencia en Dios (aunque deseamos vivamente que no sea este libro ocasión para quemar a su autor en la plaza pública): la inmensa mayoría de los científicos sabe que la ciencia y la religión son perfectamente compatibles si no aliadas, y otra inmensa mayoría no menor sabe que la ciencia no puede explicar toda la realidad, y nunca podrá. Sin embargo, el 65 por ciento de la población en general piensa que la ciencia y la religión son incompatibles[5] y casi el 50 por ciento

5. *Ibid.*, p. 71.

sigue esperando de la ciencia todas las explicaciones,[6] y me temo que seguirán esperando durante mucho tiempo. Por otro lado, hay una minoría beligerante y chillona de ateos militantes y pseudocientíficos hostiles a la religión y empeñados en presentar la ciencia regañada con eso-que-llamamos-Dios. Nada más falso. Para no ser yo quien lo diga, me adhiero a lo que Christian Anfinsen, premio Nobel de Química en 1972, advirtió sobre los ateos: «Pienso que solo un idiota puede ser ateo».[7]

Este libro pretende demostrar que la ciencia conduce a Dios. Lo ha hecho siempre, pero en nuestro siglo de forma más evidente. Los descubrimientos científicos de «lo inmenso y de lo ínfimo», cosmológicos y biológicos, son evidencias que «imponen la idea de Dios», como dijo Max Planck, el padre de la física cuántica.

Usted encontrará en este libro las evidencias científicas que exigen de cualquier espíritu no sectario aceptar la inevitabilidad de la existencia de Dios. Si tiene que recorrer ese camino, no debe sentirse solo, somos muchos los que hemos pasado por ese trance, hasta el «más notorio ateo del mundo», como era conocido Antony Flew, que al final de su vida renegó de la fe atea y escandalizó a sus descreídos conmilitones manifestando públicamente su certeza en la existencia de Dios, a la que llegó porque «los argumentos más impresionantes a favor de la existencia de Dios son los que se apoyan en recientes descubrimientos científicos».[8] De él ha-

---

6. *Ibid.*, p. 10.
7. Christian B. Anfinsen, cit. por Margenau y Varghese en *Cosmos, Bios, Theos*, Open Court, 1992, p. 138. Christian Anfinsen fue un bioquímico norteamericano, fallecido en 1995. Por sus estudios sobre la ribonucleasa recibió el Premio Nobel de Química en 1972. Teísta y converso al judaísmo. Para todas las citas en inglés, francés, alemán, italiano o latín que se encuentran en este libro, las traducciones al español son del propio autor.
8. Entrevista con Gary Habermas, 9 de diciembre de 2004.

blaremos en el capítulo dedicado al «ateísmo honesto» y de esos descubrimientos en las partes segunda, tercera y cuarta de este libro.

Ahora bien, no tema al que le espanten los libros de religión, este no es uno. Pues si bien en las siguientes páginas usted encontrará las evidencias por las que la ciencia y aún más los descubrimientos científicos modernos llevan a la necesaria existencia de un único Dios personal, lo que no encontrará son argumentos o razones que pretendan discernir si ese Dios es Cristo, Yavé o Alá, y menos si la correcta Iglesia para adorar y acercarse al Creador es la católica, la baptista o la presbiteriana o la corriente sunita o chiita o drusa o el judaísmo caraíta, jasídico o reformista. Contrariamente a lo que se cree con frecuencia, la ciencia, la historia y la lógica pueden arrojar mucha luz sobre esas alternativas, pero ello no es objeto de este libro.

La razón última de este libro tiene mucho que ver con lo que afirmó el físico y sacerdote cristiano John Polkinghorne: «El asunto de la existencia de Dios es la cuestión más importante a la que nos enfrentamos sobre la naturaleza de la realidad».[9]

La vida que vivamos dependerá de la respuesta que demos a esa cuestión y nuestro compromiso con esa respuesta —doy fe—. Por otro lado, la pretensión de estas páginas es que usted llegue a la misma conclusión que Antony Flew: «Tenemos toda la evidencia que necesitamos en nuestra experiencia in-

9. John Polkinghorne, *The Faith of a Physicist*, Princeton, 1994. Cit. en la voz «Polkinghorne» en la Wikipedia en inglés. John Polkinghorne fue un físico teórico británico fallecido en 2021, profesor de Física matemática en la Universidad de Cambridge y presidente del Queens' College en Cambridge; también fue profesor en las universidades de Princeton, Berkeley y Stanford. Nombrado caballero por la reina de Inglaterra en 1997, recibió el Premio Templeton en 2002. Teísta y cristiano, decidió ordenarse sacerdote de la Iglesia anglicana a los cuarenta y siete años.

mediata (y con las provistas en este libro, añado) y solo un deliberado rechazo a "mirar" es el responsable del ateísmo en cualquiera de sus variedades»,[10] y le avanzo que es posible que haya algunas cuestiones que no comprenderá en su totalidad —al menos no al principio— y aspectos de «eso-que-llamamos-Dios» que le dejarán perplejo. Que usted —y yo— no entendamos completamente a ese «Algo-Alguien-Dios» no tiene nada de excepcional, lo insólito sería que lo comprendiéramos enteramente. Si le sirve de consuelo, Richard Smalley, premio Nobel de Química en 1996, admitía lo mismo: «Aunque sospecho que nunca lo entenderé del todo, ahora pienso que la respuesta es muy simple: es verdad. Dios creó el universo hace 13.700 millones de años y necesariamente Él se ha involucrado con su creación desde entonces».[11]

Me he divertido enormemente escribiendo estas páginas, deseo y espero que usted disfrute de igual manera.

Laus Deo.

10. Antony Flew, *There is a God: How the World's Most Notorious Atheist Changed his Mind.* Hablaremos extensamente del señor Flew y su conversión en este libro.
11. Richard Smalley en 2005, en una conferencia en una recepción de Alumni del Hope College en Michigan, Estados Unidos. Richard Smalley fue un químico norteamericano, fallecido en 2005, profesor de la Universidad de Rice y galardonado con el Premio Nobel de Química en 1996 por el descubrimiento de una nueva forma de carbono. Es considerado el padre de la nanotecnología. Teísta y cristiano.

PRIMERA PARTE

Cuestiones previas

> Yavé mira desde el cielo
> a los hijos de los hombres
> para ver si hay quien sea sensato
> y busque a Dios.

Libro de los Salmos 14, 2 (la Biblia)

1

Eso que llamamos Dios

> Yo soy el que soy.
>
> Libro del Éxodo 3, 14 (la Biblia)

Antes de entrar a discutir y demostrar que la evidencia científica lleva irremediablemente a creer en un Dios Creador, conviene ponerse de acuerdo en eso que llamamos Dios. Veremos que muchos de los escritores ateos pecan de falta de rigor en la definición de lo que rechazan, variando su definición y descripción de Dios a medida que los argumentos teístas van haciendo su posición indefendible. En otras ocasiones los ateos atacan a un Dios que ninguno de los creyentes reconoceríamos como tal y cuya existencia nos unimos en negar con facilidad.

Dios no es un Zeus olímpico, un anciano señor con barba blanca que mira al hombre con enfado y encadena a todo Prometeo que pretende la felicidad del ser humano. En la mente de varios autores ateos modernos, Dios se parece a una caricatura de un tirano oriental que trata con arbitrariedad a sus súbditos humanos. Y es que, aunque algunos se empeñen, los tiranos orientales siguen teniendo mala prensa.

Christopher Hitchens,[1] un conocido y generalmente colérico periodista ateo, escribió en *Dios no es bueno* —uno de los más populares libros de apologética atea— una larga diatriba contra esas imágenes de Dios inexistentes en la realidad presente o pasada de ninguna religión (quizá con la excepción de las religiones precristianas en América y en Asia). Esta caracterización de Dios y la religión ha hecho que el señor Hitchens sea tachado de deshonesto por otros autores ateos: «El libro de Hitchens es una vergüenza intelectual. Ser una vergüenza intelectual es ser deshonesto, es decir, menos de lo que sabes, de lo que deberías saber y conformar lo que presentas de una forma que tergiversa la realidad de los hechos»,[2] y también criticado desde el lado agnóstico: «Cuando le preguntaron de qué se asombraba, Christopher Hitchens respondió que su definición de persona educada es la que tiene alguna idea de cuán ignorante es. Esto parece como si Hitchens estuviera asombrado de su propia ignorancia, en cuyo caso seguramente ha encontrado un objeto merecedor de su veneración».[3]

Es importante establecer el Dios en que los teístas creemos, porque en esta época que nos ha tocado vivir muchas personas alcanzan el conocimiento o la sombra de él por los sentimientos. Se adhieren a una u otra creencia o ideología no por lo que de realidad hay en ella, sino por lo que ellos presienten o por las imágenes que consciente o inconscientemente se han creado ellos o han creado otros en sus mentes, generalmente demasiado maleables.

---

1. Christopher Hitchens fue un periodista británico, socialista, marxista, incluso después de la caída del Muro de Berlín. Se denominaba a sí mismo «antiteísta», escribió en contra la madre Teresa de Calcuta o en contra de la «guerra contra las drogas». Se encontró con su creador en 2011.
2. Curtis White, «Christopher Hitchens's lies do atheism no favors», *Salón*, 23 de junio de 2013.
3. David Berlinski, *The Devil's Delusion*, Basic Books, 2009, p. 208.

Las discusiones con muchos ateos podrían terminar con un sencillo «Yo tampoco creo en eso. Pero es que "eso" no es Dios». Tomemos la declaración del ateo Curtis White como ejemplo: «Soy ateo, si ser ateo significa no creer en un Dios consejero delegado, que se sienta fuera de su creación, proclamando edictos, castigando desafortunados pecadores, buscando venganza contra sus enemigos y escogiendo lados durante tiempos de guerra».[4]

¿Qué podemos decir? Que estamos de acuerdo en no creer en absoluto en un Dios traidor, tirano y vengativo. Tampoco creo en Amón-Ra ni en la Pachamama ni en Quetzalcóatl. De hecho, estoy de acuerdo con los antiguos hebreos y cristianos que veían en tales diosecillos representaciones del Mal, que, como Dios, también existe. Habría que hacer notar al señor White y otros que consideran a Dios con esos atributos que desde que el hombre anda sobre la tierra tiene tendencia a aplicar a Dios sus propios rasgos y las propias flaquezas. Júpiter era un obseso sexual, Juno una celosa irredenta y Vulcano tan feo que su madre lo echó de casa. Personalmente he de confesar que esas descripciones evocan algunas personas que me son conocidas.

Esto es exactamente lo que le ocurre a Richard Dawkins, otro popular autor del «nuevo ateísmo» (extraño nombre para una corriente cuyos autores han fallecido o son seniles ancianos) en el más conocido de sus repetitivos libros, *El espejismo de Dios*.[5] El señor Dawkins no hace sino atacar una imagen de Dios que no es otra cosa que una versión más inteligente que el propio señor Dawkins, algo que él considera imposible. El señor Dawkins presenta a Dios como un ser humano, pero amplificado al infinito. Este autor es un evo-

4. Curtis White, *op. cit.*
5. Richard Dawkins, *The God Delusion*, Hoghton Mifflin, 2006. [Hay trad. cast.: *El espejismo de Dios*, Barcelona, Espasa, 2017].

lucionista furibundo y, por tanto, considera que si existe una inteligencia sobrehumana —Dios— debe ser causada por un proceso evolutivo, y si existe otra superinteligencia que haya causado esta, también debería ser explicada por otro proceso evolutivo… y así hasta el infinito.[6] Dado que él considera que sus muchas capacidades son resultado de la evolución, estima que todos los posibles seres inteligentes deben ser resultado de procesos evolutivos, incluido Dios. Al fin y al cabo, rebajar a Dios a algo parecido al señor Dawkins le convierte a él en algo parecido a Dios. Reconozcamos que con esas premisas no creer en Dios es un insólito y quizá inadvertido rasgo de humildad del señor Dawkins.

Mejor que la nuestra, la crítica a esa reduccionista representación de Dios viene de Thomas Nagel, filósofo ateo pero antimaterialista (lo que es una interesante combinación):

> Pero Dios, sea lo que fuere, no es un complejo habitante del mundo natural (como Dawkins lo define). Explicar su existencia como una concatenación aleatoria de átomos (por medio de la evolución) no es una posibilidad para la que haya que buscar alternativa, porque eso no es lo que nadie entiende por «Dios». La hipótesis sobre Dios (tal y como es formulada por los teístas) solo tiene sentido si ofrece una explicación distinta a las explicaciones propias de la ciencia física: el propósito o intención de una mente sin cuerpo, pero capaz de crear y dar forma a todo el mundo físico. La hipótesis se apoya en postular que no toda explicación es física, y que hay una explicación mental, premeditada o intencional que es más fundamental que las leyes básicas de la física, a las que también explica.[7]

6. *Ibid.*, p. 109.
7. Thomas Nagel, «The Fear of Religion», *The New Republic*, 23 de octubre de 2006.

Después de considerar varias versiones de lo que no es Dios, conviene explicar lo que sí es y lo que queremos decir con el «Dios» del que vamos a hablar en este libro y para cuya existencia la ciencia moderna provee de numerosas evidencias. Como veremos en la segunda parte (en el capítulo «Y hubo un principio»), la física y la cosmología han demostrado que el universo no es eterno y que antes de existir no existió. (Parece una obviedad, pero a algunos les sigue costando llegar a esa conclusión, nos tememos que más por lo que implica que por un prurito de pertenecer a un universo eterno). Pero puesto que el universo es todo lo que existe, si en algún momento no existió todo lo que existe, no hay causa o explicación —dentro del universo— para justificar la existencia del universo. Salvo que...

Salvo que haya habido Algo/Alguien —fuera del universo— que haya sido el responsable de la creación del universo. Pero ese Algo/Alguien no puede ser como el universo en el sentido de haber pasado de la no-existencia a la existencia (si no tendríamos el mismo problema, es decir, que necesitaríamos un Algo/Alguien como causa del Algo/Alguien y distinto a él). Es decir, que ese Algo/Alguien siempre ha existido, es eterno. Ese Algo/Alguien es la causa del universo, pero como él mismo es eterno, ese Algo/Alguien no tiene causa.

Ese Algo/Alguien es —como usted habrá adivinado— el Dios de quien hablaremos en este libro y de quien la ciencia aporta numerosísimas evidencias. Así mirado, resulta muy precisa y seductora la presentación que Dios hace de Sí mismo a Moisés en la Torá: «Yo Soy el que Soy».

Por ello, preguntar «¿quién creó a Dios?», como hacen el señor Dawkins y otros neoateos, tiene tanto sentido como preguntar quién es el hermano mayor de un hijo único. Esperar que si existe Dios haya sido creado es tanto como esperar ver por el retrovisor el automóvil que va delante de nosotros. Preguntar por la causa de lo que por definición no tiene causa se parece mucho a una declaración pública de incapacidad intelectiva.

Pero volvamos al universo por un momento. El hecho de que no existiera demuestra que el universo no es necesario, que podría no haber existido nunca o bien no existir en este momento o en el futuro. (De hecho, la ciencia física predice que habrá un tiempo en que este universo no existirá. Lo veremos en el capítulo «Esto se acaba»). Y puesto que el universo no es necesario, una pregunta apropiada es por qué hay algo en lugar de nada.[8] Es, si quieren, LA pregunta. ¿Por qué existe el universo? Y esta pregunta realmente demanda tanto la «causa» (cuál fue el origen) como la «razón» (cuál el motivo). La primera apunta a aquel Algo/Alguien que, desde fuera del universo, lo causa sin tener él mismo causa. Si el universo no es necesario (ha pasado de no existir a existir y pasará a no existir de nuevo en el futuro), ese Algo/Alguien sí lo es (siempre existió, siempre existirá). La segunda cuestión demanda la finalidad o la razón por la que aquel Algo/Alguien causó el universo. Proponemos que la ciencia tiene mucho que decir en lo que se refiere a la primera cuestión (causalidad) y poco en lo referente a la segunda (finalidad). Y ello porque la ciencia trata del universo y, por tanto, de sus causas, pero sobre las razones para ello o su finalidad podemos y debemos especular, pero no experimentar. Esta distinción habría ahorrado muchos equívocos (por ejemplo, en la teoría del diseño inteligente, que discutiremos en la cuarta parte referida a la química y la biología) y también establece que las pretensiones de «simplemente ignorar» el

8. Aristóteles estableció que todo lo que existe debe tener una causa —algo por otro lado evidente y solo negado por quienes procuran evitar las consecuencias de esa realidad—. Gottfried Leibniz en el siglo XVII inició con aquella pregunta su «argumento cosmológico», que le llevó a la demostración de la existencia de Dios. Martin Heidegger en el siglo XX consideró que esa pregunta era «la cuestión fundamental de la metafísica».

problema de la causación del universo —como muchos autores ateos hacen— es acientífico. Por ejemplo, el filósofo activista ateo Bertrand Russell afirmaba que «debo decir que el universo está ahí, y eso es todo», o bien que «es ilegítimo incluso preguntar la cuestión de la causa del mundo».[9] No resulta muy edificante ver a un «filósofo» ignorar alguna cuestión simplemente porque le incomoda o porque la respuesta le obligaría a revisar mucho de lo que tiene por cierto, pero lamentablemente ocurre con inusitada frecuencia.

Tenemos, por tanto, que aquel Algo/Alguien-Dios es responsable de la creación del universo y que, a diferencia de este, es eterno y es necesario. Por otro lado, que este Dios del que hablamos suministre demostraciones de su existencia es consistente con su definición y sus atributos. El Dios del que hablamos proporcionará «suficiente luz para los que quieran ver» y permitirá «suficiente oscuridad para los que no quieran ver», parafraseando a Pascal.

Este no es un libro de teología, por lo que no vamos a discutir las características o los atributos del Creador-Dios[10]

---

9. Debate radiofónico con Frederick Copleston S. J. en 1948. Sobre el señor Russell hablaremos en la parte dedicada a las matemáticas —véase nota 3 del cap. 10—. El padre Copleston, fallecido en 1994, fue un filósofo sacerdote jesuita católico, historiador de la filosofía —autor de la enciclopédica *Historia de la filosofía*, que se publicó entre 1946 y 1975—. Anglicano en su niñez y sobrino de un obispo anglicano, se convirtió al catolicismo a la edad de dieciocho años pese a la oposición de su familia.
10. Otros atributos de ese Algo/Alguien-Dios se deducen lógicamente de los que hemos presentado, pero tal demostración excede este volumen. Solo podemos recomendar la lectura del libro I de la *Summa Theologica* de santo Tomás de Aquino que trata de Dios: su existencia y su naturaleza. En resumen, se puede decir que los atributos de Dios son: a) simplicidad: Dios no está compuesto, su esencia es su existencia, no tiene cuerpo etc.; b) perfección: a Dios no le falta nada; c) bondad; d) infinitud: no tiene limitaciones; e) unicidad: no es posible la existencia de múltiples «dioses»; f) eternidad; g) inmutabilidad; h) omnipotencia y omnipresencia. <https://tomasdeaquino. org/libro-dios-su-existencia-y-su-naturaleza/>. No obstante, la completa

y tampoco pretendemos —como ya hemos dicho— que la ciencia dicte cuál es la religión verdadera.[11] El Algo/Alguien-Dios del que hablamos y cuya existencia la ciencia impone es «un Ser puramente espiritual, que lo sabe todo, lo puede todo, ama a todos, comprende inmediatamente y en su totalidad todas las posibles ramificaciones de cualquier acción de todos los tiempos y para toda la eternidad, y para cada decisión tiene en cuenta todas esas ramificaciones incluido el bien espiritual y material que se derivaría no solo para una persona (para usted o para mí), sino para todos y para todo lo presente y lo futuro que pudiera verse afectado».[12] Él es el que Es.

comprensión de ese Algo/Alguien-Dios escapa necesariamente la capacidad humana. El no comprender completamente eso que llamamos Dios no es una prueba de su no existencia, sino al contrario. Graham Greene, un escritor que se convirtió del ateísmo al catolicismo admitió que «Yo no podría creer en un Dios a quien pudiera comprender». Concurrimos.

11. La ciencia y muchos descubrimientos modernos y la historia sí ofrecen indicios y muy sólidos sobre la acción de aquel Algo/Alguien-Dios en el mundo y, por tanto, la existencia de una religión querida por Él. Pero tales indicios o evidencias no siempre vienen de la ciencia, no proporcionan certeza absoluta y no son el objeto de este libro.

12. S. Hahn y B. Wiker, *Dawkins en observación*, Rialp, 2008, p. 88.

SEGUNDA PARTE
La física y la cosmología

Los cielos atestiguan la gloria de Dios;
y el firmamento predica las obras que Él ha hecho.

Salmo 19, 2 (la Biblia)

2

Aplicando la Lógica

Nada de lo que conocemos sobre el mundo según teorías científicas empíricamente verificadas está en conflicto con la doctrina católica [en lo que se refiere a este libro puede cambiar la palabra «católica» por «teísta»].

ROBERT KURLAND[1]

Nada surge de la nada...

Me parece que cuando nos enfrentamos a las maravillas de la vida y del universo, uno debe preguntar «¿por qué?», no solo «¿cómo?». La única respuesta posible es religiosa... Existe una necesidad de Dios en el universo y para mi propia vida.

ARTHUR SCHALOW[2]

---

1. Robert Kurland es doctor en Física por la Universidad de Harvard y licenciado en Química por el CalTech (California Institute of Technology). Fue profesor de Química en la Universidad Carnegie-Mellon y de Ciencias biofísicas en las universidades SUNY en Buffalo, Bucknell, Penn State y otras. Converso al catolicismo en 1995 a la edad de sesenta y cinco años. La cita en «Catholic Guidelines for Science», *Catholic Exchange,* 18 de noviembre de 2022.
2. Arthur Leonard Schalow fue un profesor de física norteamericano falleci-

Ya en el siglo v antes de Jesucristo, Parménides lo dijo: «De la nada absoluta, nada puede surgir»,[3] y desde entonces ningún filósofo ha cuestionado esta evidencia lógica. Esto tiene una traslación a la ciencia en la ley de la conservación de la masa, también llamada «ley Lomonósov-Lavoissier», una de las leyes fundamentales de las ciencias naturales que es posible que usted recuerde de sus estudios colegiales, si tuvo la suerte de estudiar cuando se exigía aprender: «la materia ni se crea ni se destruye, solo se transforma». Esta ley fue anticipada por otro filósofo y científico griego del siglo v a. C., Anaxágoras: «Nada se crea ni desaparece, sino que las cosas ya existentes se combinan y luego de nuevo se separan».[4]

O lo que es igual...
Todo lo que tiene un origen tiene una causa

Creo en Dios. De hecho, creo en un Dios personal que actúa e interactúa con la creación. Creo que las observaciones acerca del orden del universo físico y el aparente ajuste de precisión excepcional de las condiciones del universo para el desarrollo de la vida sugieren que un Creador inteligente es el responsable.

WILLIAM PHILLIPS[5]

do en 1999. Coinventor del láser junto a Charles Townes. Premio Nobel de Física en 1981, profesor en la Universidad de Stanford. Teísta y cristiano. La cita en Margenau y Varghese, *op. cit.*, p. 105. Por cierto, el señor Townes también fue teísta y religioso cristiano.
3. Esta idea aparece por primera vez en la *Física* de Aristóteles y luego aceptada universalmente. Recogida por Lucrecio en la locución *«Ex nihilo nihil fit»* en el primer libro *De rerum natura*.
4. Cit. por A. Tamir y F. Ruiz Beviá, *Ingeniería química*, Madrid, 2015, p. 444.
5. William Phillips es un físico norteamericano nacido en 1948, fue galardonado con el Premio Nobel de Física en 1997. Teísta y cristiano. La cita de la

Lo mismo, pero de forma positiva, podría formularse como: todo lo que alcanza la existencia en la naturaleza tiene una causa, o bien todo lo que ha tenido un origen tiene una causa. Este es un principio universal y evidente. Usted está ahí gracias a sus padres y ellos gracias a sus abuelos. Como dice Michael Augros: «La causalidad puramente circular es obviamente imposible. Usted no puede ser su propio padre».[6] Sin embargo, algunos materialistas empecinados contra la evidencia consideran que la materia puede crearse a sí misma, lo que atenta no solo contra las leyes de la física, sino contra la lógica. Si algo pudiera generarse a sí mismo, debería existir antes de generarse, es decir, debería existir antes de existir. Esto es absurdo y es imposible.

Aún más, Gerard Verschuuren dirá: «No solo es imposible que algo haya llegado a existir causado por sí mismo, sino que es imposible que nada que haya llegado a existir se explique por sí mismo».[7] Esta observación viene de lejos, ya Leibniz en el siglo XVIII se preguntaba «¿por qué existe algo en lugar de nada?»,[8] y es que, aunque estamos encantados y agradecidos de existir, lo cierto es que no somos necesarios, de hecho, si usted lo piensa bien no es necesario que exista nada de lo que ha llegado a existir. Podría no haber nada de ello. Podría no haber universo, sin embargo, como es evidente que lo hay, necesariamente la explicación del universo

conferencia «Ordinary Faith, Ordinary Science», presentada en la sede de la Unesco el 20 de abril de 2002.
6. M. Augros, *Who Designed the Designer*, Ignatius Press, 2015, p. 33. Michael Augros es doctor de Filosofía y profesor de Filosofía en el Thomas Aquinas College de Estados Unidos y en la Universidad Pontificia Regina Apostolorum. Teísta y cristiano.
7. Gerard Verschuuren, *A Catholic Scientist Proves God Exists*, Sophia Institute Press, 2019, p. 30. Gerard Verschuuren es un biólogo holandés nacido en 1946. Doctor en Filosofía de la ciencia, profesor en varias universidades y editor de *Scientific American* en holandés. Teísta y cristiano.
8. G. W. Leibniz, *Monadología*, 1714.

está fuera de él. La explicación está en algo que existe sin ser creado y esto, como hemos visto en nuestra definición, es lo que llamamos Dios. El ser cuya esencia es la existencia.

El «argumento cosmológico» de Leibniz, también llamado «argumento de la contingencia», viene a decir que:

a) Todo lo que existe tiene una explicación para su existencia.[9]
b) Si el universo tiene una explicación para su existencia, esa explicación es Dios.
c) El universo existe.

Por lo tanto, la explicación para la existencia del universo es Dios.

Si usted es ateo, es muy posible que no acepte la conclusión porque no esté de acuerdo con la segunda premisa. Ateo o teísta, si es usted medianamente racional estará de acuerdo con la primera. Si usted no está de acuerdo con la tercera premisa, le recomiendo que cambie de medicación.

El universo, o bien tuvo un origen, o bien existe desde siempre

> Yo diría que el universo tiene un propósito. No está ahí simplemente por casualidad.
>
> ROGER PENROSE[10]

---

9. También esta afirmación tiene un antecedente en un filósofo presocrático. A Leucipo se le atribuye la cita «Nada procede del azar, sino de la razón y la necesidad». En Alan E. Mackay, *Diccionario de citas científicas*, CSIC-Ediciones de la Torre, 1992, p. 182.

10. R. Penrose, *A Brief History of Time*, Paramount Pictures, 1992. Roger Penrose fue premio Nobel de Física en 2020. Hablaremos de él más adelante en esta misma parte del libro.

Veamos las alternativas: Puesto que el universo existe, entonces, o bien existió desde siempre, o bien tuvo un comienzo. No hay más opciones.[11] Si el universo existió desde siempre, el universo es eterno. Entonces las opciones con referencia a la existencia de Dios son a) Tanto Dios como el universo son eternos, b) El universo es eterno y Dios no existe o c) El universo es eso que llamamos Dios.

Esta tercera opción podría parecer descabellada, pero como observamos todos los días, algunos hombres conocen pocos límites cuando se trata de satisfacer la necesidad de suprimir a Dios. El filósofo escéptico David Hume preguntaba en el siglo XVIII: «¿Por qué no puede ser el universo material el Ser Existente y Necesario?»,[12] es decir, ¿por qué no va a ser el universo eso que los teístas llamamos Dios? El señor Hume es uno de los filósofos de cabecera del conservadurismo ateo, algo que podría parecer una contradicción en sus términos,[13] pero que demuestra que hay pocos límites para la incongruencia humana.

11. Si me permite un consejo, cuando lea alguna de las frases contundentes como la que acabo de escribir, no las acepte sin reflexionar sobre ellas —ni en este libro ni en otros—, considérelas a fin de aceptar (como esperamos que sea) la lógica que proponen. Así esas ideas serán suyas y ya no mías.
12. David Hume, *Diálogos sobre la religión natural*, 1779, parte 9. Sin embargo, el propio señor Hume creía en el principio causal. En 1754 escribió a John Stewart: «Pero permítame decirle que nunca he afirmado una proposición tan absurda como que cualquier cosa podría surgir sin una causa», en *The Letters of David Hume*, 1932. Cit. en <https://es.wikipedia.org/wiki/Argumento_cosmol%C3%B3gico_Kal%C4%81m>.
13. El ateísmo militante es otra de las muchas líneas que unen a lo que antes se llamaba extrema izquierda y extrema derecha. Esas posiciones políticas fueron marginales durante un buen tiempo, pero hoy tienen carta de naturaleza en muchos gobiernos de países antes cristianos. Nacionalsocialistas y socialcomunistas coinciden en su ateísmo —como en tantas otras cosas—. En la parte de «extrema derecha» destaca el filósofo Alain de Benoist, furibundamente anticristiano.

Si el universo fuera eterno, como se ha creído durante muchos siglos, que el universo fuera eso que llamamos Dios podría ser *a priori* una solución elegante y pacífica sobre la existencia de Dios. Podría apaciguar a los teístas al tiempo que da la razón a los materialistas. Lo malo es que es una solución tan flemática como errada, porque incluso aceptando la premisa de la perpetuidad del universo hemos visto que necesariamente Dios tiene otros atributos además de la eternidad de los que no participa el universo, o sea que el universo no puede ser el Dios de los teístas. Por lo tanto, nos quedan las opciones a) y b) como posibles.

Para aquellos que no quisieran tomar partido o manifestarse sobre la existencia de un Creador, la posibilidad de un universo eterno es una bendición porque un universo eterno no obliga a decantarse sobre la existencia o inexistencia de Dios, esta opción permite a los teístas seguir siéndolo y a los ateos continuar con sus creencias.

Por otro lado, si el universo no es eterno, entonces tuvo un comienzo. Si tuvo un comienzo no pudo surgir de la nada como hemos visto en el apartado anterior. Si no surgió de la nada tuvo que ser creado. Si fue creado, lo fue por Alguien/Algo que sí existió desde siempre. Ese Alguien/Algo es a quien los teístas llamamos Dios.

Esta secuencia de argumentación siempre ha puesto muy nerviosos a los autores ateos. Pero su lógica es irrefutable. Por ello la posibilidad de un universo que haya tenido un principio —un Big Bang— deja a los pensadores ateos con brocha y sin escalera.

La existencia de un principio para el universo es lo que básicamente sostiene la teoría del Big Bang y lógicamente esta teoría fue rechazada por los ateos cuando y cuanto pudieron, e incluso cuando ya no pudieron.

En sus propias palabras: «Aparte de ser filosóficamente inaceptable, el Big Bang es una visión simplista de cómo empezó el universo y es improbable que sobreviva a la próxima década».[14] Esta opinión fue publicada por John Maddox, el ya fallecido editor ateo británico, en un editorial de la revista *Nature* en 1989. El señor Maddox apoyaba la teoría del «Steady State Universe» —«universo en estado estacionario»—, es decir, un universo sin principio y sin final y se oponía vigorosamente a la teoría del Big Bang porque daba un formidable punto de apoyo a los teístas y creacionistas.

El señor Maddox predijo que la teoría del Big Bang sería desacreditada cuando los resultados del Telescopio Hubble estuvieran disponibles. Resultó ser exactamente al contrario. Definitivamente, los ateos no se caracterizan por ser buenos profetas.

De forma más mesurada el físico canadiense Hubert Reeves escribía en 1973 que la teoría del Big Bang «implica un cierto aspecto metafísico que puede ser o bien atractivo, o bien repugnante»,[15] se entiende que atractivo para los teístas y repugnante para los ateos.

La posibilidad de que el universo tuviera un principio infundía pavor en los teóricos e ideólogos del ateísmo. Un universo eternamente creado no necesita Creador. Un universo con un principio demanda necesariamente un Creador. En palabras del físico y cosmólogo teísta del Imperial College, Christopher Isham: «Quizá el mejor argumento en favor de la tesis de que el Big Bang apoya el teísmo es la obvia ansiedad que provoca en algunos físicos ateos. A veces esta (ansiedad) ha hecho que ideas científicas, como la creación continua o el universo oscilante, sean apoyadas con una tenacidad que excede el valor intrínseco (de esas ideas) y que

14. J. Maddox, «Down with the Big Bang», *Nature*, n.º 340, (1989), p. 425.
15. H. Reeves, J. Andouze, W. A. Fowler y D. N. Schramm. 1973. «On the Origin of the Light Elements», *Astrophysical Journal*, n.º 179 (1973), p. 912.

uno solo puede sospechar que es el resultado de fuerzas psicológicas más profundas que el usual deseo académico de un teórico de apoyar su teoría».[16]

La atenuante para los científicos ateos de finales del siglo pasado es que no sabían lo que ahora conocemos sin dudas. La agravante para los científicos ateos actuales es precisamente esa.

El universo, o bien tendrá un final, o bien existirá para siempre

> Dios es Verdad. No hay incompatibilidad entre ciencia y religión. Ambas buscan la misma verdad.
> La ciencia muestra que Dios existe.
>
> DEREK BARTON[17]

De forma similar a lo que hemos visto en el apartado anterior, dado que el universo existe, las únicas alternativas son que o bien existirá eternamente o no.

Si el universo no tiene fin, no supone un problema para los teístas ni para los ateos. Dios podría existir o no independientemente de un universo sin final.

Carl Sagan fue un famoso divulgador científico y ateo del

---

16. C. Isham, «Creation of the Universe as a Quantum Tunnelling Process», en R. J. Russell, W. R. Stoeger y G. V. Coyne, eds., *Physics, Philosophy and Theology*, Vatican Press, 1988, p. 378.

17. Derek Barton fue un químico británico fallecido en 1998. Premio Nobel de Química en 1969. Fue profesor de química en el Imperial College en Londres, en la Universidad de Harvard, Universidad de Londres y Universidad de Glasgow. Teísta. Sobre la cita véase Margenau y Varghese, *Cosmos, Bios, Theos*, p. 144.

siglo pasado que representa un inestimable estímulo para cualquiera que se dedique a la ciencia, ya que se hizo enormemente popular a pesar de estar completamente equivocado en casi todo. El señor Sagan es el autor de la estentórea afirmación: «El universo es todo lo que es, fue o será»,[18] creencia que al menos fue consistente con su fe atea, ya que, si al universo pudiera predecírsele un final, ello crearía un problema mayúsculo para el ateísmo. Porque, ¿y luego qué? Además, un final para el universo implicaría necesariamente un principio...

Pero es que el fin del universo es precisamente lo que predice la segunda ley de la termodinámica.

18. Cit. por Berlinski, *The Devil's Delusion*, p. 50.

3

Esto se acaba

Dios existió antes de que hubiera seres humanos
en la Tierra [...] y Él permanecerá entronizado
a un nivel inaccesible a la comprensión humana
después de que la Tierra y todo lo que tiene haya
desaparecido en ruinas.

Max Planck[1]

La segunda ley de la termodinámica

Toda persona que se interese seriamente por la ciencia,
cualquiera que sea su campo de estudio, leerá la siguiente
inscripción sobre la puerta del templo del conocimiento:
«Cree». La fe es una característica de la que no puede
carecer el científico.

Max Planck[2]

1. Cit. por Tihomir Dimitrov en *Scientific God Journal*, vol. 1, n.º 3, p. 147.
2. Max Planck en el epílogo de *Where is Science Going?*, 1932

Si quieren acordarse de un solo principio de la física, acuérdense de la segunda ley de la termodinámica, porque ella predice la muerte del universo. Y si precisan de alguna referencia para apoyar esta decisión, siempre resulta lapidario citar a Albert Einstein, para quien esta es la ley más importante de toda la ciencia física.[3]

Empecemos por el concepto de «entropía», que se puede definir como la medida de desorden en un sistema. Aumenta la entropía, aumenta el desorden. Este concepto fue acuñado por uno de los padres de la termodinámica, Rudolf Clausius en 1865[4] y modelizado por el austriaco Ludwig Boltzmann[5] en 1878.

De forma resumida, lo que dice la segunda ley de la termodinámica es que en los sistemas aislados la entropía siempre aumenta o queda estable, nunca disminuye.[6] Es decir, el desorden tiende a aumentar. Para que un sistema gane en orden se necesita una fuerza exterior que gaste energía. De esta forma, la segunda ley de la termodinámica establece la irreversibilidad de los fenómenos físicos.

Cuando usted abre una lata de un refresco, el gas abandona la lata hasta que tiene la misma presión del aire alrededor. Cuando usted sale con una taza de café humeante a una

---

3. A. Einstein, cit. por *L'Encyclopédie de l'Agora*, 13 de septiembre de 2020, en Dossiers/Entropie.
4. Rudolf Clausius en 1865, en *Über verschiedene für die Anwendung bequeme Formen der Hauptgleichungen der Wärmetheorie* («Sobre las formas fáciles de usar de las principales ecuaciones de la teoría mecánica del calor»).
5. Ludwig Boltzmann es a quien debe su nombre la constante de Boltzmann *(k)* —nombrada así por Max Planck—, fundamental en la ecuación que describe la entropía $S = k.\log W$, y que se encuentra grabada en la tumba del señor Boltzmann en el Zentralfriedhof, cementerio central de Viena.
6. La segunda ley de la termodinámica fue formulada por primera vez por el ingeniero francés Sadi Carnot en 1824 en *Réflexions sur la puissance motrice du feu et sur les machines propres a developper cette puissance*.

terraza en invierno, poco a poco la taza se enfriará hasta llegar a tener la misma temperatura al ambiente de esa terraza. Lo que ocurre en esos casos es lo que se llama «un proceso termodinámicamente irreversible», nunca ocurrirá lo inverso, nunca el gas entrará en el bote de refresco espontáneamente, ni el café permanecerá caliente.

«Así son las cosas» y a ese orden nos hemos acostumbrado, pero bien podrían ser de otro modo. Si usted ve una película en que las quince bolas de un billar americano están en las esquinas y los laterales de la mesa y luego se mueven ellas solas hasta juntarse en el centro de la mesa formando un triángulo, inmediatamente sabe que la película se está proyectando hacia atrás. Pero lo cierto es que teóricamente esas quince bolas sí podrían salir de los extremos y reunirse por azar en un triángulo perfecto, en la piña, con una bola lisa en un vértice y una rayada en el vértice opuesto y la bola número 8 en el centro. Ello entra dentro de lo posible, sin embargo, de un modo instintivo nos damos cuenta de que esa película está siendo proyectada «marcha atrás». El hecho de que nos demos cuenta de forma instintiva ya debería hacernos pensar que el hombre está diseñado para que intuitivamente capte, comprenda y actúe de acuerdo con las realidades físicas. Es un indicio seguro de que quien diseñó al hombre es también quien diseñó esas realidades que puso a nuestro alcance intelectual.

La segunda ley de la termodinámica indica que la realidad fluye en un sentido. Para hacerlo más memorable yo lo llamo «efecto pasta de dientes», una vez que ha salido del tubo, no puede volver a él; del mismo modo que los platos rotos no se reordenan espontáneamente ni las cenizas de la chimenea se convierten en troncos. Y no importa cuánto esperemos. El señor Dawkins y otros autores ateos tienen una gran fe en el azar y en el tiempo como actores de la historia, pero lamentablemente para sus creencias, la segunda ley de la termodinámica es apodíctica e incontrovertible y no deja ningún resquicio para poderles ofrecer siquiera el asomo de una posibilidad de tener razón. Las cenizas no se convertirán en troncos, no importa el tiempo que les demos. El tiempo solo servirá para aventarlas y hacerlas desaparecer como —estamos seguros— pasará con las ideas y creencias de los neoateos, y es que el tiempo siempre «fluye» del pasado al futuro. Un corolario de esta segunda ley de la termodinámica es que el universo dejará de existir, como ellos, como yo, como usted. Algo que también nos lleva a la necesidad intelectual y a la vez casi moral de Algo-Alguien que permanezca, de Algo-Alguien eterno.

La consecuencia de la segunda ley de la termodinámica es que los sistemas tienden a degradarse y finalmente a agotarse. Por eso no son posibles las máquinas de movimiento perpetuo, entendidas como máquinas que por sí solas funcionan sin consumirse ni deteriorarse. Y esto también se aplica al universo. Tal y como resumió el señor Clausius, y luego lord Kelvin volvió a demostrar, la energía del universo es constante y la entropía del universo tiende al máximo. Es decir, que el universo también —como todo sistema cerrado— se degradará hasta su consunción térmica. Forzosa y progresivamente, las condiciones termodinámicas en el universo tenderán a homogeneizarse y las partes más calientes perderán su energía, esto llevará a «la muerte térmica del universo», concepto primero teorizado por lord Kelvin —William Thomson— entre 1852 y 1862 en varios trabajos con títulos poco ambiguos, «Sobre la tendencia universal en la naturaleza a la disipación de la energía mecánica» y «Acerca de la edad del calor del Sol», y posteriormente formulado por Hermann von Helmholtz —médico, fisiólogo, filósofo y físico alemán—, quien hablará directamente de la muerte térmica del universo.[7] El señor Thomson también formulará la que se llama «paradoja de la muerte por calor» o «paradoja Clausius» o «paradoja Kelvin», en la que se usa las leyes de la termodinámica para demostrar por reducción al absurdo la imposibilidad de un universo infinitamente antiguo y la necesidad de que tenga un principio. También tendrá necesariamente un final, gradual pero indefectiblemente las estrellas se apagarán y la temperatura bajará en todo el cosmos hasta que el universo sea condenado a una muerte térmica completa.

El final del universo apunta a la existencia de Dios

> Cuanto más trabajo con los poderes de la naturaleza más siento la benevolencia de Dios hacia el hombre y estoy más cerca de la gran verdad de que todo depende del Creador y Sostenedor Eterno.

> GUILLERMO MARCONI[8]

He observado que el ser humano tiende a practicar la «ley de la conservación de las propias ideas y alta consideración de uno mismo», y ello independientemente de que sea ateo o creyente. Lamentablemente, muchos piensan que ambas cosas (ideas propias conservadas y alta consideración) van unidas,

---

7. H. von Helmholtz, *The Heat Death of the Universe*, 1854.
8. Guillermo Marconi, físico italiano fallecido en 1937. Recibió el Premio Nobel de Física en 1909. Es el inventor de la radio. Teísta y cristiano. La cita en el libro de su mujer Maria Cristina *Mio marito Guglielmo*, Rizzoli, 1995, p. 244.

de tal forma que consideran que cambiar de ideas menoscaba su propia valía. En *Como ganar amigos e influir en la gente*,[9] la obra que le hizo famoso —y rico—, Dale Carnegie recomendaba cínicamente nunca contradecir a nadie porque era inútil. Jamás se convencería a nadie de idea alguna que esa persona no pensara que era suya o propiamente adquirida. Lamentablemente, el señor Carnegie tenía razones para pensar así. Afortunadamente no tenía razón.

Por eso escribo este libro. Si usted es ateo o agnóstico, tenderá a defender su ideología a despecho de las evidencias, porque usted creerá que ese conjunto de ideas de increencia no es una ideología, una doctrina adoptada *a priori*, sino que las considerará fruto de la lógica y la racionalidad. De ese modo, si usted es ateo intentará apartar de sí cualquier evidencia que menoscabe su cosmovisión atea, esa que le proporciona una falsa sensación de seguridad. Por ello es posible que no aprecie el problema mayúsculo que para el ateísmo representa la segura desaparición del universo. Un hecho que es científicamente seguro y que representa una refutación lógica del ateísmo.

Por ello —si es usted escéptico— le propongo que no me crea a mí, sino a sus correligionarios en la fe atea. Friedrich Engels, uno de los padres del comunismo, posiblemente la ideología atea más beligerante (aunque hay codazos para obtener ese premio en los últimos dos siglos), escribió refiriéndose a la segunda ley de la termodinámica en una carta a Karl Marx fechada en 1869: «El estado de gran calor original a partir del cual todo se enfría es absolutamente inexplicable; es incluso una contradicción y ello presupondría la existencia de un Dios».[10] Solo queda decir que «a

---

9. D. Carnegie, *How to Win Friends and Influence People*, 1936.
10. Friedrich Engels, 21 de marzo de 1869, *Lettres sur les sciences de la nature*. Cit. por Michel-Yves Bolloré y Olivier Bonnassies en *Dieu. La Science.*

confesión de parte, relevo de prueba».[11] Esta declaración del señor Engels es también muy elocuente sobre lo que la fe atea (y en este caso además la ideología comunista) puede provocar en mentes que de otro modo serían racionales. Puesto que la no existencia de Dios es un dogma, cualquier realidad que demuestre la falsedad de esa creencia tiene necesariamente que ser falsa. No importa que tal realidad sea evidente o haya sido demostrada más allá de cualquier duda. Como veremos repetidamente en este libro, muchos ateos militantes ante las evidencias que demuestran la falsedad de sus creencias, o bien ignoran la realidad, o bien crean realidades paralelas que puedan poner a salvo lo que para ellos es un dogma, una verdad incuestionable: la no existencia de Dios.

Ernst Mach fue un físico y filósofo austriaco materialista y ateo[12] que precedió al profesor Boltzmann —de quien ya hemos hablado y el autor que modelizó la segunda ley de la termodinámica— en la cátedra de Filosofía de las ciencias en Viena. Cuando el profesor Boltzmann explicó estadísticamente la segunda ley de la termodinámica y definió el concepto de entropía, algo que contradecía tan grandemente su fe atea, el señor Mach se juró «hacer callar a ese pequeño investigador cuyas ideas son peligrosas para la física»[13] y se dedicó a intentar desacreditarle en todos los foros en los que el profesor Boltzmann aparecía. En una famosa ocasión, en 1897, tras una conferencia del profesor

---

Les Preuves, p. 50.
11. Es un principio general del derecho que significa que quien confiesa algo releva a la otra parte de tener que probarlo.
12. Ernst Mach (1838-1916), ateo y socialista, rechazaba cualquier forma de religiosidad y fue uno de los más ardientes defensores del positivismo. Tuvo aportaciones a la óptica y acústica. El ratio de velocidad en comparación con la velocidad del sonido se llama «mach» en su honor.
13. Cit. por Bolloré y Bonnassies. op. cit., p. 62

Boltzmann en la Academia Imperial de Ciencias de Viena, el señor Mach declaró solemnemente que «no creo que los átomos existan»,[14] solo para evitar que las ideas del señor Boltzmann pudieran tener algún arraigo, y es que en ocasiones cuando se pierde la fe en Dios también se pierde la fe en todo lo demás. La declaración del señor Mach ha quedado en los anales de la ciencia como una demostración de que la lógica interna del ateísmo es incompatible con el pensamiento científico.

Ernst Haeckel fue un naturalista y zoólogo ateo alemán, uno de los primeros y más fervorosos propagandistas de las teorías de Charles Darwin (que a su vez fueron el germen de sus propias teorías racistas y eugenésicas: consideraba a la «raza mediterránea» como superior, y otras como poco más que de monos).[15] El señor Haeckel también rechazó la segunda ley de la termodinámica sobre la base de su fe atea. En sus propias palabras: «Si esta teoría de la entropía

14. Cit. en la Wikipedia en inglés, en la voz «Ernst Mach», <https://en.wikipedia.org/wiki/Ernst_Mach>.
15. Ernst Haeckel (1834-1919) fue originalmente cristiano evangélico, pero dejó esa Iglesia formalmente en 1910 para convertirse al ateísmo. Fue uno de los más activos exitosos divulgadores de las ideas de Charles Darwin y dedujo de tales ideas un racismo evolucionista que sostenía que las leyes inexorables de la evolución conferían a las razas superiores el derecho a dominar a otras. En sus propias palabras: «El hombre caucásico o mediterráneo *(Homo mediterraneus)* ha sido puesto a la cabeza de todas las razas desde tiempo inmemorial y es el más desarrollado y perfecto. Es generalmente llamada raza caucásica, pero [...] preferimos el nombre propuesto por Friedrich Müller de *mediterranese*, ya que las variedades más importantes de esta especie que son los actores más eminentes de lo que llamamos "historia universal" primero crecieron y florecieron en las costas Mediterráneas [...] han alcanzado un nivel de civilización que parece elevar a los hombres por encima del resto de la naturaleza». *Historia de la Creación*, 1914, p. 429. También basándose en las teorías evolucionistas consideraba a la raza negra menos evolucionada y los comparó con «monos de cuatro manos». Cit. en la voz «Ernst Haeckel» de la Wikipedia en inglés.

fuera exacta, haría falta que a ese fin del mundo que tendríamos que admitir correspondiera también un comienzo, un mínimo de entropía por la que las diferencias de temperatura de distintas partes del universo hubieran llegado a su máximo. Estas dos ideas desde nuestra concepción monista [léase atea] y rigurosamente lógica del proceso cosmogenético eterno son inadmisibles tanto la una como la otra. [...] El mundo no ha tenido un comienzo ni tendrá un final. Del mismo modo que el universo es infinito, igualmente permanecerá en movimiento eternamente».[16] Todo un alegato que demuestra como en los ateos fanatizados la mala ideología («no puede ser») vence a la buena lógica («debería ser»).

También resulta reveladora la ética del señor Haeckel ligada a sus creencias ateas y evolucionistas. A fin de promover tales doctrinas (y de paso ayudar al canciller Bismarck en su *Kulturkampf* —«guerra cultural»— contra el catolicismo) creó preciosas ilustraciones que incluyó en *Natürliche Schöpfungsgeschichte* («Historia natural de la Creación», 1868, «quizá la fuente más importante del conocimiento mundial del darwinismo») y otros libros de texto de embriología. El detalle que olvidó exponer el señor Haeckel es que tales ilustraciones eran falsificaciones.[17]

Una vez que se adopta la fe atea con tanto fervor, no se tienen escrúpulos en retorcer la realidad para que coincida con los dogmas de aquella fe. Cuando fue descubierto y ex-

16. Ernst Haeckel, *Les énigmes de l'univers*, 1899 (originalmente *Die Welträtsel*, «Los enigmas del universo»). Cit. por Bolloré y Bonnassies. *op. cit.*, p. 49.
17. Acusado en distintas ocasiones por Ludwig Rütimeyer de la Universidad de Basilea, por Wilhelm His, de la Universidad de Leipzig, acusado de fraude por cinco profesores de la Universidad de Jena... Cambió varias de las ilustraciones en subsiguientes ediciones de esos libros, pero sin reconocer las previas falsificaciones. Nick Hopwood, «Pictures of Evolution and Charges of Fraud», 2006, en Internet Archive.org.

puesto su engaño, el señor Haeckel arremetió virulentamente contra sus acusadores tildándolos de fanáticos religiosos. El señor Haeckel tenía varias de las características de los políticos contemporáneos. Si te pillan, haz ruido. Nada nuevo bajo el sol.

A pesar de tales fraudes y de su ideología explícitamente racista, furibundamente nacionalista y peligrosamente protonazi, el señor Haeckel fue galardonado con la Medalla Darwin-Wallace en Londres en 1908 y hay dos montes llamados Haeckel en su honor en Nueva Zelanda y Estados Unidos. Por el otro lado, el profesor Boltzmann, el descubridor de la constante de Boltzmann y primer formulador de la ecuación que describe la entropía, se suicidó en 1906 agobiado por la falta de reconocimiento de sus ideas y por la persecución virulenta a que fue sometido por el señor Mach, el señor Haeckel y por otros que veían en la segunda ley de la termodinámica un ataque al dogma cientificista ateo.[18] Y es que la pretensión de obtener justicia en este mundo es, esta sí, una creencia sin fundamento.

El profesor Boltzmann ya predijo en 1878 que la entropía debía ser mínima en el principio y tuvo la intuición de que en el momento inicial todo en el cosmos debía estar milimétricamente calculado para producir el efecto del universo que conocemos. Es lo que ahora llamamos universo con ajuste fino, una idea que tardará un siglo en ser confirmada. Algo de lo que hablaremos en capítulos sucesivos.

18. Usaremos «cientifismo» y «cientifista» como opuestos a «científico». Son la pretensión de dotar de aspecto científico lo que no es sino ideología, creencias o dogmas.

¿Cuánto tiempo nos queda?

> Creo en un Dios que puede responder a las plegarias,
> en quien podemos confiar y sin el Cual la vida en
> esta tierra no tendría sentido.
>
> NEVILL MOTT[19]

Relájense. Si Dios quiere van a tener tiempo para terminar de leer este libro, y alguno más.

En la imagen más profunda del universo que jamás se ha tomado —la XDF o Hubble eXtreme Deep Field («Imagen de campo profundo extremo»)— se observó un pequeño trozo del universo[20] (apenas una 32 millonésima parte del universo observable) y se contaron 5.500 galaxias. Extrapolando lo observado y realizando simulaciones con imágenes de origen óptico, infrarrojo y ultravioleta se llegó a una estimación de dos billones de galaxias en el universo observable ($2x\ 10^{12}$).

Como se producen entre cuatro y cinco estrellas por año en nuestra galaxia, podemos calcular que se producen más de 300.000 estrellas por segundo en todo el universo.

Pero de acuerdo con la evolución probable del universo, después de un tiempo dejarán de formarse estrellas. Se estima que después de un billón de años[21] y antes de cien billo-

---

19. Nevill Mott fue un físico británico fallecido en 1996. Premio Nobel de Física en 1977, fue presidente de la Unión Internacional de Física. Teísta y cristiano. Cit. en Nevill Mott, *Reminiscences and Appreciations*, Taylord and Francis, 1998, p. 329.
20. «How many galaxies are in the Universe?», *Big Think*, 8 de marzo de 2022.
21. En general y salvo que se indique lo contrario usamos la nomenclatura numeral europea. 1 billón = 10^{12}. En la nomenclatura norteamericana —muy extendida también en otras regiones— 1 billón = 10^9.

nes de años (10^{14} años) se dejarán de formar estrellas y empezarán a extinguirse. Y más tarde todas las estrellas se enfriarán. En 10^{31} años se estima que el universo estará constituido de 90 por ciento de estrellas muertas, un 9 por ciento de agujeros negros y un 1 por ciento de materia atómica, principalmente hidrógeno. Después, unos diez millones de años más tarde, se desintegrarán los protones y muy poco después se disiparán los electrones.

Algunos científicos creen que los agujeros negros desaparecerán entre 10^{68} y 10^{102} años,[22] y posteriormente empezará un periodo oscuro y finalmente la muerte térmica del universo. No habrá sino fotones en un espacio inmenso y en constante enfriamiento que tenderá al cero absoluto.

Eso será dentro de muchos trillones de años, pero será. El universo tendrá necesariamente un fin.

22. Entre ellos John Wheeler, Jakob Bekenstein y Stephen Hawking.

4
Y hubo un principio

Los primeros versos del Génesis siempre fueron muy
emotivos para mí... Toda la idea de la Creación. No hay
duda de que, básicamente, en lo profundo soy un judío
ortodoxo. Mi educación tan cercana a Dios, el Creador
del mundo, ha permanecido en mí.

ISIDOR ISAAC RABI[1]

El Big Bang

En el principio creó Dios el cielo y la tierra.

Libro del Génesis 1, 1 (la Biblia)

---

1. Isidor Isaac Rabi fue un físico norteamericano fallecido en 1988 y ganador
del Premio Nobel de Física en 1944. Nacido en una familia judía polaca.
Teísta y judío. La cita en John S. Ridgen, *Rabi: Scientist and Citizen*, Harvard University Press, 2000, p. 21.

Resumen ejecutivo de la teoría del Big Bang: el universo tuvo un principio y todo lo existente en el universo observable es el residuo de una gigantesca explosión que ocurrió hace 13.770 millones de años. Es importante dejar claro desde este arranque del tema que, aunque se le llama «teoría», eso no significa que sea simplemente una hipótesis. Teoría en ciencia a menudo significa una explicación probada y bien contrastada de los datos observables y experimentales. Así, aunque al principio esta teoría tuvo muchas resistencias —no tanto por lo que suponía para la ciencia, sino sobre todo por lo que implicaba filosóficamente—, actualmente la teoría del Big Bang está aceptada por la ciencia fuera de toda duda seria. Lo que ocurrió después de ese Big Bang en el universo observable es lo que hoy se llama «modelo cosmológico estándar», es lo que podríamos llamar el CBA de la cosmología (Current Best Approach), la mejor hipótesis disponible.

La teoría del Big Bang es la más importante teoría de toda la cosmología y podría postularse que de toda la física. La teoría general de la relatividad, la cosmología cuántica, la expansión de Hubble, la teoría inflacionaria, los descubrimientos de Penzias y Wilson de la radiación de fondo, los agujeros negros y muchos otros descubrimientos e ideas están incluidos y confirman la teoría del Big Bang. Esta teoría pone fin a las asunciones newtonianas de un universo infinito en el tiempo y en la masa. Una vez más, los científicos ateos negacionistas del Big Bang, que eran muchos en la primera mitad del siglo xx, parecen, desde nuestra perspectiva actual, dinosaurios braceando antes de su extinción, o petulantes dizque sabios del siglo xviii, en la época mal llamada de la Ilustración. Ahora sabemos que el universo tiene algo menos de 14.000 millones de años y 10^{53} kg de masa observable y una cantidad finita de energía oscura y materia oscura. Como dice la sabiduría popular, hoy sabemos que «no hay más cera que la que arde».

El Big Bang es un acontecimiento tan extraordinario en la historia natural que el lenguaje resulta a menudo un instrumento inapropiado para describirlo y el intelecto en ocasiones no es capaz de comprender su complejidad. El Big Bang no ocurrió en un lugar y en un momento dados porque espacio y tiempo fueron ellos mismos creados por el Big Bang. Es absurdo preguntar qué había antes del Big Bang, porque no había «antes». El tiempo es una parte del universo físico, como lo son los átomos o la gravedad, y fue creado con el Big Bang, como también lo fue el espacio y el resto del cosmos.

Quizá no tan sorprendentemente fue san Agustín en el siglo V el primero en entender esto. Los antiguos paganos —como los modernos— se burlaban de los cristianos y los judíos por creer que el universo tenía un principio y preguntaban qué estaba haciendo Dios en toda la eternidad antes de la creación. San Agustín entendió que si Dios era el creador de todo lo creado también debía serlo del tiempo, que era un atributo o una parte de la Creación. «No puede haber tiempo sin Creación»,[2] dijo, y contestando a los paganos: «Tú [Dios] has creado el tiempo mismo, era imposible que transcurriera el tiempo antes de que Tú lo hubieras creado, ¿a qué preguntar por lo que hacías entonces? No existía un entonces donde no existía el tiempo».[3] El filósofo ateo y antirreligioso Bertrand Russell[4] no tiene por menos que admirar, en su *Historia de la filosofía occidental*, la presciencia del santo y su teoría del tiempo. El físico ateo Steven Weinberg,[5] durante un

2. San Agustín, *Confesiones*, lib. 11, cap. 30.
3. *Ibid.*, cap. 13.
4. Bertrand Russell, *History of Western Philosophy*, Nueva York, Allen and Unwin, 1946, p. 373. Hablaremos extensamente del señor Russell en la parte dedicada a las matemáticas.
5. Steven Weinberg fue un físico teórico americano. Premio Nobel de Física en 1979, antes de adherirse a la teoría del Big Bang era defensor de la teoría del

tiempo gran enemigo de la teoría del Big Bang, precisamente por sus implicaciones teístas, hace notar que «el libro XI de las *Confesiones* de san Agustín contiene unas famosas discusiones sobre la naturaleza del tiempo y parece que se ha convertido en una tradición citar partes de ese capítulo cuando se escribe sobre cosmología cuántica».[6]

La teoría del Big Bang fue formulada por primera vez por el sacerdote católico belga Georges Lemaître, y en el modelo cosmológico estándar el espacio-tiempo está descrito por la teoría general de la relatividad de Einstein. De acuerdo con esta teoría, el espacio-tiempo es cuatridimensional.

Permítanme hacer un inciso en este momento: Es frecuente que cuando se habla de múltiples dimensiones —más de tres—, las personas dejan de escuchar porque presienten que no van a entender lo que sigue. Voy a intentar explicar esto de forma sencilla —hasta yo lo entiendo— y así evitar que eso vuelva a pasar. Veamos, si usted lo piensa, cualquier elemento del universo —usted, yo, el libro que tiene en su mano o el teclado que yo tengo en las mías— se puede identificar por cuatro dimensiones, las tres dimensiones espaciales (altura, longitud y latitud) y una cuarta que es el tiempo. Usted está leyendo estas líneas en unas coordenadas espaciales (tres) y en un momento específico (cuarta dimensión), de esta forma a cada uno de los puntos en el espacio-tiempo se lo identifica por cuatro números.

Espero que la digresión haya sido útil, pero volvamos al asunto. Lo que nos dice la teoría general de la relatividad es que esa instancia espacio-tiempo cuatridimensional tiene

---

«Steady State Universe», «universo en estado estacionario», o estable o inalterable, y lo explicó: «La teoría de estado estacionario es la más atractiva filosóficamente porque es la que menos se parece a los acontecimientos narrados por el Génesis» (cit. de <https://en.wikipedia.org/wiki/Steven_Weinberg>). El señor Weinberg se encontró con su creador en 2021.

6. S. Weinberg, *Review of Modern Physics*, n.º 61 (1989), p. 15.

geometría variable, es decir, actúa como un medio elástico, puede estirarse, contraerse, deformarse o vibrar. Imagínese una pelota de goma. Cuando está en situación distendida es esférica, pero si la aprieta la puede deformar; cuando cesa la presión, la pelota regresa a su geometría original. De igual modo, la geometría del espacio-tiempo es variable. El señor Einstein predijo que, siendo esto así, ello debía afectar el modo en que los objetos materiales se movían a través del espacio-tiempo. Un rayo de luz seguirá una línea recta cuando atraviesa un universo vacío, pero si una gran masa —una estrella, por ejemplo— se interpone en su camino, el rayo de luz se curvará. El señor Einstein predijo que hay una relación entre los objetos materiales y el espacio-tiempo, una relación que va en ambas direcciones: el espacio-tiempo afecta a los objetos materiales cambiando su camino y los objetos materiales afectan al espacio-tiempo cambiando su geometría. Es decir, que el espacio-tiempo se comporta como cualquier otra cosa creada, interactuando con el resto de la creación... tal y como predijo san Agustín.

El padre Lemaître también fue el primero en predecir que las ecuaciones de Einstein admiten una solución expansiva con explosión inicial,[7] lo que se confirmó con las observaciones del telescopio Hubble de la supernova tipo Ia en 1990. Cuando decimos que el universo se expande, no queremos decir que las galaxias están volando en distintas direcciones a través del espacio —lo que ocurre también, pero en mucha menor medida—, sino que es el espacio mismo el que se sepa-

7. Cuanto mayor la distancia entre dos galaxias, mayor es la velocidad relativa de separación de la Tierra. Esta ley se conoce hoy como «expansión de Hubble» o, mejor, «Hubble-Lemaître» y la tasa relativa que sigue esa expansión constante, como «constante de Hubble», en honor al astrónomo norteamericano Edwin Hubble. Lo cierto es que la publicación del descubrimiento del señor Hubble en 1929 ocurrió dos años después de la publicación de una investigación del padre Lemaître en que ya exponía lo mismo.

ra, se dilata. Una analogía común para explicar esto consiste en comparar el universo a un globo que se infla. Si pintamos una serie de puntos en el globo y luego lo hinchamos, vemos que los puntos se separan entre sí. No es que los puntos pintados se hayan movido dentro del globo, sino que el globo ocupa ahora un área mayor y los puntos están consecuentemente más separados unos de otros.

El astrónomo norteamericano Vesto Slipher fue el primero en aportar datos empíricos de la expansión del universo. Observó que la luz de los objetos distantes se «desplazan hacia el rojo» —redshift en inglés— en una cantidad que depende de su distancia,[8] y al comprobar cambios en ese desplazamiento al rojo pudo proporcionar pruebas de la dilatación del universo.

Otros astrónomos norteamericanos, Edwin Hubble y Milton Humason, siguiendo estudios previos, también probaron que las galaxias retroceden y se separan entre sí. Y se llama ley de Hubble o, mejor, ley de Hubble-Lemaître la que refleja esa velocidad de separación que será mayor cuanto más alejadas estén las galaxias.

El padre Lemaître primero concluyó que el universo se expande (en un artículo publicado en los Anales de la Sociedad Científica de Bruselas en 1927), y estimó a qué velocidad basándose en la observación. Esta velocidad es lo que luego se llamará constante de Hubble. Posteriormente, en 1931, en una reunión de la Asociación Británica para el Avance de la Ciencia, propuso su teoría del «átomo primitivo» (la que sería luego universalmente conocida como teoría del Big Bang).

8. El desplazamiento hacia el rojo es un cambio hacia el color rojo en el espectro visible de la luz que emiten las galaxias. Se observa un aumento de la longitud de onda y, por tanto, una disminución de su frecuencia y energía o radiación. El cambio contrario se llama desplazamiento hacia el azul. Los nombres vienen de los colores rojo y azul que están en los extremos visibles del espectro de la luz.

Esa teoría —entonces hipótesis— se publicó por primera vez en la revista *Nature* en 1931 y en la revista norteamericana *Popular Science* en 1932.

Lo que concluyó el padre Lemaître es que, si el universo se expande, se puede seguir la trayectoria inversa para calcular desde cuándo. Si las bolas de un billar se dispersan por el tapete, entonces conociendo el sentido y la velocidad a que se mueven se puede calcular el momento en que estaban juntas antes de recibir el primer golpe. Ese primer golpe, ese «cuándo», es el principio del universo, es el Big Bang. Y necesariamente si hubo un principio tuvo que haber Algo-Alguien que no fuera parte de este universo que lo «puso en marcha». De igual modo que si las bolas de billar se mueven, necesariamente ha habido un jugador que previamente las ha golpeado con un taco. Esto pasó hace aproximadamente 14.000 millones de años. No solo su teoría se ha demostrado cierta, sino que también sus cálculos se han confirmado repetidamente, como veremos un poco más adelante.

La teoría del Big Bang fue acogida con frialdad —y esto es un eufemismo apropiadamente térmico—. Arthur Eddington,[9] que se había mostrado favorable a la hipótesis de expansión del universo del padre Lemaître, sin embargo, se opuso al Big Bang: «La noción de un comienzo (del universo) me parece repugnante... No creo que el orden actual de las cosas haya podido nacer simplemente de un *big bang*».[10] De acuerdo con el propio padre Lemaître, el señor Einstein le espetó que «sus cálculos son correctos, pero su física es

9. Arthur Eddington fue un físico y matemático y astrónomo británico fallecido en 1944. Teísta, creía en la armonía entre la investigación científica y el sentimiento religioso. Fue el primero en especular acertadamente que la fuerza de la energía estelar procedía de la fusión de hidrógeno a helio. Gran difusor de la teoría de la relatividad fue enormemente popular en la primera mitad del siglo xx.
10. Citado por Bolloré y Bonnassies, *op. cit.*, p. 160.

abominable».[11] (Como veremos más adelante, en realidad era el genial físico alemán quien se había equivocado al considerar la constante cosmológica, «un invento» que añadió a sus fórmulas a fin de que fueran compatibles con el modelo de universo en estado estacionario. Lo que luego el señor Einstein llamó el «mayor error de su vida». La genialidad del señor Einstein no está solo en sus descubrimientos ni en sus pocos errores, sino en la elegancia con que los admitía).

Recientemente[12] se publicó la noticia del hallazgo de la única entrevista en televisión existente con el padre Lemaître. Hasta ahora teníamos fotografías del descubridor del Big Bang, alguna famosa como en las que aparece en compañía del señor Einstein, pero no teníamos ningún testimonio de vídeo-audio del padre Lemaître.[13] En la entrevista de 14 de febrero de 1964, con el canal de televisión belga VRT, el padre Lemaître indica que «la expansión del universo en un principio no fue admitida porque hacía necesaria la idea de una creación» y que «antes de la teoría de la expansión del universo, hace unos cuarenta años [en la década de los veinte del siglo XX], esperábamos que el universo fuera estático».[14]

En 1948 George Gamow,[15] una vez que había conseguido escapar del «paraíso comunista ruso» y era profesor de Física en la Universidad George Washington, publicó un ar-

---

11. Citado en la voz «Georges Lemaître» en la Wikipedia en inglés.
12. Publicado en Aciprensa, 30 de enero de 2023, por Yhonatan Luque Reyes.
13. Se puede ver en francés, con subtítulos en inglés y neerlandés en <https://www.youtube.com/watch?v=O4toGaR1CuI>.
14. Aciprensa, *op. cit.*
15. George Gamow fue alumno en Leningrado de Alexander Friedmann quien teorizó sobre la expansión del universo de forma separada al padre Lemaître y por tanto es considerado uno de los padres de la teoría del Big Bang. Hablaremos de los señores Gamow y Friedmann en el capítulo «Censura y persecución» en esta misma parte del libro.

tículo junto con su alumno Ralph Alpher[16] en la revista *Physical Review* en que sostenían la teoría del Big Bang y afirmaban que durante esa explosión se crearon el hidrógeno, el helio y otros elementos pesados en grandes proporciones, lo que explica su abundancia en el universo.

Ese intento por defender el Big Bang se vio enterrado por miles de páginas de documentos, libros y artículos de doctos y eruditos y también de indoctos e ignaros que ridiculizaban la teoría. Entre estos últimos *The Washington Post*, que el 15 de abril de 1948 publicaba bajo un titular engañoso, «El universo se creó en cinco minutos»,[17] un artículo que caricaturizaba la teoría (alguien en algún momento tendría que compilar y presentar las evidencias del inmenso daño que el periodismo dícese «comprometido» ha infligido durante las últimas décadas a las sociedades donde pacen). Entre los doctos y eruditos que se opusieron al Big Bang destaca Fred Hoyle, uno de los creadores de la teoría del universo en estado estacionario, que además era uno de los más reputados físicos del momento y muy popular con los medios de comunicación y quien dedicará sus mejores esfuerzos durante años a desacreditar el Big Bang. (El señor Hoyle fue un astrónomo genial, pero equivocado en algunos asuntos que lamentablemente eran sustanciales. Uno de ellos fue su rechazo al Big Bang. Hablaremos de él en varias ocasiones y no solo en esta parte dedicada a la física y la cosmología). También Norwood Russell

16. Formalmente llamado «El origen de los elementos químicos», es conocido como «Alpha-Bethe-Gamow paper» o «αβγ». El señor Gamow siempre manifestó un agudo sentido del humor e introdujo el nombre de su amigo Hans Bethe en el título del documento para poder hacer un juego de palabras con las tres primeras letras del alfabeto griego. El artículo se publicó el primero de abril de 1948, que es «April Fool's day» para los norteamericanos. Similar al día de los Inocentes en España y otros países, día indicado para bromas y chanzas.

17. Cit. por Bolloré y Bonnassies, *op. cit.*, p. 157.

Hanson, profesor de Filosofía de la Ciencia de la Universidad de Yale, llamará despreciativamente «big bangers» a los seguidores de la teoría del Big Bang y «Disneyoid picture» («película tipo Disney») a la propia teoría, y George McVittie, eminente astrónomo británico que comparó las dos teorías (Big Bang y estado estacionario) y concluyó que «la relatividad general no predice ninguna explosión nuclear, Big Bang o creación instantánea como causa del comienzo de la expansión desde ese momento» y que esas nociones eran debidas a «escritores imaginativos».[18]

La teoría del Big Bang cayó en el olvido durante los años cuarenta, cincuenta y parte de los sesenta del siglo pasado bajo la losa de las opiniones de quienes se adherían a lo «científicamente correcto» y no podían o no querían creer que la física pudiera aportar pruebas del momento de la Creación. Pero la realidad es como el iceberg del Titanic, no importa cuánto quieras creer que no está ahí, al final, o la asumes o naufragas en las frías aguas del error.

Confirmaciones

En esa singularidad, el tiempo y el espacio empezaron a existir; literalmente nada existió antes de la singularidad, por lo tanto, si el universo se originó en esa singularidad, tuvo que ser verdaderamente una creación *ex nihilo*.

JOHN BARROW y FRANK TIPLER[19]

18. Helge Kragh, «Big Bang: the etymology of a name», *Astronomy & Geophysics*, vol. 54, n.º 2 (abril de 2013), pp. 2.28-2.30.
19. J. Barrow y F. Tipler, *The Anthropic Cosmological Principle*, Clarendon, 1986, p. 442. John Barrow, fallecido en 2020, fue profesor de Matemáticas

La verdad se fue abriendo paso poco a poco, como frecuentemente hace —para frustración de quienes somos impacientes—, pero acabó imponiéndose, como casi siempre hace —para desesperación de quienes no la tienen en gran consideración— y, así, «una encuesta entre los astrónomos norteamericanos en 1959 mostraba que había un 33 por ciento de ellos a favor de la visión del Big Bang, en otra encuesta más tardía en 1980 la proporción había aumentado hasta el 69 por ciento. Hubiera sido considerablemente mayor si la encuesta se hubiera restringido a los astrónomos activos en investigación cosmológica».[20]

Ya en 1996, Stephen Hawking y Roger Penrose constataban que «casi todo el mundo ahora cree que el universo y el tiempo mismo tuvieron su principio en el Big Bang».[21]

Hoy —como ya hemos dicho— la teoría del Big Bang es universalmente aceptada y forma parte del llamado «modelo cosmológico estándar». John Richard Gott es profesor de Ciencias astrofísicas en la Universidad de Princeton, teísta y cristiano, resume así la situación del conocimiento actual: «El universo empezó desde un estado de infinita densidad [...] el espacio y el tiempo fueron creados en ese suceso y también toda la materia del universo. No tiene sentido preguntar qué paso antes del Big Bang; es como preguntar qué hay al norte del Polo Norte. De igual modo, no es sensato preguntar dónde tuvo lugar el Big Bang. Ese universo-punto no era un objeto aislado en el

---

aplicadas y Física teórica en la Universidad de Cambridge. Miembro de la Royal Society, ganador del Premio Templeton en 2006. Frank Tipler, nacido en 1947, es un físico y cosmólogo norteamericano, profesor en la Universidad de Tulane. Ambos teístas y cristianos.
20. Kragh, *op. cit.*
21. S. Hawking y R. Penrose, *The Nature of Space and Time*, Princeton University Press, 1996, p. 20.

espacio, era todo el universo entero y, por tanto, la respuesta solo puede ser que el Big Bang pasó en todas partes».[22]

En contra de las mejores aspiraciones y deseos de los apologistas ateos, durante los siguientes setenta años la realidad se empeñó en confirmar la teoría del Big Bang y ridiculizar cada intento de deslucirla. Parece que se cumpliera lo que dice el libro profético de Sefer Yermiyahu, llamado comúnmente «Libro de Jeremías», escrito en el siglo VII a. C.: «Los sabios quedarán avergonzados, asustados, serán atrapados. Si desechan la palabra del Señor, ¿de qué les servirá su sabiduría?» (Jer 8, 9).

La teoría del Big Bang se ha ido mejorando y puliendo a medida que se iban produciendo nuevos descubrimientos. Una de esas adiciones ha sido la llamada «era inflacionaria», que se refiere a un muy breve periodo (se supone que empezó en el momento 10^{-36} segundos después del Big Bang y terminó en el momento 10^{-32} segundos) en que el universo aumentó enormemente de tamaño (se supone que aumentó 10^{78} veces su volumen). Para hacernos una idea, es como si en ese brevísimo espacio de tiempo el universo hubiera pasado de ocupar 1 milímetro (10^{-3} metros) a más de 10,5 millones de años luz, lo que es igual a 95,4 trillones de kilómetros (es decir, 95,4 con 18 ceros detrás, medido en kilómetros).

Otro retoque de la teoría vino con el descubrimiento de la materia oscura y la energía oscura. Se calcula que aproximadamente la materia visible es el 4,6 por ciento, la materia oscura el 23 por ciento del total y la energía oscura el 72,4 por ciento del total del universo. La materia oscura está formada por partículas que no absorben ni emiten luz. Se desconoce todavía qué son esas partículas, pero se sabe que no son ninguna que hayamos tenido hasta ahora en los

22. R. Gott *et al.*, «Will the Universe expand forever?», *Scientific American*, 1976, p. 65.

laboratorios. La energía oscura no está hecha de partículas, sino que sería más como un tipo de campo. El universo disminuyó en la velocidad de su expansión durante gran parte de su historia debido a que la materia existente en el universo se atrae mutuamente por la gravedad y esto hace de freno de la expansión. Sin embargo, en 1998 se descubrió que hace varios miles de millones de años la expansión del universo empezó a acelerarse; con ello se llegó a la conclusión de que existe una energía en el universo —la energía oscura— que hace que la expansión del universo se acelere.

Finalmente, también se ha refinado el conocimiento de la «singularidad». Singularidad en física se refiere a un evento único o un lugar en el universo donde las leyes de la física no se cumplen. En nuestro caso, singularidad se refiere al primer momento, hace 13.700 millones de años, el borde primero, cuando empieza el tiempo, cuando $t = 0$. Allí la energía, la densidad, la temperatura eran inconmensurablemente grandes. Allí estaba todo el universo «comprimido» antes de la era inflacionaria y de la posterior expansión. La singularidad es el evento cuando y donde ocurrió el Big Bang. A mitad de los años sesenta del pasado siglo Roger Penrose y Stephen Hawking demostraron que, de acuerdo con las ecuaciones de la teoría general de la relatividad, la existencia de la singularidad era necesaria. La existencia de un principio era un evento ineludible.[23]

Uno de los más fascinantes distintivos de la teoría del Big Bang es lo mucho y muy bien que concuerda con la revelación judía antigua. «De todos los escritos antiguos referidos a la Creación solo la explicación hebrea antigua es correcta [...] y desde Aristóteles hasta Einstein la visión científica era

23. Teoremas de singularidad de Penrose-Hawking —son varios— precedidos por el artículo del señor Penrose «Gravitational Collapse and Space-Time Singularities», publicado en *Physical Review Letters* en enero de 1965.

que el universo simplemente siempre ha estado ahí»;[24] de hecho, la tradición humana siempre ha asumido que el universo no tenía un principio particular (con la sola excepción de la Biblia y las religiones influidas por ella). Esto debería dar que pensar a quienes predican que «todas las religiones son iguales», un aserto tan preciso como decir «todos los vertebrados son iguales», lo que hace que quien formula ese tipo de afirmaciones quede asimilado a una lamprea.

Acto I

> Los mejores datos que tenemos concernientes al Big Bang son exactamente los que hubiera predicho si no hubiera tenido nada más que los cinco libros de Moisés, los Salmos y la Biblia en su conjunto.
>
> ARNO PENZIAS[25]

En 1960 la compañía norteamericana Bell Labs había construido una antena gigante con fines comerciales en Holmdel, New Jersey, en Estados Unidos. Dos empleados de Bell Labs se habían interesado por la macroantena de Holmdel porque ambos —separadamente— habían estudiado cómo amplificar señales de radio provenientes del espacio, querían continuar sus observaciones y sabían que la antena de Holmdel

---

24. Entrevista a Arno Penzias y Robert Wilson realizada por Fred Heeren y publicada por John Oakes el 5 de mayo de 2005. Fred Heeren es un periodista especializado en noticias científicas. Escribe en el periódico Boston Globe. John Oakes es doctor en Física y Química por la Universidad de Colorado. Es un apologeta cristiano que dirige la web *Evidence for Christianity*.
25. Cit. por Berlinski, *op. cit.*, p. 71. Arno Penzias obtuvo el Premio Nobel de Física en 1978.

sería un magnífico «radiotelescopio». En 1964, cuando los dos físicos estaban «afinando» la antena intentando encontrar cero radiaciones, hallaron una radiación que venía de más allá de la Vía Láctea, de la que no había una fuente conocida en el universo y que no podían explicar. Tenía poca energía, correspondía a una temperatura de unos tres grados Kelvin y era isotrópica —es decir, que era uniforme desde todas las orientaciones—. Primero pensaron que era un sonido de radio que venía de la relativamente cercana ciudad de Nueva York —lo descartaron—; sospecharon que podría provenir de una prueba nuclear realizada en 1962 —tampoco—; consideraron que esos sonidos pudieran ser producidos por palomas que anidaban en la gran antena; limpiaron la antena y esa hipótesis también fue descartada (aunque aquellos que encontramos las palomas sucias y desagradables nos sentimos reivindicados porque de hecho sus deposiciones sí variaban en una pequeña medida los cálculos de radiación).[26]

Otros físicos y cosmólogos que habían usado la antena de Bell Labs habían oído el suave siseo de fondo, pero lo habían descartado sin profundizar en sus causas. En este caso, los dos astrónomos siguieron buscando la razón de ese susurro que venía del espacio y para el que no encontraban explicación. Estos astrónomos perseverantes eran Arno Penzias[27] y Robert Wilson,[28] quienes recibirán conjuntamente el Premio Nobel de Física en 1978 y llegarán a ser unos de los más famosos astrónomos del siglo XX.

26. Fred Heeren, *op. cit.*
27. Arno Penzias nació en Múnich en 1933. De familia judía, emigró de Alemania hacia Estados Unidos. Doctor en Ciencias físicas por la Universidad de Columbia. Premio Nobel de Física en 1978. Teísta y judío, una de sus hijas es rabina en la religión judía.
28. Robert Woodrow Wilson, nacido en Texas, Estados Unidos, en 1936, es un astrónomo norteamericano. Doctor en Ciencias físicas por el CalTech (Instituto de Tecnología de California). Premio Nobel de Física en 1978.

Los señores Penzias y Wilson empezaron a pensar que podría haber una razón más profunda para esa radiación de fondo. Entraron en contacto con Robert Dicke, otro astrónomo y físico de la cercana Universidad de Princeton que había teorizado sobre el hecho de que, de haber habido un Big Bang, necesariamente habría un «residuo» de la explosión que tendría la forma de radiación de bajo nivel. El padre Lemaître ya había sugerido que el «átomo primitivo» podría ser detectado por la existencia de un remanente de radiación y George Gamow y Ralph Alpher también predijeron que esa radiación residual debía existir todavía e incluso calcularon que debía estar presente en todo el espacio con una temperatura de cinco grados Kelvin. Explicaron que, al contrario de cualquier otra fuente de calor, no hay ningún sitio al que la radiación del Big Bang pudiera escapar. El calor de la calefacción se disipa en el aire, pero el calor del Big Bang no puede salir «fuera del universo». En 1965 los señores Penzias y Wilson publicaron los resultados de sus observaciones al tiempo que el señor Dicke publicaba la explicación. Es lo que desde entonces se llama «radiación cósmica de fondo» (CMB, por sus siglas en inglés). La teoría de la creación del universo había pasado de especulación científica a estar verificada en la realidad.

Acto II

> No puedo pensar en una mejor teoría sobre el origen del universo que concuerde con el Génesis [que el Big Bang].
>
> ROBERT WILSON[29]

29. Robert Wilson en la entrevista citada de Fred Heeren, 5 de mayo de 2005. Wilson fue premio Nobel de Física en 1978.

El 1 de julio de 1983 se lanzó el satélite soviético Relikt-1 con el objetivo de medir la radiación cósmica de fondo (CMB) y su posible anisotropía (es decir, su no uniformidad según las orientaciones, lo que habría puesto en duda el Big Bang). El satélite estuvo operativo hasta febrero de 1984 y tomó más de quince millones de mediciones que confirmaban el Big Bang. Como veremos, el Big Bang representaba un reto para la ideología oficial soviética del «ateísmo científico». Estaban previstos los lanzamientos del Relikt-2 y el Relikt-3, que nunca se produjeron. Los prejuicios ideológicos —incluidos, o sobre todo, los ateos— esterilizan cualquier tipo de pensamiento, comprendido el científico.

Acto III

No hay ninguna duda de que existe un paralelismo entre el Big Bang y la noción cristiana de una creación desde la nada.

GEORGE SMOOT[30]

Seis años más tarde, el 18 de noviembre de 1989, se lanzó el satélite de la NASA llamado Explorer 66, más conocido como COBE (Cosmic Background Explorer), y estuvo operativo hasta 1993. Su misión era medir la radiación cósmica de fondo. El COBE midió y cartografió lo que en realidad es la luz más antigua del universo, la radiación cósmica de fon-

---

30. George Smoot, nacido en 1945, es un astrofísico norteamericano. Profesor de la Universidad de Berkeley. Premio Nobel de Física en 2006 por su trabajo en el COBE. Para la cita en «Big Bang Evidence for God», de Frank Turek, 23 de enero de 2009. Se puede leer en <https://crossexamined.org/big-bang-evidence-for-god/>.

do, y demostró que el espectro de radiación coincide con las predicciones de la teoría del Big Bang. Por estos resultados, los físicos George Smoot y John Mather[31] recibieron el Premio Nobel de Física en el año 2006. El señor Smoot cuando fue preguntado por sus observaciones desde el COBE contestó: «Es como mirar a Dios».[32] La teoría del Big Bang y el momento de la creación quedaban, una vez más, constatadas empíricamente.

Acto IV

El elemento esencial de las explicaciones astronómicas y bíblicas del Génesis es el mismo; la cadena de acontecimientos que llevaron hasta el hombre comenzó de repente y bruscamente, en un momento definido en el tiempo, en un fogonazo de luz y energía... La ley de Hubble es uno de los grandes descubrimientos de la ciencia y es uno de los mayores apoyos de la historia científica del Génesis.

Robert Jastrow[33]

---

31. John Mather, nacido en 1946, es un astrofísico norteamericano que trabaja para la NASA.
32. Cit. en el artículo de Thomas H. Maugh en *Los Angeles Times*, 24 de abril de 1992.
33. Robert Jastrow (1925-2008) fue un renombrado astrónomo, físico norteamericano y científico de la NASA. Se manifestó agnóstico hasta el descubrimiento y comprobación del Big Bang. Entonces se convirtió en teísta y defendió la existencia de un Dios Creador. Citado por Frederick Burnham en «Scientific and Anecdotal Evidence for the Beginning of the Universe», publicado en *Religio-Political Talk*, 12 de diciembre de 2015.

El Explorer 80 fue un satélite de la NASA lanzado en junio de 2001 y se haría famoso con el nombre de WMAP.[34] El WMAP viajó «atrás en el tiempo y en el espacio» hacia el origen del universo, en dirección al Big Bang. Sus objetivos eran confirmar la teoría del Big Bang y el modelo cosmológico estándar (MCE), afinar las diferencias de temperatura de la radiación cósmica de fondo y crear un mapa preciso de esa radiación. El WMAP estuvo operativo durante nueve años, hasta 2010, y corroboró cada una de las hipótesis de la teoría del Big Bang y del MCE, en palabras de la NASA.[35]

El WMAP comprobó que la edad del universo es de 13.770 millones de años con un posible error del 0,5 por ciento (tal y como ya había calculado el padre Lemaître ochenta años antes).

Determinó que la materia oscura es un 24 por ciento del universo.

Determinó que la energía oscura representa el 71,4 por ciento del universo y que es la que causa que la expansión del universo se acelere.

Cartografió la radiación cósmica de fondo.

Confirmó la inflación inicial en que el universo tuvo «un dramático periodo de expansión, creciendo más de un billón de billones de veces en menos de una billonésima de billonésima de segundo».[36]

En definitiva, volvió a confirmar mediante las mediciones más precisas hasta el momento tanto el Big Bang como los cálculos anteriores del padre Lemaître y de los señores Gamow, Alpher, Penzias, Wilson, Dicke Smoot, Mather y otros.

---

34. Wilkinson Microwave Anisotropy Probe.
35. Véase en la web de la NASA en <https://map.gsfc.nasa.gov/> y en <https://www.nasa.gov/topics/universe/features/wmap-complete.html>.
36. Web de la NASA.

Acto V y conclusión

Si algo se tiene que creer de la sólida ciencia de la cosmología (es que) hubo un suceso que ocurrió y que puede ser datado en el pasado... y ese fue un acto de creación. Dentro del terreno de la ciencia no se puede decir ningún detalle más sobre la creación de lo que se dice en el primer libro del Génesis.

ALLAN SANDAGE[37]

Posteriormente el Big Bang ha recibido confirmaciones empíricas adicionales, como las mediciones y datos obtenidos en 2015 gracias a los datos del satélite Planck de la Agencia Espacial Europea y del grupo de investigación BICEP-Keck localizado en el Polo Sur.[38]

En el momento presente, la teoría del Big Bang está científicamente asentada y demostrada más allá de cualquier duda. Las sucesivas confirmaciones de este primer momento de «Creación» han sido los principales responsables de la conversión al teísmo de varios reputados astrónomos que en su día fueron también renombrados ateos.

37. Allan Sandage, cit. por Dennis Overbye en *Lonely Hearts of the Cosmos: The Story of the Scientific Quest for the Secret of the Universe*, Harper-Collins, 1991, pp. 185-186. Allan Sandage, fallecido en 2010, fue un astrónomo norteamericano, alumno y sucesor de Edwin Hubble. El primero en calcular de forma precisa la constante de Hubble-Lemaître, fue uno de los científicos más influyentes y prolíficos del siglo xx, publicó más de quinientos documentos científicos revisados por pares. Ganador del Premio Crafoord, premio que a veces se ha comparado al Premio Nobel de Astronomía. Abjuró del ateísmo y se convirtió al cristianismo en su madurez.

38. El análisis conjunto de BICEP2/Keck Array en colaboración con Planck del 30 de enero de 2015 se puede encontrar en <https://www.cosmos.esa.int/documents/387566/387653/Bicep2-Keck-Planck+Analysis/337be785-87f8-46c8-aca1-6638ef7fba94>.

Allan Sandage fue uno de los más influyentes astrónomos del siglo XX, alumno y continuador de Edwin Hubble y el primero en calcular con precisión la constante de Hubble-Lemaître en 1958. Era manifiestamente ateo, pero la observación del universo y la confirmación de la creación en el momento del Big Bang le llevaron a anunciar en 1983 que se había convertido al cristianismo. Entonces tenía cincuenta y siete años y ya no dejó su nueva fe hasta que falleció en 2010 a la edad de ochenta y cuatro años.

Robert Jastrow fue un astrónomo norteamericano fallecido en 2008. Fue el primer presidente del comité de exploración lunar de la NASA durante el proyecto Apolo, primero en llegar a la Luna. Profesor de Geofísica en la Universidad de Columbia y luego director del observatorio Mount Wilson en California. Se manifestó como «agnóstico y no creyente», pero con el descubrimiento y las evidencias del Big Bang el señor Jastrow se convirtió en teísta y manifestó la necesidad científica de la existencia de un Creador.

Frank Tipler —nacido en 1947— es un cosmólogo, físico y matemático, profesor de la Universidad de Tulane, alumno de notables físicos ateos como Dennis Sciama, él mismo fue manifiestamente ateo durante gran parte de su carrera. Se convirtió en teísta y cristiano porque «fue forzado a esas conclusiones por la inexorable lógica» de la física. Propuso el «principio antrópico» con otro renombrado cosmólogo, John Barrow, también teísta y cristiano.

Hugh Ross —nacido en 1945— es un doctor en Astrofísica por la Universidad de Toronto y licenciado en Ciencias físicas por la Universidad de la Columbia Británica, es el fundador del *think tank* teísta Reasons to Believe («Razones para Creer»), iniciado en 1986 para promover el conocimiento científico como forma de aumentar la fe religiosa (cristiana). El señor Ross nació y creció escéptico en una familia atea. Sus estudios de cosmología supusieron un dilema para su fe atea: «Durante los siguientes años, mis estudios sobre el Big Bang me convencieron de que el universo había tenido un principio y, por tanto, un "principiador" (alguien que lo inició) [...] el Big Bang implica un Agente Causal fuera o más allá del universo». El señor Ross hoy escribe mayoritariamente sobre la evidencia científica que apoya sus creencias en la Biblia, en especial en el libro del Génesis.

Sarah Salviander actualmente dedica la mayoría del tiempo a escribir y estudiar la relación entre la ciencia y el cristianismo. No fue siempre así. La señora Salviander, nacida en Canadá, es doctora en Astrofísica y fue investigadora del Departamento de Astronomía de la Universidad de Texas durante dieciséis años. Según cuenta ella en el documento «My Testimony»,[39] publicado en 2015, la señora Salviander pasó del más crudo ateísmo heredado (sus padres fueron «socialistas y activistas políticos» y también «ateos, aunque preferían llamarse agnósticos») al teísmo y finalmente al cristianismo, y ello debido a sus conocimientos cosmológicos avanzados y la comprensión de cómo todo ello demandaba la existencia de un Creador.

El Big Bang es exactamente eso, una inmensa explosión que ha hecho añicos la ciencia decimonónica anclada en el positivismo ateo. Como hemos visto, hubo muchos intentos por evitar que se diera a conocer por lo que ello representaba para las creencias de los descreídos, pero, una vez que consiguió establecerse y ser reconocido, la estrategia de los

39. Sarah Salviander, «My testimony», publicado el 11 de mayo de 2015. Original en inglés en <https://sixdayscience.com/2015/05/11/my-testimony/> y traducido al español en <https://sixdayscience.com/2015/08/19/mi-testimonio/>. Un documento que merece la pena ser leído porque describe varias de las razones por las que personas inteligentes pueden caer en el ateísmo y también porque explica el itinerario hacia el teísmo y la religiosidad provocado por el conocimiento científico.

escépticos consistió en lanzar cortinas de humo y crear confusión a fin de soslayar, esquivar y finalmente evitar tener que reconocer las consecuencias lógicas y científicas del Big Bang. Todo esto lo veremos en los próximos capítulos. En esto, los fanáticos ateos recuerdan a los niños que se tapan las orejas en los patios de colegio mientras repiten «grita mucho que no te oigo» pretendiendo ignorar y esperando infructuosamente que desaparezcan las trazas de la mayor explosión de la historia del universo. En palabras de Arno Penzias: «La astronomía nos lleva a un evento único, un universo que ha sido creado de la nada, uno con el muy delicado balance necesario para proveer exactamente las condiciones necesarias para permitir la vida, y uno que tiene un —diríamos— subyacente plan "sobrenatural"».[40]

Ironías

Cuando empecé mi carrera como cosmólogo, hace unos veinte años, era un convencido ateo. Nunca, ni en mis sueños más locos, imaginé que un día estaría escribiendo un libro afirmando y mostrando que las afirmaciones centrales de la teología judeocristiana son de hecho ciertas, que esas afirmaciones son deducciones directas de las leyes de la física tal y como la entendemos ahora. He sido forzado a admitir estas conclusiones por la lógica inexorable de mi propia especial área de la física.

FRANK TIPLER[41]

40. Margenau y Varghese, *op. cit.*, p. 83.
41. F. J. Tipler, *The Physics of Inmortality*, Doubleday, 1994, prefacio.

La Providencia parece decidida a mostrarnos su inspirado sentido del humor con las anécdotas que rodean el descubrimiento y la teoría del Big Bang. Si la ironía es un indicio de inteligencia, hay numerosos acontecimientos en esta historia que muestran la agudeza de la mejor ironía.

Empecemos por el nombre —Big Bang— tan descriptivo y tan memorable que sin duda ha hecho que esta sea una de las teorías científicas más recordadas y citadas. Una búsqueda de Google de las palabras *«big bang»* y *«universe»* produce 56,6 millones de resultados.[42] Hasta 2012 se habían publicado más de mil doscientos documentos científicos que incluían las palabras «Big Bang» en su título, y hasta esa fecha solo en las revistas *Nature* y *Science* habían aparecido casi dos mil quinientos artículos que hacían referencia al Big Bang.[43] Un éxito. Sin embargo, el padre Lemaître había llamado a lo que entonces era una hipótesis con el mucho menos sexy nombre de «el átomo primitivo en el momento de la creación» en su libro, publicado en francés y en español en 1946, con el mismo título, *La hipótesis del átomo primitivo*[44] (definitivamente, el buen padre era un gran científico, pero un pésimo publicista). Lo irónico es que quien otorgó a la teoría el nombre por el que es universalmente conocida hoy fue su gran opositor durante décadas: Fred Hoyle[45] —de quien hablaremos en varias ocasiones en este libro y no solo

42. Búsqueda realizada el 27 de junio de 2023.
43. Helge Kragh, «Big Bang: the etymology of a name», *Astronomy & Geophysics*, vol. 54, n.º 2 (abril de 2013), p. 2.28–2.30.
44. *L'hypothèse de l'atome primitif*. Publicado en español y francés en 1946 y en inglés en 1950. El concepto ya lo había introducido en 1931, como hemos visto.
45. Fred Hoyle fue un astrónomo inglés, nacido en 1915 y fallecido en 2001. Gran proponente de la teoría del estado estacionario para el universo. Uno de los más influyentes astrónomos del siglo XX. Varias veces nominado al Premio Nobel. Ateo la mayor parte de su vida, se convirtió en teísta a fuer de las evidencias de la ciencia.

en esta parte—. El señor Hoyle, reconocido ateo, era uno de los fundadores de la teoría del *steady state* («estado estacionario») para el universo que proponía un universo sin variaciones, eterno en el pasado y en el futuro.[46] El 28 de marzo de 1949, en una entrevista en la radio BBC inglesa, el señor Hoyle mencionó por primera vez «Big Bang», de forma posiblemente peyorativa y enfatizando que la «hipótesis de que toda la materia del universo fue creada en un "big bang" en un momento particular en el pasado remoto»[47] era «irracional» y «extraña a la ciencia». (Es también irónico lo frecuentemente que los «gurús» de la ciencia se atribuyen la capacidad para determinar lo que es científico —sus propias teorías— y lo que no —las de los demás).

Otra ironía: Robert Wilson, uno de los descubridores de la radiación cósmica de fondo que confirmó el Big Bang, fue antiguo estudiante de Fred Hoyle y era un convencido seguidor de la teoría de un universo en estado estacionario… hasta que los datos de la radiación cósmica de fondo le «obligaron» a aceptar la realidad del Big Bang.

Otra ironía que siempre me hace sonreír cuando la recuerdo o la refiero. Como dijimos, la teoría del Big Bang estuvo olvidada durante varias décadas, empujada a la oscuridad por los proponentes de la teoría del estado estacionario. El padre Lemaître había formulado por primera vez lo que luego se llamaría la «ley de Hubble»,[48] que incluía la

---

46. Otros autores a los que se atribuye esta teoría son Hermann Bondi y Thomas Gold.
47. Declaraciones de Fred Hoyle al programa BBC's *Third Programme* el 28 de marzo de 1949, y reproducido en *The Listener*, la revista de la BBC.
48. Hoy mejor llamada ley de Hubble-Lemaître, de acuerdo con la decisión de la Unión Internacional de Astrónomos en 2018. Esta ley determina que la velocidad a la que otras galaxias se alejan de la nuestra es directamente proporcional a su distancia de nosotros. Como hemos visto, el padre Lemaître publicó su documento en 1927 y el señor Hubble en 1929.

llamada «constante de Hubble» o «H», y, sin embargo, vio que ese descubrimiento se le atribuía al señor Hubble, que había publicado sus cálculos un par de años después que él. No solo eso, sino que cuando el padre Lemaître reeditó su documento en inglés en 1931 estuvo de acuerdo en autocensurarse, dejando fuera la sección en que demostraba que sus cálculos de «H» eran más precisos que los del señor Hubble. Aunque había sido reconocido como el gran científico que era por algunos y dentro de la Iglesia católica —fue nombrado miembro de la Academia Pontifica de la Ciencia— también había visto que su teoría del átomo primitivo había sido ridiculizada y no tomada en cuenta. A pesar de todo ello, sus biógrafos nos cuentan que el padre Lemaître era un hombre divertido, agudo y bromista, y haciendo honor a sus orígenes latinos era buen comilón y siempre apreciativo de un buen vino, lo que produjo que su presencia se expandiera con el tiempo —igual que el universo según sus observaciones—. En diciembre de 1964 el padre Lemaître sufrió un infarto y el 20 de junio de 1966 falleció a la edad de setenta y un años en Lovaina, Bélgica…, pero poco antes de morir conoció la noticia del descubrimiento de Arno Penzias y Robert Wilson que había revelado al mundo la existencia de la radiación cósmica de fondo que corroboraba su «teoría del átomo primitivo». El «Big Bang» estaba confirmado por la evidencia. El padre Lemaître se «fue a la casa del Padre» —como suelen decir los católicos— sabiendo que la obra de su vida había sido reivindicada.

El señor Einstein —como la mayor parte de los físicos de su generación— pensaba que el universo no había tenido un principio, que no tendría un final, que era infinito y que presentaba un «estado estacionario»; sin embargo, los cálculos de su famosa teoría de la relatividad sugerían que el universo debía estar en expansión. Es irónico observar cómo incluso para uno de los hombres más brillantes de la ciencia el paradigma de «lo científicamente correcto» se impuso a sus propias deducciones... así que el señor Einstein produjo un «ajuste matemático», la llamada «constante gravitacional», también llamada «el amaño de Einstein»,[49] a fin de acomodar sus cálculos a la teoría del estado estacionario. Es decir, que usó una artimaña para hacer que «todo cuadrara», algo que sin duda es poco loable. Si usted no ha hecho trampas nunca, le manifiesto desde aquí mi admiración por su rectitud o su mala memoria, pero para el resto de nosotros y por algún estúpido motivo resulta un consuelo que el señor Einstein también las hiciera.

Alexander Friedmann —de quien ya hemos hablado y que en justicia debe ser considerado codescubridor del Big Bang— era entonces un joven e ignoto cosmólogo ruso, se apercibió del error del señor Einstein y le envió un artículo en que presentaba su teoría de un universo en expansión y, por tanto, el error en la constante gravitacional. El señor Einstein no reaccionó bien y en 1922 publicó en la más importante revista de física de la época: «Considero los resultados concernientes al universo no estacionario contenidos en el trabajo de Friedmann muy dudosos. En realidad, se ha demostrado que la solución propuesta no satisface las ecuaciones de campo».[50] El señor Friedmann preguntó dónde estaba el error, pero no recibió respuesta. Otro astrofísico alemán —Karl Schwarzschild— también envió sus propios cálculos en que demostraba que el señor Einstein estaba errado y en 1923 el señor Einstein publicó una retractación en que concedía que el señor Friedmann no había cometido error alguno, aunque sin admitir la idea de un universo en expansión. Tuvieron que pasar diez años; en 1931 Edwin Hubble

49. *Einstein's Fudge.*
50. A. Einstein en la revista *Zeitschrift für Physik*, vol. XI (1922), p. 326. Cit. por Bolloré y Bonnassies, *op. cit.*, p. 76.

invitó al señor Einstein al observatorio del telescopio Hoover cerca de Pasadera, en California, y le demostró que, de hecho, el universo se expandía. El señor Einstein pronunciará entonces una de sus más célebres frases: «Ahora veo la necesidad de un principio», frase elevada seguida por otra igualmente famosa, pero más terrenal, «este ha sido la mayor metedura de pata de toda mi vida»,[51] en referencia a la constante gravitacional que amañó para ajustar la teoría de la relatividad. En un retruécano irónico, la constante gravitacional luego demostró existir, aunque no con las magnitudes que el señor Einstein le atribuía. Lo veremos más adelante.

51. «The biggest blunder of my entire life» es una frase que George Gamow atribuyó al señor Einstein en su autobiografía en 1970. Cormac O'Raifeartaigh, en un artículo de *Physics Today* del 30 de octubre de 2018, considera probado que esa frase fue pronunciada por el señor Einstein enfrente de varias personas, el señor Gamow, Ralph Alpher —de los que ya hemos hablado— y John Archibald Wheeler, otro físico teórico norteamericano, amigo del señor Einstein y fallecido en 2008.

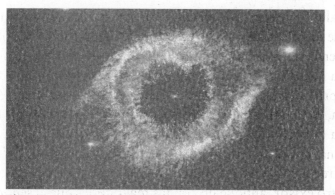

El Big Bang, el origen del universo.

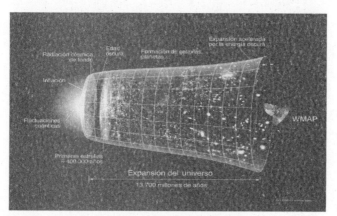

Big Bang, tiempo del universo y satélite WMAP.

Arno Penzias y Robert Wilson y la antena de Holmdel.

5
Reacciones: apuntes
sobre la naturaleza del ser humano

Los ateos solían estar muy cómodos sosteniendo que el universo es eterno e incausado. El problema es que ya no pueden mantener esa posición debido a la moderna evidencia de que el universo empezó con el Big Bang. Por lo tanto, no pueden objetar legítimamente cuando yo hago la misma afirmación acerca de Dios, que Él es eterno e incausado.

WILLIAM LANE CRAIG[1]

¡Ouch!

Aquellos que niegan a Dios por principio por alguna forma de pensamiento circular nunca encontrarán a Dios.

ALLAN SANDAGE[2]

1. Hablaremos del señor Lane Craig en la parte dedicada a las matemáticas. Véase nota 8 del cap. 8.
2. A. Sandage, «A Scientist Reflects on Religious Belief», en el periódico *Truth*, vol. 1, 1985, p. 53.

Imagínese que forma parte de la clase dirigente científica que vive cómodamente asentada en un ateísmo petulante e incontestado durante el primer tercio del siglo xx. La ciencia excluye la necesidad de Dios y demuestra su inexistencia —eso es lo que usted sinceramente cree y dice y todos a su alrededor lo dicen también—. Usted considera que creer en Dios es patrimonio de los simples y los no iniciados. Le parece que Dios no es necesario, quizá algunos se angustian cuando fallecen, pero eso, piensa, no le pasará a usted. Ha comprobado como la ciencia va ocupando los vacíos de conocimiento y respondiendo a los enigmas de la realidad. Examinando el desarrollo cultural desde la Ilustración, usted observa que, si la sociedad es como una pirámide de copas, la ciencia va llenando las copas superiores que rebosan y colman las inferiores. El conocimiento llegará a todos, es solo cuestión de tiempo y entonces Dios —ese residuo preevolutivo— desaparecerá de las almas de los hombres. No es necesario —nunca lo fue, piensa—, pero ahora la ciencia lo ha demostrado.

Si usted fuera parte de esa élite engreída, pensaría que la aspiración de crear una sociedad perfecta es ya razonable gracias al desarrollo del espíritu humano amparado por la ciencia. Usted cree que la superstición de la religión está abocada a desaparecer porque —es evidente— no es necesaria. Y para mayor confirmación, el progreso —como no podía ser menos— también permea en la política. Todos los nuevos partidos y movimientos son de ideología atea y «científica» y han demostrado tener poca paciencia con los rescoldos de las irracionales y perniciosas convicciones religiosas. El movimiento comunista ha derrumbado la teocracia rusa y en pocos años ha establecido en la nueva Unión Soviética el ateísmo científico —valga la redundancia, piensa usted—. El Partido Nacionalsocialista Obrero Alemán (aliado de los soviéticos)[3] también proclama la superioridad de teorías científicas de la raza y promueve el ateísmo, por supuesto científico. El Partido Nacional Fascista italiano —heredero del socialismo—[4] exhibe a todos los que lo quieran ver —y a los que no— la superioridad de una sociedad científica y sin Dios.

Imagínese usted así, plácidamente acomodado en las seguridades de un hombre erudito en los años treinta del siglo pasado.

Y de pronto... en 1931 un sacerdote católico[5] es invitado a Londres por la Sociedad Británica para el Avance de la Ciencia para hablar de la relación del universo físico y la espiritualidad, y allí expone por primera vez su idea del «átomo primigenio», eso que luego se llamará la teoría del Big Bang y lleva a la ciencia a considerar la necesidad de un Creador. El mismo año un ignoto, pequeño e insignificante científico cristiano[6] destroza el ambicioso programa del más respetado y mundialmente famoso matemático, prácticamente demostrando la necesidad de Dios en las matemáticas. En esos mismos años y también posteriormente los desarrollos de la cosmología confirman la segunda ley de la termodiná-

3. El Pacto Ribbentrop-Molotov fue firmado el 23 de agosto de 1939, nueve días antes del principio de la Segunda Guerra Mundial. Según ese tratado la Alemania nazi y la Unión Soviética se repartieron Polonia y establecieron la frontera en el río Vístula. Este tratado no fue el único, y fue seguido por el Tratado Germano-Soviético de Amistad, Cooperación y Demarcación, e incluso se iniciaron conversaciones para incluir a la URSS en el Eje.
4. Benito Mussolini fue uno de los miembros más prominentes del Partido Socialista Italiano. Formó parte de su Directorio Nacional y fue editor del periódico del partido socialista *Avanti*. El fascismo compartió con el socialismo la filosofía anticristiana y el anticlericalismo con raíces en F. Nietzsche y G. Sorel.
5. El padre Georges Lemaître, como el lector habrá imaginado.
6. Kurt Gödel desarma con sus teoremas de incompletitud el programa del señor Hilbert. Lo veremos en la tercera parte de este libro.

mica y la formulación de la entropía[7] que los ateos más avisados habían considerado como la mortal carga de profundidad que haría volar por los aires el ateísmo cientificista. También durante el primer tercio del siglo XX se descubre y formula la mecánica cuántica que rompe conceptualmente con la física clásica, desdice el determinismo materialista y ofrece una imagen indeterminista de la realidad que se conjuga perfectamente con la experiencia del libre albedrío, algo que derrumba otros dogmas materialistas —lo veremos en el capítulo 6, titulado «Incertidumbre y libertad»—, y durante los años siguientes y hasta hoy van llegando sin ninguna excepción reseñable confirmación tras confirmación de todo lo anterior, muchas veces en contra de lo predicho por los «sabios» y lo que habían manifestado explícitamente desear.[8]

Y el papa —¡El papa de Roma!— ha salido de su sacristía —¿quién se lo ha consentido?— ¡y se permite hablar de ciencia y de esos descubrimientos! Imagínese a ese científico ateo rasgándose sus vestiduras —o su bata blanca— mientras escucha a Pío XII: «La ciencia contemporánea [...] ha tenido éxito en ser testigo del augusto instante de la primera *fiat lux* —"hágase la luz"—, que junto con la materia emergió de la nada en un mar de luz y radiación [...]. Por lo tanto, con esa concreción que es característica de las pruebas físicas, la ciencia moderna ha confirmado la contingencia del universo y también la deducción bien fundada de una época en que el mundo apareció de las manos del Creador».[9]

7. Formuladas por Ludwig Boltzmann en 1877.
8. Son incontables las expresiones públicas de eminentes científicos de fe atea que, durante décadas, manifestaron su deseo de que la teoría del Big Bang quedara desacreditada. Algunas las veremos aquí.
9. Papa Pío XII en Elio Gentili e Ivan Tagliaferri. «Ciencia y Fe», Instituto Geográfico de Agostini, cit. por Joseph Laracy en «La Fe y la razón del padre George Lemaître», en Catholic Culture library, ítem 8847.

Si usted fuera ese científico ateo estaría escandalizado y lo último que querría es que todas sus fórmulas, experimentos, teoremas, desarrollos teóricos y descubrimientos vinieran a corroborar aquello que las religiones —las peores de entre ellas— venían diciendo. Y es posible que si usted fuera ese científico ateo hiciera todo lo posible para ignorar, desmentir, desprestigiar u ocultar esa evidencia. Esa actitud es reprensible pero muy «humana» —en el peor sentido de ese amplio término—, y como hemos visto y veremos más, los activistas ateos han demostrado repetidamente su perseverante adscripción a esa forma de «humanidad». Así, la oposición del señor Hoyle y sus colegas fue inspirada por «motivaciones abiertamente antiteológicas o más bien anticristianas», como afirmó el físico y teólogo Stanley Jaki,[10] buen conocedor del tema. O como admitía Martin Rees —conocido físico— sobre su profesor, el también conocido físico y reconocido ateo Dennis Sciama.[11] «Para él, como para sus inventores (de la teoría del estado estacionario), tenía una atracción filosófica profunda —el universo existió de generación en generación en un estado autoconsistente—. Cuando la evidencia contradictoria emergió, Sciama buscó un resquicio (incluso uno que no pareciera apropiado) más como un abogado defensor que se aferra a

---

10. S. Jaki, *Science and Religion*, Scottish Academic Press, 1974. p. 347. Stanley Jaki fue un físico, historiador de la ciencia y teólogo húngaro, sacerdote benedictino. Fallecido en Madrid en 2009. Profesor en las universidades de Oxford, Yale y Edimburgo. Recibió el Premio Templeton en 1987. Fue el primer físico en reconocer la importancia del teorema de incompletitud de Gödel para la física. (Hablaremos del señor Gödel y sus teoremas en la parte dedicada a las matemáticas).
11. Dennis Sciama se encontró con su creador en 1999. Fue un físico británico, profesor de la Universidad de Cambridge. Uno de los primeros promotores de la teoría del estado estacionario del universo. De origen judío, era manifiestamente ateo.

cualquier argumento para rebatir el caso de la acusación».[12] Ya no era ciencia, era ideología.

Los últimos cien años han sido muy duros para los científicos ateos y para los escépticos en general. En este tiempo, de forma consistente y en prácticamente todos los campos de la ciencia, los descubrimientos se acumulan prodigando las evidencias de la existencia de un Algo-Alguien que identificamos con lo que tradicionalmente se consideraba un Dios Creador. No se trata —solo— de que filosóficamente se hayan multiplicado nuevas demostraciones de eso que llamamos Dios, sino que en los observatorios y en los laboratorios se han producido una cascada de descubrimientos que «imponen la idea de Dios», como dijo Max Planck, uno de los fundadores de la física cuántica.

Teniendo todo esto en cuenta, no nos resulta extraña la confesión de decepción del físico y astrónomo Robert Jastrow cuando todavía era agnóstico: «Para el científico que ha vivido su fe en el poder de la razón, la historia termina como en un mal sueño. Ha escalado la montaña de la ignorancia, está a punto de conquistar el pico más alto y cuando se tira sobre la última roca, es saludado por una banda de teólogos que han estado sentados allí durante siglos».[13] Frustrante, lo entendemos.

Por otro lado, en algún caso también se ha querido «leer» más en el Big Bang —y en el resto de los descubrimientos científicos— de lo que a nuestro juicio esos descubrimientos permiten. La ciencia, en especial la ciencia moderna, apunta la existencia de un Creador, como no podía ser de otra manera, pues siempre se pueden hallar las hue-

---

12. M. Rees, *Before the Beginning*, Addison-Wesley, 1997, p. 41. En inglés *«from everlasting to everlasting»*, que es la descripción de la acción de Dios del salmista, Sal 90, 2, y traducido «de generación en generación» al español.
13. R. Jastrow, *God and the Astronomers*, 1992.

llas que nos indiquen quién fue el autor de un hecho. Esas huellas nos muestran fuera de toda duda quién fue el causante, pero no sus intenciones sobre las que podemos especular —con más o menos fundamento— pero no estar ciertos. La teleología de la creación busca estudiar el sentido último de la realidad, el «para qué», la finalidad de la creación, lo cual no es objeto de la ciencia. Algunos autores teístas[14] creen que se puede demostrar tal finalidad, que no solo la existencia de Dios se puede probar por la observación, sino que podemos llegar a conocer el propósito de la creación a través de la ciencia. Disiento. Eso no significa que no pueda llegar a tener una idea clara de la finalidad de la creación, sino que esa claridad en la idea no viene proporcionada completamente por la ciencia (la ciencia puede proveer elementos para la reflexión, pero nunca será conclusiva en este respecto) y considero que no forma parte del ámbito de la ciencia especular sobre la finalidad de la creación o sobre las intenciones del Creador (algo que entra más en el ámbito de la teología y de la metafísica). Hablaremos más de ello en la cuarta parte dedicada a la biología y la química y en el capítulo sobre la teoría del diseño inteligente. Pienso como el padre Lemaître: «El investigador cris-

14. Algunos científicos que respaldan la teoría del «diseño inteligente» (DI). Esta teoría tiene distintas vertientes, algunas que no pretenden que la finalidad en la creación sea una certeza. No obstante, estos científicos han propuesto gran cantidad de datos y demostraciones que han sido despreciados por neoateos y clase dirigente atea que se ha parapetado en la academia después de la caída del Muro de Berlín. Nótese que Wikipedia —en su versión inglesa— cuando presenta la voz de alguno de estos científicos incluye —casi siempre— como primera frase «apoya la teoría pseudocientífica del diseño inteligente». Es difícil encontrar una muestra de soberbia mayor que quien se arroga decidir qué o qué no es ciencia y de sectarismo cuando se decide que teorías no son científicas incluso si se someten al método científico y al principio de falsación. Hablaremos del DI en la parte dedicada a la biología de este libro.

tiano sabe que no hay nada en la creación que se haya hecho sin Dios, pero sabe también que Dios en ningún sitio toma el lugar de sus criaturas. La divina actividad del Omnipresente está esencialmente escondida en todas partes. Nunca debe ser una cuestión reducir el Ser Supremo al rango de hipótesis científica».[15]

Censura y persecución

> El orgullo y la autosuficiencia conducen a oscurecer la inteligencia, cerrar el corazón y destruir a Dios.
>
> CARDENAL ROBERT SARAH[16]

El ateísmo y el nihilismo se apropiaron de la ciencia en el siglo XIX y desde entonces la usaron sin rebozo como instrumento para divulgar su credo. Hicieron creer a muchos que la ciencia y la fe estaban enfrentadas, una pretensión que hubiera escandalizado a todos los científicos de todas las épocas anteriores, que fueron en su práctica totalidad teístas y religiosos sinceros y muchos clérigos y obispos. Ateos devotos tomaron el control de las universidades —algo también irónico, pues esas mismas universidades habían sido fundadas en su mayoría por la Iglesia católica— e hicieron de sus cátedras altavoces para difundir la religión atea. Gramsci y Goebbels a un tiempo: ocupar las instituciones docentes

---

15. Godart y Heller, *Cosmology of Lemaître*. Cit por Joseph Laracy, *op. cit.*
16. Robert Sarah es un cardenal de la Iglesia católica, nacido en Guinea en 1945. Hijo de conversos al cristianismo desde el animismo. Declaración realizada durante el retiro organizado por el Centro de Formación Espiritual de Cracovia, 4 de octubre de 2022.

como propugnaba el comunista italiano y repetir mentiras machaconamente hasta hacerlas «verdad» en el común de la gente, como promovía el nazi alemán. Y ese programa fue eficaz.

El ateísmo usó concienzudamente el cientificismo para diezmar las filas de los creyentes. Muchas almas se alejaron de la religión por la falsa suposición de que esta era incompatible con los «tiempos modernos» y con la ciencia. (Esta es una realidad que sorprendentemente continúa hasta hoy[17] alentada por un conocimiento público muy limitado de la ciencia moderna).

Así que, cuando científicos de todo el mundo y de todos los campos empezaron a acumular evidencias de la existencia de Dios en todas las esquinas de las ciencias teóricas y experimentales, políticos, periodistas y científicos ateos se lanzaron como una traílla para acallar a los indisciplinados que no seguían la partitura tan bien ensayada.

De los políticos y los periodistas tristemente nadie parece esperar nada positivo —lo cual quizá no sea siempre justo—, pero de los científicos se espera que apliquen sus inteligencias y esfuerzos con el fin altruista de incrementar el conocimiento y en última medida mejorar la existencia de sus congéneres. Lamentablemente, los científicos —como todos, como usted o, al menos, como yo— están sujetos a las mismas tentaciones y sufren las mismas heridas morales. Muchos son seres engreídos e inseguros cuyo objetivo no es establecer la verdad, sino tener razón. Mentes poderosas también pueden anidar en almas miserables.

---

17. De acuerdo con una encuesta del Pew Research Center de 2014, en Estados Unidos sobre los *millenials* (personas nacidas entre 1981 y 1996): el 82 por ciento de los *millenials* que han dejado la religión lo han hecho por una percepción de la contradicción entre ciencia y fe, y el 63 por ciento lo hicieron por «falta de evidencia». Véase «Misión de Magis Center», en <https://www.magiscenter.com/mission>.

Así que materialistas políticos y científicos materialistas se dedicaron a censurar y perseguir a las personas y a las teorías. El físico marxista —y, por ende, ateo— David Bohm dirá que los partidarios del Big Bang son «traidores a la ciencia que rechazan la verdad científica para obtener conclusiones de acuerdo con la Iglesia católica».[18] La tendencia de los marxistas a denominar «traidor» a quien no piensa como ellos sería incidental si no hubiera demostrado ser letal en la realidad.[19]

Alexander Alexandrovich Friedmann fue un matemático ruso, el primero en darse cuenta de que las ecuaciones de la relatividad de Einstein estaban erradas al incluir la constante cosmológica con el objetivo de conservar la ilusión de un universo en estado estacionario. Sin ella, el universo aparece como realmente es, en expansión. El señor Friedmann llegó a iguales conclusiones sobre el Big Bang que el padre Lemaître de forma independiente. Demostró que el universo tuvo un principio, desdiciendo a quienes creen en la existencia eterna de la materia. «Podemos hablar de la creación del mundo a partir de la nada», dirá. Los dirigentes soviéticos de la Universidad de Leningrado intentaron evitar que siguiera enseñando la teoría del universo en expansión. Murió envenenado en 1925 cuando volvía de su luna de miel en Crimea, oficialmente por tomar una pera sin lavar. Su mejor estudiante y amigo George Gamow[20] manifestó que fue un

18. Cit. en I. y G. Bogdanov, *Le visage de Dieu*, París, Grasset, 2010.
19. Como veremos en la quinta parte los ataques y las acusaciones de los «neoateos» contra los «ateos honestos» siguen un patrón muy similar.
20. Georgiy Antonovich Gamow —George Gamow, de quien ya hablamos en el capítulo dedicado al Big Bang— fue un físico teórico y cosmólogo ruso, nacionalizado norteamericano. Tiene numerosos inventos y descubrimientos en física, cosmología e incluso en genética molecular, fue posiblemente el alumno más aventajado del señor Friedmann. Defensor de la teoría del Big Bang. Le fue prohibido viajar fuera de la Unión Soviética, pero finalmente pudo escapar en 1933 con su esposa y se estableció en Estados Unidos.

asesinato. La tendencia a la intoxicación alimentaria mortal en los rusos disidentes siempre ha sido una sorprendente irregularidad estadística.

El observatorio astronómico de Pulkovo, cerca de Leningrado, era el más reputado de la Unión Soviética. Estaba dirigido en 1936 por Boris Guerasimovitch. Ese año la prensa del partido (no había otra) publicó una serie de artículos criticando la deriva contrarrevolucionaria de los científicos del observatorio. Fueron acusados de apoyar la «tesis creacionista», ya que, según sus cálculos matemáticos, el universo tuvo un comienzo.[21] Los científicos del observatorio fueron torturados y asesinados —no se sabe con exactitud la cantidad de ellos—, pero con seguridad fueron fusilados el señor Guerasimovitch y también Evgueni Perepelkine, que fue alumno del señor Friedmann y era el jefe del laboratorio de astrofísica, y también Innokenti Balanovski, que dirigía el Departamento de Astrofísica, y también Dmitri Eropkine, que tenía el amenazante cargo de secretario de la comisión científica del estudio del Sol, y también Boris Numerov, miembro de la Academia de Ciencias soviética, autor del método Numerov para resolver las ecuaciones diferenciales de segundo orden, y también Maximilian Musselius y Piotr Iachnov, astrónomos que trabajaban en el observatorio. Otros muchos fueron fusilados en 1937,[22] y algunos condenados a diez años de trabajos forzados en el gulag y confiscación de sus bienes. Las esposas e hijos de los condenados fueron también arrestados y condenados a diversas penas en campos de trabajo. Recordemos que el humanitario y pro-

---

21. El *affaire* Pulkovo ha sido muy poco dado a conocer —como sorprendentemente ocurre con significativos crímenes comunistas— y ni siquiera tiene una entrada en la Wikipedia en español o en inglés. Se puede consultar en francés en <https://fr.wikipedia.org/wiki/Affaire_de_Poulkovo> o en ruso.
22. Entre otros y que sepamos: Pavel Katatyguine, Pavel Kouznetsov, Serguei Guirine, Aleksander Konstantinov, Mikhail Baldine, Iouri Lepechinski.

gresista Código Penal de la Unión Soviética permitía la pena de muerte a partir de los doce años. Nadie puede acusar a los comunistas de poco expeditivos.

Matvei Petrovich Bronstein fue también un alumno del señor Friedmann —una ocupación de riesgo como vamos viendo—. Físico teórico, fue uno de los pioneros en gravedad cuántica. También apoyaba la teoría del Big Bang. En agosto de 1937 fue arrestado en su apartamento de la calle Rubinstein de San Petersburgo, juzgado el 18 de febrero de 1938 y condenado ese mismo día. Le dispararon una bala en la nuca. Tenía treinta y un años, a su mujer le dijeron que había sido condenado a diez años de trabajos forzados.

Vsevolod Frederiks fue un físico ruso, con contribuciones en el campo de los cristales líquidos. Fue asistente personal de David Hilbert —de quien hablaremos en la parte dedicada a las matemáticas— y amigo del señor Friedmann; también se convenció de la verdad de la teoría del Big Bang. Fue acusado de «creacionista» en 1937, condenado a diez años de trabajos forzados. Murió de extenuación tras seis años en el gulag el día de la Epifanía católica y de la Navidad ortodoxa de 1944.[23]

Los científicos ateos y los mandos soviéticos reconocían en la teoría del Big Bang «un tumor canceroso que corrompe la teoría astronómica moderna y que representa el principal enemigo ideológico de la ciencia materialista».[24] Una constatación que en ocasiones se les ha escapado a los físicos y científicos teístas que por algún extraño prurito o pudor o respeto humano no concluían lo que como hemos visto sí era evidente «para el lado ateo».

En la Alemania nazi, la vesania contra la ciencia que apuntaba a Dios no fue menor, sino solo más corta en el tiem-

---

23. 6 de enero.
24. V. E. Lov, cit. por Bolloré y Bonnassies, *op. cit.*, p. 126.

po. Científicos nazis crearon el movimiento Deutsche Physik, racista, materialista y ateo. Una vez más, miserables con grandes intelectos. Johannes Stark, que fue premio Nobel de Física en 1919, y Philipp Lenard, también premio Nobel en 1905, fueron los principales instigadores. Consiguieron desterrar de las universidades alemanas a los judíos y a todos quienes no comulgaran con su credo ateo. Es conocido que Albert Einstein se tuvo que exiliar, pero también lo tuvo que hacer Kurt Gödel, que era cristiano y quien luego sería el mejor amigo del señor Einstein en Princeton (y del que hablaremos profusamente en la parte dedicada a las matemáticas). Aquellos científicos ateos iniciaron una campaña contra Werner Heisenberg, al que tildaron de «judío blanco», pues su principio de indeterminación también chocaba contra la «física aria» y el ateísmo del Estado.

Otto Stern, judío, premio Nobel de Física en 1943 y la segunda persona más nominada para ese premio en la historia (82 nominaciones entre 1925 y 1945), también tuvo que fugarse de Alemania por causa de su raza y su religión. Por iguales motivos se exilió a Inglaterra Max Born, también de origen judío, premio Nobel de Física en 1954, teísta, amigo del señor Einstein y uno de los pioneros de la mecánica cuántica.

Viví y trabajé en Israel durante largos años ya en el siglo XXI. Esa estancia cambió mi vida en formas que entonces ni siquiera conseguía imaginar. Una de las experiencias más extraordinarias, de un tiempo ya de por sí extraordinario, fue la visita a Yad Vashem, el Museo del Holocausto en una colina cerca de Jerusalén. Visitar Yad Vashem te hace comprender todo lo que de diabólico y terrorífico había en la ideología nacionalsocialista y la brutalidad, crueldad y espanto cotidiano existente en ese estado totalitario y sin Dios, valga la redundancia. Es una experiencia que te transforma. Creo que es necesario y acaso urgente un Yad Vashem para exponer la monstruosidad del comunismo. También he tenido la fortuna de vivir y trabajar varios años en la Ucrania y la Rusia recientemente postsoviéticas. Experimenté, conviví, sufrí las heridas y cicatrices creadas por el régimen más criminal, cruel y atroz que haya existido nunca en la historia de la humanidad. Un régimen animado por una fe atea y una ideología infernal que convertían al ser humano en un orco y a la sociedad en un averno.

Nazis y comunistas querían un mundo sin Dios y como consecuencia construyeron el infierno en la tierra. Doy fe.

Contorsiones

> Debemos ser conscientes del hecho de que multitud de estudios cosmológicos son motivados por el deseo de evitar la singularidad inicial.
>
> JOHN BARROW[25]

La teoría del Big Bang produjo y produce gran contrariedad y desazón entre los científicos ateos que ven que la cosmología, sin ningún género de duda, apunta a la existencia de un Creador, en palabras de Alexander Vilenkin: «Si seguimos la evolución de la cosmología hacia atrás en el tiempo somos llevados a la singularidad inicial [...] hubo al principio alguna esperanza de que esa singularidad fuera una característica patológica [...] pero esta esperanza se evaporó cuando Stephen [Hawking] y Roger Penrose probaron sus famosos teoremas de la singularidad. No había escapatoria y los cosmólogos tuvieron que encarar el problema del origen del

---

25. John Barrow, cit. por R. Spitzer. Véase nota 115 del cap. 23.

universo».[26] Confrontados con esta realidad, no han sido pocos los que han intentado por todos los medios retorcer la realidad para volver —sin decirlo explícitamente— a algo parecido al modelo de estado estacional.

Si aceptamos que las proposiciones son científicas siempre que se puedan probar como falsas, siguiendo el criterio universalmente aceptado de Karl Popper, y no lo son si simplemente proponen ideas que no se pueden comprobar, entonces sin ninguna duda los retorcimientos y las contorsiones de algunos científicos ateos que veremos a continuación son acientíficas. Tendrán valor —o no— en el campo de la creatividad, podrán escribirse novelas o rodarse películas sobre esas lucubraciones, pero ya no pertenecen al mundo de la ciencia. Esas especulaciones no deberían ser llamadas «teorías», pues les confiere una pretensión científica de la que carecen. Si usted escribe un ensayo sobre los pensamientos de la Mona Lisa cuando estaba siendo retratada por Leonardo da Vinci, es posible que incluso sea sugestivo, pero no será científico. No hay prueba que pueda refutar sus conjeturas. Nadie llamaría científicas a las historias de Zeus y los dioses olímpicos, y nadie pretendería como científica una «teoría» escrita sobre el Valhalla. Y no me refiero a las ciudades en Dakota del Norte y Carolina del Sur en Estados Unidos. (En ese país uno siempre puede encontrar lugares con los nombres más evocadores). Tales pretensiones no son científicas y demuestran el aserto de Chesterton: «Cuando el hombre deja de creer en Dios acaba creyendo en cualquier cosa».

El Big Bang nos confronta con la incontrovertible verdad de que, si hay un principio, hay creación y que, por tanto,

26. Vilenkin, A. «Quantum Cosmology and eternal inflation», 2002, en <https://arxiv.org/abs/gr-qc/0204061v1>. Alexander Vilenkin es un cosmólogo ruso-ucraniano nacido en 1949, del que hablaremos más adelante en esta misma parte del libro.

Algo-Alguien tuvo que crearlo. Eso colocó a muchos científicos ateos (con más puntos en el carnet de ateo que en el de científico) en una posición difícil, y es entonces cuando se demostró falso el paradigma de que los hombres de ciencia no tienen creatividad. Puesto que el universo tuvo un principio y eso no se podía negar, hicieron todo tipo de contorsiones lógicas para intentar demostrar que realmente era un principio que no había comenzado, un principio no iniciado, un principio pero menos.

Una supuesta impugnación de la singularidad frecuentemente citada por autores ateos que desean evitar la necesidad de un principio para el universo viene de las ideas filosóficas de Stephen Hawking.[27] Todo ello no exento de ironía, puesto que el señor Hawking fue uno de los autores que demostró la necesidad de la singularidad[28] y al tiempo postulaba que «la filosofía está muerta» y que la filosofía no era relevante para el conocimiento al tiempo que manifestaba que solo los científicos «llevan la antorcha del descubrimiento en nuestra búsqueda del conocimiento»[29] (la pretensión de que solo uno mismo es quien lleva la antorcha del conocimiento suele terminar a lo bonzo, rociándose líquido inflamable y prendiéndose fuego con esa misma antorcha). El señor Hawking, a fin de evitar la necesidad de un Creador, decidió que el universo habría tenido lo que él llamaba una «creación espontánea»: «Porque hay una ley de la gravedad, el universo puede y se

---

27. Stephen Hawking fue un físico teórico británico fallecido en 2018. Aunque era declarado ateo, su funeral se celebró en una iglesia cristiana anglicana. Profesor en la Universidad de Cambridge. Célebre por sufrir una enfermedad degenerativa desde su juventud que le paralizó y dejó confinado a una silla de ruedas, comunicándose necesariamente por medio de un aparato generador de voz.
28. Véase nota 23 del cap. 4, en el apartado «Confirmaciones» de esta misma parte del libro.
29. Declaraciones de Stephen Hawking en la conferencia Google Zeitgeist en 2011.

crexará a sí mismo desde la nada. La creación espontánea es la razón por la que existe algo en lugar de nada, por la que el universo existe, por la que nosotros existimos».[30] Parece un chiste. Atribuir la responsabilidad a la ley de la gravedad es un recurso frecuente cuando no se tiene otro «culpable» a mano, pero al margen de que la ley de la gravedad no explica —en absoluto— nada sobre el origen del universo, habría que examinar la lógica de los asertos del señor Hawking, porque si el universo se creó gracias a la «ley de la gravedad», entonces ¿quién creó la ley de la gravedad? Y ya puestos..., ¿cómo es que esa ley existía antes de que existiera el universo? Y ¿cómo se reconcilia la contradicción de que una parte del universo —la gravedad— exista antes que el universo? Resulta embarazoso explicarlo por básico, pero las leyes físicas no «crean» nada, explican lo creado; la ley de la gravedad describe la gravedad, no la crea... Si no había ni tiempo ni espacio no había gravedad y desde luego no había «ley de la gravedad».

El señor Einstein aseguró que «se ha dicho frecuentemente y no sin justificación que el hombre de ciencia es un mal filósofo».[31] En este sentido no nos duelen prendas en definir al señor Hawking como un hombre de ciencia. Otros, sin embargo, fueron menos caritativos: «Una sandez es una sandez, incluso cuando las dice un científico mundialmente famoso»,[32] escribió John Lennox, profesor de Matemáticas en la Universidad de Oxford.[33] Gerard Verschuuren apuntó

30. S. Hawking y L. Mlodinow, *The Grand Design*, Bantam Books, 2010, p. 25. [Hay trad. cast.: *El gran diseño*, Barcelona, Crítica, 2012].
31. A. Einstein, «Física y realidad», cit. por G. Verschuuren, *How Science Points to God*, Sophia Institute Press, 2020, p. 79.
32. Artículo de J. Lennox, «Stephen Hawking and God», en <https://www.rzim.org/read/just-thinking-magazine/stephen-hawking-and-god>.
33. John Lennox, nacido en 1943, es un doctor en Matemáticas y licenciado en Bioética; profesor emérito de la Universidad de Oxford en Inglaterra y Wurzburg en Alemania. Teísta y cristiano.

que «Hawking puede que sea un buen científico, pero es un mal filósofo [...] su idea de "creación espontánea" es puro ilusionismo filosófico».[34] Roger Penrose —quien luego será premio Nobel de Física en 2020—, hablando de las teorías del señor Hawking, no pudo sino decir que «no tienen ningún tipo de apoyo fundado en la observación»;[35] Joseph Silk le recomendará: «Un poco de humildad sería bienvenida»,[36] y es que el señor Hawking no brillaba por su falta de soberbia; así Marcelo Gleiser también abundó en el tema: «Considero pretencioso imaginar que nosotros los humanos podamos conseguir tal cosa (una "teoría final" pretendidamente formulada por el señor Hawking)[...] es extremadamente engañoso promulgar teorías altamente especulativas como si fueran la palabra aceptada de la comunidad científica [...] este tipo de bombo publicitario es irresponsable [...]. Quizá Hawking debería dejar a Dios en paz».[37] Wolfgang Smith,[38] matemático, físico y filósofo, publicó un ensayo en 2012 cuyo título lo dice todo: *Science & Myth: With a Response to Stephen Hawking*. En definitiva, digamos piadosamente que las ideas filosóficas o teológicas del señor Hawking no recibieron una acogida calurosa.

Pero es que además esas ideas no eran nuevas... la pretensión de un universo que se crea solo —en contra de toda

34. Verschuuren, *How Science Points to God*, p. 79.
35. Roger Penrose en un artículo publicado en el *Financial Times* el 4 de septiembre de 2010.
36. Joseph Silk, «One theory to rule them all», *Science*, 8 de octubre de 2010, pp. 179-180. El señor Silk, nacido en 1942, era profesor del Departamento de Astronomía de la Universidad de Oxford y del Departamento de Física y Astronomía de la Universidad Johns Hopkins.
37. M. Gleiser, «Hawking and God: an Intimate relationship», National Public Radio, 9 de septiembre de 2010.
38. Wolfgang Smith es un científico austriaco nacido en 1930. Graduado en la Universidad de Cornell en Física, Matemáticas y Filosofía. Fue profesor de Matemáticas en las universidades de MIT, UCLA y Oregon State.

lógica o evidencia— es un recurso no infrecuente entre los pensadores ateos atrapados en la esquina del Big Bang. Peter Atkins[39] —un conocido divulgador ateo— escribió en su libro *Creación revisitada* que «el espacio-tiempo genera su propio polvo en el proceso de su autoensamblaje»,[40] si no entiende lo que quiere decir esa frase, no se preocupen, hay fundadas sospechas de que tampoco lo entiende el señor Atkins. De hecho, esa proposición ha sido seleccionada para acompañar la definición de «sinsentido» en algunos diccionarios. Como tuvo a bien explicarle Keith Ward, profesor de Filosofía en la Universidad de Oxford, «es lógicamente imposible que una causa cree ningún efecto sin que esa causa tenga existencia previa»...[41] Siempre resulta algo desmoralizador tener que aclarar lo obvio.

Esta idea —de un universo que se crea a sí mismo— ha sido comparada con la peregrina aspiración del necio que anhela volar tirando para arriba de sus propias botas, convencido de que, si imprime más fuerza, esta vez sí, volará como un pájaro. Y dándole un ingenioso giro se ha hecho ver que la única forma en que tal idea se puede realizar es precisamente con la aceptación de la existencia de eso que llamamos Dios: «Nuestro concepto de tiempo empieza con la creación del universo. Por lo tanto, si las leyes de la naturaleza crearon el universo, estas leyes tienen que haber existido antes del tiempo, es decir, que las leyes de la naturaleza

---

39. Peter Atkins, nacido en 1940, es un escritor y químico británico. Ateo fanático y conocido por su virulencia en la crítica de la religión a la que considera «nociva» —entrevista en 2008 con Ben Stein para el documental *Expelled*— y a las personas creyentes «estúpidos» —entrevista con Rod Liddle para la BBC en diciembre 2006.
40. P. Atkins, *Creation Revisited*, Penguin, 1994, p. 143. Cit. por Lennox, *op. cit.*
41. K. Ward. Cit. por Lennox, *op. cit.* Keith Ward es profesor de Filosofía de la Universidad de Oxford y sacerdote cristiano anglicano.

estarían fuera del tiempo. Lo que tenemos entonces son leyes completamente no-físicas, fuera del tiempo y creando el universo. Esa descripción puede que nos suene familiar. Tanto como el concepto bíblico de Dios: no físico, fuera del tiempo y capaz de crear el universo».[42] Debe de ser frustrante, no importa cuánto los ateos lo intenten, al final aparece otra vez Dios Creador.

Otra contorsión: si el universo no se ha podido crear a sí mismo y es imposible ignorar el Big Bang... ¿qué tal si el universo ha rebotado desde la eternidad? Sabemos que al Big Bang le sigue una expansión, pero ¿y si esa expansión se desacelerara?, luego es plausible que el universo pare su expansión e inicie su retroceso y encogimiento hasta el colapso —en algo que se ha dado en llamar «Big Crunch»—.[43] ¿Y si en lugar de ese «Big Crunch» el universo «rebota» y produce un nuevo «Big Bang» que inicia un nuevo ciclo? Y ya puestos, ¿qué tal si estos ciclos son infinitos? Entonces volveríamos a la existencia de un universo infinito en el tiempo y no necesitaríamos la existencia de un Creador. ¡Bien! Esta es la llamada «teoría del universo que rebota».[44] (El nombre, reconozcámoslo, es muy evocador).

Un problema para esta teoría es que el universo no está reduciendo la velocidad de su expansión —en contra de lo que «lógicamente» se podría esperar—, sino que está acelerándose. Después de un tiempo en que el universo sí se desaceleró, durante los últimos miles de millones de años el universo de hecho está acelerando su expansión. Esto es la evidencia de

---

42. G. Schroeder en «The Big Bang Creation: God or the Laws of Nature», consultado el 16 de marzo de 2023, en <http://www.geraldschroeder.com/BigBang.aspx>.
43. De acuerdo con el modelo estándar del Big Bang son posibles ambas posibilidades, o bien que el universo colapse en un *Big Crunch*, o bien que se expanda cada vez más lentamente.
44. «Bouncing universe» en inglés.

la «energía oscura» —de la que ya hablamos más arriba— y, por tanto, si esta expansión continúa no habrá «Big Crunch».

Pero incluso si esta aceleración de la expansión volviera a cambiar, hay muchas evidencias que desmantelan la «teoría rebotadora». Veamos varias:

A) Hemos visto que la entropía en el universo necesariamente aumenta —segunda ley de la termodinámica—, sin embargo, sabemos que la entropía en el momento del Big Bang era inmensamente pequeña, de hecho —y como veremos en un capítulo posterior titulado «Si nos toca la lotería todos los días...»— era tan pequeña y tan afinada que supone uno de los argumentos incontestables a favor de la existencia de un Creador (es imposible que tuviera ese valor infinitésimo y tan preciso «por casualidad»). Bien, pues ese ínfimo nivel de entropía en el momento del Big Bang hace imposible que haya habido un «universo que rebota», puesto que, si así hubiera sido, necesariamente habría aumentado la entropía después de cada ciclo, y no hubiéramos tenido la insignificante entropía en el momento del Big Bang.

B) Richard Tolman[45] descubrió en 1934 los efectos acumulativos de la radiación en la expansión cíclica. O, dicho de otro modo, descubrió que necesariamente en cada ciclo habría una mayor radiación acumulada, lo que produciría que cada ciclo fuera «más largo» que el ciclo anterior. «Esto rechaza un infinito retroceso hacia el pasado, ya que el retroceso llegará finalmente a un ciclo que es infinitamente corto con un radio infinitamente corto».[46]

---

45. Richard Tolman, fallecido en 1948, fue un físico norteamericano, profesor en el Instituto de Tecnología de California. El descubrimiento a que hacemos referencia apareció en un documento titulado «Relatividad, termodinámica y cosmología», que además predecía la radiación cósmica de fondo, de la que ya hemos hablado.
46. Quentin Smith, cit. por R. Spitzer, *New Proofs for the Existence of God*, Grand Rapids, Eerdmans, 2010, p. 29.

C) En nuestro universo, actualmente el 99 por ciento de la luz existente —radiación electromagnética— está en la radiación cósmica de fondo (RCF) y el 1 por ciento en la luz estelar. En cada posible ciclo (Big Bang-expansión-contracción-Big Crunch y vuelta a empezar) la RCF necesariamente incluiría la luz estelar emitida en todos los ciclos anteriores que durante el colapso del universo se reabsorbería en la RCF, mientras que, por el contrario, la luz estelar se produce por las estrellas durante cada ciclo. Es decir, que la proporción luz estelar/RCF disminuiría en cada ciclo. Como esta proporción es en realidad aproximadamente de un 1 por ciento, eso quiere decir que —incluso si hubiera habido ciclos— estos no habrán sido muchos más de 100 o, dicho de otro modo, que el universo no ha estado rebotando desde siempre y que por tanto forzosamente ha debido tener un principio.

En definitiva, un universo que rebota —como solía decir un antiguo compañero— no es posible y además es imposible.

Tercer intento: De acuerdo, el Big Bang es ineludible y el universo se expande. De hecho, la evolución del universo se muestra como si fuera un cono, es decir, que, como el universo se dilata, cada vez el cono tiene una base mayor, pero en el momento inicial todo el universo estaba constreñido a la punta de ese cono. En esa punta ocurrió el Big Bang hace unos 14.000 millones de años. Pero ¿y si no pudiéramos saber exactamente cuándo pasó el Big Bang porque la punta del cono no fuera completamente aguda, sino curvada? Entonces el universo —digámoslo así— no tendría un límite definido, no podríamos saber cuándo habría ocurrido el Big Bang exactamente y no habría habido «singularidad». *Voilà!*

Esto es lo que propone el modelo Hartle-Hawking,[47] que ha hecho pensar a algunos que un «universo sin límite» es lo

---

47. Propuesto en 1983 y nombrado así por sus promotores, James Hartle y Stephen Hawking.

mismo que un «universo sin principio» y que, por tanto, reinstalaba el modelo de universo en estado estacionario. Pero lamentablemente para quienes aspiraban a enterrar el Big Bang, esto no es así. En primer lugar, el modelo Hartle-Hawking es puramente hipotético, pero sobre todo en ese modelo el universo sí tuvo un principio, aunque ese principio no tenga un único punto identificable. Dicho por el propio señor Hawking, «el universo no ha existido desde siempre. Al contrario, el universo y el mismo tiempo tuvieron un principio con el Big Bang».[48] ¡Vaya por Dios! —nunca mejor dicho.

Multiversos: la opción desesperada

> Actualmente no hay ninguna evidencia que apoye la idea del multiverso. Es meramente una idea especulativa.
>
> ANTONY FLEW [49]

Seguro que usted ha oído hablar de los multiversos, y es muy probable que haya leído alguna novela, visto alguna película o serie de televisión en que tratan el asunto. En mi familia también nos gusta la ciencia ficción. Mi mujer prefiere *Star Trek* y yo, *La guerra de las galaxias*; pues bien, la noción de multiversos tiene tanta evidencia real como la existencia de los vulcanianos o de los jedi (y muchos menos seguidores).

Por resumir la idea, según ella, nuestro universo solo sería uno de una infinidad de universos existentes —la canti-

---

48. Cit. en la voz «Hartle-Hawking State» en la Wikipedia en inglés.
49. Flew, *There is a God, op. cit.*, p. 115.

dad de posibles universos es tan variable como los miembros de la casa real británica— y, por tanto, no resultaría tan extraordinario que uno de tantos universos esté ajustado tan precisamente para la existencia de la vida. Usted y yo hemos tenido suerte de nacer en este, porque los demás universos no parecen merecer tanto la pena.

La idea de los multiversos[50] en manos de los escritores ateos recuerda a las distracciones que crean los ilusionistas para que no veamos cómo se introduce la paloma en la chistera. No perdamos de vista lo sustancial. En cualquier caso, la multiplicación de los posibles universos con también multiplicadas y diferentes leyes físicas no hace sino multiplicar el problema explicativo de quienes son escépticos. Si para explicar el Big Bang y nuestro universo nos vemos «forzados» a acudir a un Algo-Alguien-Creador, esa necesidad no disminuye si multiplicamos los universos y los Big Bangs. Cada uno de ellos habría tenido un principio y consecuentemente un «principiador». Cada universo tendría unas leyes físicas y, por tanto, un «legislador». El teísmo no tiene en realidad ningún problema con la teoría de los multiversos, Dios podría haber creado tantos universos como hubiera querido. El problema de la teoría de los multiversos está en el ámbito de la lógica... y de la ciencia, porque lo cierto es que la teoría de los multiversos no es científica; no cumple los criterios que se esperan de las teorías científicas de los

50. A todos los efectos pretendidos la teoría del multiverso es igual a las asociadas String Theory o teoría de cuerdas y «Landscape» o «panorama». Hay al menos cinco diferentes versiones de la teoría de cuerdas hasta la fecha —aunque se reproducen con gran profusión— que postulan la existencia de 10, 11, 12... y hasta 26 diferentes dimensiones (las cuatro dimensiones reales más otras que no podemos detectar ni detectaremos) y además hay otra teoría adicional que se propone como unificadora llamada «teoría M». Se ignora el significado de la «m» y se le han atribuido las palabras «madre», «monstruo», «misterio», «magia» o «matrix» pero pueden Uds dejar volar su imaginación y su hipótesis será tan buena como cualquier otra... o mejor.

que ya hemos hablado, como el criterio de falsación. Nunca nadie podrá probar falsa esta teoría —lo que sin duda tiene ventajas para quienes teorizan sobre ella—, puesto que los posibles universos alternativos son por definición inobservables y, por tanto, nada en ellos es susceptible de ser testado. Nada se puede demostrar, ni su existencia ni nada en absoluto. Uno se pregunta cómo esos mismos científicos que abominan cuando alguien aproxima cualquier teoría científica a la idea de Dios no tienen ningún pudor en presentar abstracciones quiméricas como si fuera ciencia. «Reconozcamos estas especulaciones por lo que en verdad son. No son física, sino que en el sentido más estricto son metafísica», aseguró el eminente físico John Polkinghorne.[51] Paul Davies[52] —de quien hablaremos más en capítulos posteriores— considera acertadamente que esta teoría es «un puro constructo teórico» y da en el clavo cuando explica la razón última de la teoría: «Por supuesto, alguien puede encontrar más fácil creer en un infinito despliegue de universos que en una Deidad infinita, pero esa creencia debe descansar en la fe más que en la observación».[53] Lee Smolin dedicó un libro entero[54] a criticar la teoría de cuerdas y de los multiversos, presentándolas como acientíficas y describiendo con acierto que las ideas que las sostenían (básicamente que cualquier ley física es posible, solo hace falta pensar en el universo apropiado para

---

51. Cit. por Lennox, *op. cit.*
52. Paul Davies es un científico británico nacido en 1946, profesor de Física en la Arizona State University, previamente profesor en la Universidad de Cambridge, teísta que sostiene que la fe que los científicos tienen en la inmutabilidad de las leyes físicas proviene de la teología cristiana.
53. P. Davies, *God and the New Physics*, cit. por Spitzer, *op. cit.*, p. 70.
54. *The Trouble with Physics*, 2006. [Hay trad. cast.: *Las dudas de la física en el siglo xxi*, Barcelona, Crítica, 2007]. Lee Smolin es un físico teórico norteamericano nacido en 1955, miembro de la facultad del Instituto Perimetral de Física Teórica de Ontario, Canadá, y profesor de Física en la Universidad de Waterloo en Ontario, Canadá. Teísta y judío.

ella) realmente son destructoras de la verdadera ciencia y del estudio de las «leyes efectivas de la ciencia», las leyes reales. En un artículo en la revista *Physics World*,[55] con el poco ambiguo título de «The Unique Universe», añadirá: «Solo hay un universo [...] no hay otros universos ni copias de nuestro universo, ni dentro ni fuera [...] todo lo que es real es real en un momento [...] no solo el tiempo es real, sino que todo lo demás que es real está situado en el tiempo. Nada existe sin tiempo». John Lennox —de quien hablamos más arriba— escribió con sorna sobre los multiversos: «La creencia en Dios parece una opción infinitamente más racional si la alternativa es creer que cualquier universo que pudiera existir de hecho existe, incluyendo uno en que Richard Dawkins sea el arzobispo de Canterbury, Christopher Hitchens el papa y Billy Graham ha sido votado ateo del año»,[56] y el profesor de Física en la Universidad de Oxford Frank Close dijo algo similar, pero con tono justificadamente irritado: «La teoría M no está ni siquiera definida [...] incluso se nos dice que "nadie parece saber qué significa la M", quizá viene de "mito"».[57]

Pero ahora que hemos establecido que la seguridad de algunos en la existencia real de Darth Vader tiene tantas posibilidades de ser demostrada falsa, y consiguientemente tanto fundamento científico, como la teoría de los multiversos, creemos oportuno explicar algo más de la teoría y la relación con lo que en este libro estamos tratando, puesto que en la última década o así se ha convertido en una muy popular conjetura entre el público no necesariamente versado en ciencia.

55. L. Smolin, «The Unique Universe», en *Physicsworld*, 2 de junio de 2009. Consultado en <https://physicsworld.com/a/the-unique-universe/>.
56. Lennox, *op. cit.*
57. Cit. en *ibid.* Frank Close, nacido en 1945, es un físico de partículas, profesor emérito de Física en la Universidad de Oxford y miembro de la Royal Society y del Institute of Physics.

Se considera que quien primero presentó esta idea fue un emprendedor norteamericano llamado Hugh Everett III, fanático de la ciencia ficción, que estudió Ciencias físicas en Princeton y que después de conseguir el doctorado no se dedicó a la física teórica, sino a la consultoría en varias empresas, principalmente armamentísticas. En 1959, tras publicar su tesis doctoral, en que abogaba por la interpretación de «muchos mundos» de la física cuántica, quiso presentarla en Copenhague a Niels Bohr[58] y su equipo y recibió críticas severas: «Con respecto a Everett, ni yo ni siquiera Niels Bohr podíamos aguantarle cuando visitó Copenhague [...] para vender sus ideas irremediablemente erróneas [...]. [El señor Everett] era indescriptiblemente estúpido y no podía entender la cosa más simple de mecánica cuántica»,[59] o «Hay algunas nociones de Everett que parece carecer de ningún contenido con sentido, como por ejemplo su función universal de onda (la idea en que basó la teoría de los multiversos)».[60]

El señor Everett era ateo convencido, y de acuerdo con Sarah Salviander —de la que ya hemos hablado algo más arriba—, sus motivaciones cuando propuso la teoría de «muchos mundos» no eran solo científicas. «Él [el señor Everett]

58. Físico danés fallecido en 1962. Uno de los más prominentes científicos del siglo XX. Uno de los padres de la mecánica cuántica, y uno de los que más contribuyeron al conocimiento de la estructura de los átomos. Premio Nobel de Física en 1922.
59. Carta de Leon Rosenfeld —físico belga miembro del equipo de Niels Bohr— a Frederik Belinfante —profesor de física holandés— citado en «The origin of Everettian heresy» por Stefano Osnaghi, Fabio Freitas y Olival Freire Jr., publicado el 1 de octubre de 2008 en Estudios de Historia y Filosofía de Física Moderna en Elsevier. Se puede consultar en <http://stefano.osnaghi. free.fr/Everett.pdf>.
60. Carta de Alexander Stern —que era un investigador norteamericano en el Instituto de Física Teórica de Copenhague a John Archibald Wheeler en 1956, de quien ya hemos hablado. Véase nota 51 del cap. 4.

entendió las implicaciones de sus creencias ateas, y estaba buscando una manera de escapar de la aniquilación que es inevitable en la cosmovisión atea. Para él, la idea de muchos mundos era una forma de inmortalidad. Quería creer que había un número infinito de Hugh Everett, todos habitando en estos universos alternos, porque era una manera de evitar el terror de la aniquilación».[61] Volvemos a sorprendernos por la violencia intelectual a la que llegan a someterse algunos con tal de no aceptar la posibilidad de la existencia de Dios. Es algo que llamo «masoquismo intelectual», puesto que pareciera que dedican sus intelectos, e incluso sus vidas, a la promoción de «cualquier cosa menos Dios», en contra de todo lo que es racional y justo. Eso —observamos— conduce indefectiblemente a la infelicidad: «La visión del mundo de Everett no le ofreció a él, ni a su familia, confort verdadero alguno. Él era un alcohólico deprimido que se consumió, bebió y fumó hasta la muerte, a la edad de cincuenta y un años. Su hija se suicidó años después, e indicó en su nota de suicidio que ella esperaba terminar en el mismo universo paralelo que su padre».[62]

El multiverso se convierte así en una ficción mental para eludir a la muerte, ya que —suponen— «otro yo» estará en alguna otra parte viviendo otra vida cuando «este yo» que soy, fallezca; de hecho, imaginan que esta vida que tengo ya la he vivido muchas veces y, por ejemplo, esta frase que escribo ha sido ya escrita por mí en innumerables otras ocasiones y en sus incontables posibles modalidades. Es —si me permiten— la pesadilla del «día de la marmota», pero sin final feliz. Esa «inmortalidad» es en realidad una cárcel de

---

61. Salviander, «My Testimony», *op. cit.*
62. *Ibidem.* En la parte final de este libro también abordaremos otra razón, no científica, sino práctica, para no ser ateo. Dicho simplemente: las personas teístas y religiosas son más felices.

donde nunca se puede salir. Algo que tiene innegables resonancias con el infierno en el que creen las personas religiosas. Un paralelismo inquietante.

Otra crítica que se le ha hecho a la teoría de los multiversos es su falta de ajuste al llamado «principio de parsimonia» o más conocido como «navaja de Ockham», que es un principio metodológico científico atribuido al sacerdote franciscano, científico y filósofo Guillermo de Ockham.[63] Este principio dice que cuando nos enfrentamos a dos explicaciones para el mismo asunto debemos preferir la más sencilla, esto es, la que usa menos número de entidades para explicar el asunto en cuestión, y es que se ha observado consistentemente que la naturaleza prefiere sistemas causales simples y elegantes y no sistemas enrevesados, retorcidos o esotéricos. Así, el filósofo Richard Swinburne escribió que «es de locos postular un trillón de universos —desconectados causalmente— para explicar las características de un solo universo, cuando postular la existencia de una sola entidad (Dios) obtiene ese mismo resultado».[64]

Robert Spitzer[65] analiza todas las variantes de la teoría de los multiversos y sus varios intentos posteriores de hacerlas aceptables: la idea de Everett-De Witt de «muchos mundos» con las ampliaciones de Deutsch, Wallace y Saun-

63. En realidad, el principio de parsimonia fue propuesto antes por santo Tomás de Aquino, en el artículo 3 de la cuestión 2 de la primera parte de la *Summa Theologica*, precisamente proponiendo los argumentos del ateísmo que luego rebatirá. Dice: «Lo que pueden realizar pocos principios, no lo hacen muchos». Para leer las obras de quien posiblemente haya sido el ser humano más inteligente y sutil de la historia véase <https://tomasdeaquino.org/>.
64. R. Swinburne, «Design defended», cit. por Flew, *op. cit.*, p. 119. Richard Swinburne, nacido en 1934, es un profesor emérito de filosofía de la Universidad de Oxford, especializado en la filosofía de la ciencia. Converso al cristianismo ortodoxo en 1996. Autor de la trilogía *La coherencia del teísmo, La existencia de Dios* y *Fe y razón*.
65. *Op. cit.*, pp. 67 y ss.

ders; el multiverso inflacionario caótico de Linde; la idea «Landscape» («Panorama») y de teoría de cuerdas, y en todos los casos siempre se encuentran los mismos problemas: a) son desarrollos acientíficos, b) son ideas circulares, c) son construcciones puramente teóricas y d) violan el canon de parsimonia. A este respecto cita a Paul Davies: «Parece la antítesis completa de la navaja de Ockham, de acuerdo con la cual la más plausible de las posibles explicaciones es la que contienen las ideas más simples y el menor número de asunciones. Invocar infinidad de universos para explicar uno con seguridad significa portar un exceso de equipaje de proporciones cósmicas»;[66] por otro lado, David Berlinski se lo toma a broma: «Andre Linde empujó la idea un paso más en su teoría de la inflación caótica eterna. Los universos explotan por todas partes. No pueden dejar de explotar [...] el "Landscape", es simplemente la idea de que, habiendo suficientemente número de universos, lo que es verdad aquí no necesita ser verdad allí y viceversa. Esta tesis ha sido corriente en todas las clases de secundaria durante al menos cincuenta años»,[67] y concluye: «El "Landscape" —teoría de multiversos— ha llegado a la existencia mediante la conjetura. No puede ser observado. Personifica un artículo de fe y puesto que es un asunto de fe, el "Landscape" es vulnerable a la tristeza de la duda [...] cuando los físicos dejen de escribir sobre ese lugar, el "Landscape" al igual que la Atlántida, dejará de existir. Tan simple como eso».[68]

Y terminamos como empezamos, citando a Antony Flew: «Multiverso o no multiverso, en cualquier caso tenemos que asumir el origen de las leyes de la naturaleza. La única expli-

66. *Ibid.*, p. 69.
67. Berlinski, *op. cit.*, pp. 122-123.
68. *Ibidem*, p. 128.

cación aquí es la mente Divina». No deja de ser irónico...
tantos universos para terminar donde empezamos.

Sin salida

Los astrónomos ahora se encuentran que se han puesto
ellos mismos en un callejón sin salida porque han probado
por sus propios métodos que el mundo empezó
abruptamente en un acto de creación del que se pueden
encontrar trazas en cada estrella, en cada planeta, en cada
ser vivo en el cosmos y en la Tierra. Y han descubierto que
todo esto pasó como producto de fuerzas que no tienen
esperanza de descubrir. Que hay lo que yo o cualquier otro
llamaría fuerzas sobrenaturales trabajando es ahora un
hecho científico comprobado.

ROBERT JASTROW[69]

El «escenario de inflación eterna»[70] es otro intento de reconciliar la tozuda realidad del Big Bang con la fe atea. Ese
escenario es un desarrollo teórico que supone que las asunciones de los teoremas de Penrose-Hawking de singularidad
y del principio del tiempo simplemente no aplican a ese escenario y, por tanto, en caso de que hubiera existido esa
especulativa inflación eterna, no habría habido la singulari-

---

69. Entrevista con Robert Jastrow en *Christianity Today*, 6 de agosto de
1982. Sobre el señor Jastrow ya hablamos en el capítulo dedicado a las confirmaciones del Big Bang debido a las evidencias del cual dejó de ser ateo
para pasar a ser teísta.
70. No confundir con la teoría de la inflación, parte del Big Bang que es una
teoría «seria».

dad inicial. Para que usted lo entienda y en nuestro lenguaje es «otra contorsión» esta vez completamente teórica e hipotética a fin de evitar la necesidad del Big Bang. Andrei Linde,[71] físico ruso-norteamericano, hijo a su vez de científicos soviéticos y a quien ya mencionamos en el apartado anterior, es uno de sus proponentes.

Lo cierto es que esta «contorsión» nunca pareció una «alternativa sólida» al Big Bang, que estaba corroborado no solo por los desarrollos teóricos del modelo cosmológico estándar, sino confirmado también por toda la observación empírica posterior. Ya en 1999 Alan Guth explicaba que incluso ese escenario de inflación eterna no impedía la necesidad de un principio: «En mi opinión, parece que los modelos de inflación eterna *necesariamente* tienen un principio. Lo creo por dos razones: la primera es el hecho de que, por mucho que los físicos han trabajado para construir una alternativa, hasta ahora todos los modelos que construimos tienen un principio: son eternos hacia el futuro, pero no hacia el pasado. La segunda razón es que la asunción técnica cuestionada en el documento de 1997 de Borde-Vilenkin no me parece suficientemente importante para cambiar la conclusión».[72] Esta cita merece un par de comentarios: A) El señor Guth —quizá algo ingenuamente— reconoce que «los físicos» han trabajado y «mucho» para construir una alternativa al Big Bang. Ya citábamos a John Barrow al principio del apartado titulado «Contorsiones», quien aseguraba que hay multitud de estudios cosmológicos motivados por el deseo de desmentir el Big Bang, y es que si al-

---

71. Andrei Linde, nacido en 1948, estudió Física en el Instituto Lebedev de Moscú. Profesor de Física en la Universidad de Stanford.
72. Alan Guth, 1999. Cit. por Spitzer, *op. cit.*, p. 34. La cursiva en el original. Alan Guth es un físico teórico norteamericano, nacido en 1947, profesor de Física en el MIT.

guien habló alguna vez de una «verdad incómoda» debía de referirse al Big Bang. La constatación de que hubo un momento de Creación es disolvente para cualquier pensamiento ateo. Tanto que la única opción que finalmente queda es no pensar. Por ello se ha intentado encontrar una alternativa y si se me permite, cualquier alternativa, con tal que exima de la necesidad de mirar a Dios. Leonard Susskind,[73] uno de los padres de la «teoría de cuerdas», admitía una motivación o acaso «la» motivación de la teoría de cuerdas y del «Landscape»: «Si por alguna imprevista razón el "Landscape" [teoría de los multiversos para nosotros] resulta que es inconsistente [...]. Tengo que decir que si eso ocurre, y tal y como están ahora las cosas, vamos a quedarnos en una posición muy embarazosa. Sin ninguna explicación sobre la naturaleza de los ajustes de precisión [en el universo] estaremos en apuros para contestar a quienes plantean el diseño inteligente». Hablaremos de la teoría del diseño inteligente en la cuarta parte dedicada a la biología y la química, pero por ahora y a los efectos de la cita del señor Susskind puede usted traducirlo por «teístas». Dicho de otro modo... uno de los primeros proponentes de la teoría de cuerdas reconoce que, en caso de que tal teoría sea invalidada, van a tener un problema para encontrar otra alternativa que no sea la necesidad de que Dios exista. Esa declaración parece estar diciendo: «¡Esta es nuestra última trinchera, hay que defenderla como sea!».

B) El segundo comentario se refiere al documento de Borde-Vilenkin de 1997 que menciona el señor Guth. Arvind

---

73. Leonard Susskind, físico norteamericano, nacido en 1940, profesor de Física teórica de la Universidad de Stanford. Fue el primer autor en hablar del «Landscape»/el Paisaje, desarrollo especulativo asociado a la teoría del multiverso. Cit. por Berlinski, *op. cit.*, p. 135.

Borde[74] y Alexander Vilenkin concibieron en 1994 una prueba de la existencia de la singularidad y del principio del universo, pero tres años más tarde —en 1997— encontraron una excepción a esa prueba; excepción que era inmensamente improbable, pero que permitió a los «negacionistas» del Big Bang aferrarse a esa última esperanza. El señor Guth en su comentario sugiere que tal excepción no invalidaba la conclusión del documento de 1994, es decir, que había tenido que existir un principio del universo.

Pero lo más interesante está por llegar, en el año 2003 los señores Borde, Vilenkin y Guth (BVG) formularon una elegante prueba del límite del tiempo pasado en universos inflacionarios —es decir, cuando la constante de Hubble es mayor que cero— para cualquier cosmología, para cualquier universo o multiverso, para cualquier circunstancia. Sin excepciones. La singularidad, el Big Bang, el principio del universo, el momento de la creación —demostraron— han sido físicamente necesarios. En sus propias palabras: «La conclusión es que una inflación eterna en el pasado sin comienzo es imposible».[75]

Uno de los creadores del teorema de BVG que prueba el límite del tiempo pasado, el ucraniano-norteamericano Alexander Vilenkin, explica que ya no hay dónde esconderse: «Se dice que un argumento es aquel que convence a un hombre razonable y una prueba lo que se necesita para convencer incluso a un hombre no razonable. Con la prueba ahora existente, los cosmólogos no se pueden ya esconder detrás de la posibilidad de un universo eterno en el pasado. No hay escapatoria, tienen que afrontar el problema de un principio del cosmos».[76]

---

74. Arvind Borde es un físico de origen indio, profesor de Física en la Universidad de Long Island, en Estados Unidos.

75. Alexander Vilenkin, cit. por Spitzer, *op. cit.*, p. 35.

76. A. Vilenkin, *Many Worlds in One*, Nueva York, Hill & Wang, 2006, p. 176.

Pero no solo la ciencia física ha llegado a la conclusión de la necesidad de un momento de creación, como veremos más adelante, también el desarrollo contemporáneo de las matemáticas ha demostrado que es perentorio que exista un principio. Es lo que se llama la negación de los infinitos actuales de Hilbert. Lo veremos en la tercera parte de este libro.

Ya no hay salida.

Georges Lemaître, sacerdote belga, fue el primero que habló de la teoría del Big Bang.

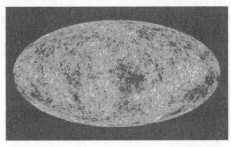

Imagen de la radiación cósmica de fondo.

Werner Heisenberg fue un físico teórico alemán y uno de los pioneros clave de la mecánica cuántica.

Max Planck es el descubridor de la teoría cuántica, y se le concedió el Premio Nobel de Física en 1918.

Albert Einstein y Georges Lemaître, en un encuentro en Bruselas en 1933.

6

Incertidumbre y libertad

El primer trago del vaso de las ciencias naturales te
convertirá en ateo, pero en el fondo del vaso,
Dios está esperándote.[1]

WERNER HEISENBERG

Vamos a presentar ahora otro avance contemporáneo en
esta ciencia que apunta a la existencia de Dios: el principio
de la incertidumbre de Heisenberg.

No es sencillo ni intuitivo, pero es casi seguro que al final
de estas líneas lo van a comprender. Vamos paso a paso.

En primer lugar, estamos hablando de física a nivel suba-
tómico, es lo que se llama «mecánica cuántica», que es la
rama de la física que se encarga de estudiar los fenómenos a
ese nivel. El nombre de «cuántico» se basa en la observación
de que la energía se transmite no de «forma continua», sino
por «paquetes» que se llaman «cuantos» (del latín *quantum*,
que significa «cantidad»). El primero en descubrirlo fue Max

---

1. W. Heisenberg, «Der erste Trunk aus dem Becher der Naturwissenschaft
macht atheistisch, aber auf dem Grund des Bechers wartet Gott», cit. por
Hildebrand, 1988.

Planck[2] a quien se considera por ello el padre de la física cuántica. Curiosamente, el señor Planck, después de muchos intentos y cuando estaba a punto de desistir, consiguió corroborar lo que ahora se llama el «postulado de Planck» —que la energía electromagnética puede ser emitida solo en forma de cuantos— gracias a adoptar los supuestos de la segunda ley de la termodinámica del señor Boltzmann —a quien ya conocemos—, ley que por aquel entonces era «herejía» para los «biempensantes» científicos ateos (como vimos en el capítulo «Y hubo un principio»). Pero no nos desviemos...

La importancia del descubrimiento del señor Planck no puede ser sobrevalorada. Cambió radicalmente y para siempre la ciencia física. El físico Louis de Broglie[3] —él mismo premio Nobel— escribió: «Seguramente que nosotros no llegamos a darnos idea exacta de este misterioso "cuanto", tan alejado de nuestra intuición [pero...] su aparición en la ciencia ha producido en ella una revolución conceptual cuya importancia no medimos aún con exactitud, pero que sobrepasando con mucho la realizada por la teoría de la relatividad, constituye uno de los cambios más importantes del pensamiento humano».[4] El propio señor Planck se dio cuenta de la importancia de su descubrimiento. El hijo del señor Planck recuerda una conversación con su padre en que este le reconocía que «había hecho un descubrimiento de gran

2. Físico alemán muerto en 1947. Padre de la física cuántica. Premio Nobel de Física en 1918. Profesor de la Universidad de Berlín, donde fue decano y para la que nombró profesor a su amigo Albert Einstein. Teísta y cristiano. Es famosa su sentencia «La ciencia impone la idea de Dios», que quiso fuera su epitafio.
3. Louis de Broglie, séptimo duque de Broglie, fue un físico y aristócrata francés, fallecido en 1987. Estableció el principio de la dualidad onda-partícula. Premio Nobel de Física en 1929. Teísta y cristiano.
4. L. de Broglie, «Sabios y descubrimientos», cit. por I. Silva en «Indeterminismo en la naturaleza y mecánica cuántica. Tomás de Aquino y Werner Heisenberg», *Cuadernos Anuario Filosófico*, n.º 232 (2011), pp. 21-22.

importancia, comparable quizá con los descubrimientos de Newton».[5]

El señor Planck era todo lo contrario de un materialista ateo o de un espiritualista crédulo. Ambos —en contra de lo que piensan algunos— tienen abundantes afinidades y padecen tipos similares de monomanía. Él era un científico teísta. Afirmaba que «toda materia tiene su origen y solo existe en virtud de una fuerza que hace vibrar las partículas del átomo y mantiene en una sola pieza este diminuto sistema solar que es el átomo [...] tenemos que suponer detrás de esta fuerza, la existencia de un Espíritu consciente e inteligente. Este Espíritu es el origen de toda materia».[6]

Se convirtió en algo parecido al mentor de Albert Einstein —el señor Planck era veinte años mayor—, con quien compartía el placer de interpretar música clásica cada vez que lo recibía en su villa de Berlín. Allí paraban también Otto Hahn —el padre de la química nuclear y premio Nobel en 1944—, Lisa Meitner —la física austriaca descubridora de la fisión nuclear— o el teólogo cristiano Adolf von Harnack. Un oasis de civilización. Pero tal parece que no se puede aspirar a la felicidad completa en este mundo y la barbarie tiene siempre un modo siniestro de hacerse presente. Karl Planck, el primer hijo del señor Planck murió en Verdún durante la Primera Guerra Mundial y su otro hijo, Erwin Planck, fue condenado a muerte por el régimen nazi en enero de 1945 por su participación en uno de los atentados contra Hitler. También perdió a sus dos hijas por complicaciones médicas cuando iban a dar a luz a sus respectivos primeros hijos. A pesar de esas desgracias, el señor

5. Recordado por Werner Heisenberg en *Física y filosofía*. Cit. por Silva, *op. cit.*, p. 21.
6. Conferencia sobre «La naturaleza de la materia», impartida en Florencia en 1944. Cit. en la voz «Max Planck» de la Wikipedia en español.

Planck nunca perdió su fe religiosa y gracias a esa fe religiosa el señor Planck no perdió nunca su lucidez. Max Born escribió en el obituario del señor Planck: «Planck era un hombre religioso y varios de sus artículos tratan de la relación de la ciencia y la fe. Creía que la ciencia podía contribuir no solo al progreso material, sino también al desarrollo moral y espiritual de la humanidad. No había división en su mente entre sus convicciones religiosas y científicas»[7] (convenimos con estos pensamientos, que son en gran medida los que han animado este libro) y de forma lógica, causal y consecuente —todo a la vez—. «Él [el señor Planck] era por naturaleza una mente conservadora, no tenía nada de revolucionario [...] su creencia en la fuerza persuasiva del razonamiento lógico basado en los hechos era tan fuerte que no se retrajo en anunciar la idea más revolucionaria que jamás ha sacudido la física».[8]

Otros protagonistas del nacimiento de la física cuántica fueron Max Born[9] precisamente quien escribió el obituario del señor Planck, Niels Bohr, de quien ya hemos hablado, y también Pascual Jordan,[10] Paul Adrien Maurice Dirac,[11] Wolf-

7. Publicado en las *Memorias biográficas* de la Royal Society. Publicado originalmente el 1 de noviembre de 1948, pp. 179 y ss. Se puede consultar el original escaneado en <https://royalsocietypublishing.org/doi/pdf/10.1098/rsbm.1948.0024>.
8. *Ibid.*
9. Max Born, ya mencionado anteriormente, fue un físico alemán fallecido en 1970. Premio Nobel de Física en 1954, era judío y teísta.
10. Pascual Jordan fue un físico alemán, fallecido en 1980. De origen español. Descendiente de Pascual Jordá, noble español que se exilió a Hanover durante la invasión napoleónica. De acuerdo con su tradición familiar, todos los primogénitos de la familia se llaman Pascual. Teísta y religioso, posiblemente hubiera obtenido el Premio Nobel de Física juntamente con Max Born si no hubiera sido miembro del Partido Nacionalsocialista durante la Segunda Guerra Mundial, aunque nunca participó ni apoyó actividades criminales.
11. Paul Dirac fue un físico inglés, muerto en 1984. De origen suizo y profesor en Estados Unidos. Premio Nobel de Física en 1933 que compartió con Erwin

gang Ernest Pauli,[12] Louis de Broglie, Erwin Schrödinger,[13] Arthur Compton[14] y, sobre todo, Werner Heisenberg.[15] Seguro que se podrían añadir otros —y desde aquí me disculpo con ellos, su memoria y sus deudos—, pero en cualquier caso este conjunto de científicos es posiblemente el más brillante que jamás haya aparecido en la ciencia física. Ninguno era ateo, todos eran teístas, la mayoría religiosos.

(Excurso: A poco que se estudien las biografías de los científicos eminentes —realmente, a poco que se estudie cualquier materia relacionada con la ciencia—, resulta chocante la extendida falsedad de que la ciencia está enfrentada a Dios. Podemos catalogar ese infundio dentro de la lista de «leyendas negras», y como suele suceder con tales historias

---

Schrödinger. Ateo al principio de su edad adulta, posteriormente agnóstico y finalmente posiblemente teísta. En 1971 consideraba que «me gustaría hacer la conexión entre la existencia de Dios y las leyes físicas, si las leyes físicas son tales que el principio de la vida tiene una posibilidad excesivamente pequeña de tal modo que no es razonable suponer que la vida habría empezado por simple ciego azar, entonces debe de existir un Dios y ese Dios estaría demostrando su influencia en los saltos cuánticos que se producen después».

12. Wofgang Pauli, fue un físico austriaco, fallecido en 1954. Premio Nobel de Física en 1945 tras haber sido nominado por Albert Einstein. Max Born lo consideraba «solo comparable a Einstein... quizá más grande». Educado como católico, era teísta.

13. Erwin Schrödinger fue un físico austriaco nacionalizado irlandés, fallecido en 1961. Premio Nobel de Física en 1933. En el aspecto personal, fue un probado pedófilo y depredador sexual que guardaba un historial de las mujeres de las que abusaba. Posiblemente panteísta, simpatizó con la filosofía y espiritualidad india y védica.

14. Arthur Compton fue un físico norteamericano, fallecido en 1962. Premio Nobel de Física en 1927. Teísta y religioso cristiano, fue diácono de la Iglesia baptista y luego «anciano» en la Iglesia presbiteriana.

15. Werner Heisenberg fue un físico alemán, fallecido en 1976. Premio Nobel de Física en 1932. «Si no hubiera sido por su eventual y reticente involucración como científico en el régimen de Hitler podría muy bien haber sido Heisenberg y no Albert Einstein quien fuera recordado por el público como el mayor científico del siglo xx» (Edward J. Dale en *Enlightened Crowd*). Teísta y religioso cristiano.

legendarias la explicación más plausible para su existencia es que son ideas propaladas interesadamente).

El señor Heisenberg fue laureado con el Premio Nobel de física en 1932 por descubrir la formulación de la mecánica cuántica en forma de matrices, pero posiblemente es más conocido por su «principio de indeterminación» (*Ungenauigkeit*, como lo formuló en 1927) o «principio de incertidumbre» (*Unsicherheit*, como lo llamó en una nota en ese mismo documento). Uno de los principios de la física más conocidos y citados. Dicho de forma simple, lo que este principio postula es que la posición y la velocidad de un objeto no pueden medirse exactamente y al mismo tiempo y ni siquiera de forma teórica. Este principio, por lo tanto, implica que no es posible predecir el valor de esas variables de forma cierta, incluso si se conocen las condiciones iniciales. También postula que cuanto más precisamente conocemos una de las variables, menos exactamente conocemos la otra. (El señor Heisenberg demostró que el producto de ambas imprecisiones era igual o superior al valor de la constante de Planck.[16] Escrito $\Delta q \times \Delta p \geq h$, donde q y p son la velocidad y posición y h, la constante de Planck). En sus propias palabras: «Encontramos que, en muchos casos, la precisión con la cual diferentes variables pueden ser conocidas simultáneamente no puede pasar un cierto límite [...]. Este límite de la precisión con la cual diferentes variables pueden ser conocidas simultáneamente puede ser postulado como *una ley de la naturaleza*, bajo la forma de "relaciones de indeterminación"»[17] (la cursiva es mía).

---

16. Constante de Planck es 6,62606957 × 10^{-34} julios/segundo. Hablaremos de las constantes de Planck en capítulos siguientes.
17. W. Heisenberg, *Les principes physiques de la théorie des quantas*, París, Jacques Gabay, 1990 (original de 1930), p. 3.

Varias acotaciones y comentarios que espero hagan esta idea más inteligible y más precisa:

a) El principio de indeterminación se considera cierto para la mecánica cuántica, es decir, no se puede conocer con precisión simultáneamente la posición y velocidad de una partícula atómica, pero el señor Heisenberg y otros autores consideran que de hecho los conceptos de posición exacta y velocidad exacta no tienen significado conjunto en absoluto y que esto aplica también al mundo macroscópico, pero que nuestra experiencia, nuestra capacidad de observación, no lo distingue porque el campo de error es tan pequeño que no es perceptible.

b) El principio de indeterminación se suele presentar con las variables de posición y velocidad, pero en realidad esa indeterminación, esa incapacidad de precisión afecta a ciertos pares de variables de las partículas que se llaman variables complementarias o conjugadas. Otro ejemplo de variables complementarias propuesto por Niels Bohr fueron el espacio y el tiempo.

c) En ocasiones se explica que la indeterminación es debida solo a la intervención del observador en el experimento, es decir, que esa indeterminación únicamente ocurre porque no se pueden medir determinadas variables o sistemas sin afectar al propio sistema, o sea que es culpa del científico que observa o de las máquinas con las que observa. Es cierto que la observación en general modifica lo observado, pero no es cierto que la indeterminación ocurra solo por eso. El principio de indeterminación sugiere que esa incertidumbre es inherente y una propiedad fundamental de los sistemas cuánticos y no es producto de la medición o del propio experimento.

d) Como hemos explicado, no es posible conocer exactamente el valor de las magnitudes físicas que describen el estado de movimiento de una partícula, pero sí se puede decir que hay una cierta probabilidad de que la partícula se encuentre en un lugar determinado en un momento dado. Es decir, que los resultados no están determinados y no hay certeza en el desenlace de un fenómeno cuántico, pero sí que tenemos una cierta probabilidad de obtener un determinado valor.

e) Una importante diferenciación: En la «física clásica» (no cuántica) también se recurre a la probabilidad, pero en este caso es solo debido a que nuestro conocimiento es incompleto. Es decir, en la física clásica, la existencia de probabilidades para el resultado de un experimento se debe solo a que nosotros no conocemos perfectamente las condiciones iniciales de ese experimento. Si las conociéramos, seríamos capaces de predecir todo con total certeza. Pero lo que pone de manifiesto este principio de indeterminación es que en la mecánica cuántica esto no es así. La indeterminación es, como dijo el señor Heisenberg, «una ley de la naturaleza».

Si ha llegado usted hasta aquí y lo ha entendido —más o menos— le doy mi enhorabuena y debe usted estar muy orgulloso porque hasta el señor Einstein tuvo problemas para aceptar este principio. Él postulaba una física «determinista» y pensaba que la incertidumbre se debía a que simplemente no teníamos los medios o la habilidad para medir los fenómenos. El señor Einstein se equivocó en esto.[18]

18. Albert Einstein hablaba de «variables ocultas» para explicar la mecánica cuántica. Sin embargo, el teorema de desigualdades de Bell —o simplemente el teorema de Bell— presentado por el científico irlandés John Bell en 1964

Werner Heisenberg fue —también él— un hombre profundamente religioso, entendía la ciencia al servicio de Dios y la física como un camino para entenderlo: «Dios creó el mundo. Dios usó las matemáticas para hacerlo. Las matemáticas pueden ser entendidas por nosotros porque Dios nos hizo a su imagen. La física está al servicio de Dios porque explora su creación. Estas son frases parafraseadas [...] de Werner Heisenberg».[19] Henry Margenau[20] escribió sobre él en 1985: «No he dicho nada de los años entre 1936 y 1950. Sin embargo, hubo unas pocas experiencias que no puedo olvidar. Una fue mi primera reunión con Heisenberg, que vino a América poco después de la Segunda Guerra Mundial. Nuestra conversación fue privada y me impresionó por sus profundas convicciones religiosas. Era un verdadero cristiano en todo el sentido de la palabra».[21]

Una vez más la ciencia moderna parece empeñada en llevarnos a Dios y del principio de indeterminación se deducen varios corolarios relacionados con el tema que nos ocupa —las evidencias científicas de la existencia de Dios— y no es extraño que algunas de esas consecuencias fueran apuntadas por el propio señor Heisenberg. Según vayan leyéndo-

consagró definitivamente la física cuántica determinando que las teorías de variables ocultas eran incompatibles con la mecánica cuántica.

19. E. J. Dale, «Werner Heisenberg: science, mysticism, Christianity». Publicado en el sitio de internet *Enlightened Crowd*, 8 de agosto de 2019. Se puede consultar en <https://enlightenedcrowd.org/werner-heisenberg-science-mysticism-christianity/>.

20. Henry Margenau fue un físico y filósofo alemán, nacionalizado norteamericano, fallecido en 1997. Profesor en la Universidad de Yale, del Institute for Advanced Study, de la Universidad de Princeton y miembro del MIT Radiation Laboratory. Teísta y cristiano.

21. Henry Margenau, cit. por Dan Peterson en «Werner Heisenberg on Religion», publicado en el sitio *Sic et Non* el 10 de noviembre de 2019. Se puede consultar en <https://www.patheos.com/blogs/danpeterson/2019/11/werner-heisenberg-on-religion.html>.

las se darán cuenta de que, aunque la física cuántica no es intuitiva, sus consecuencias reales —en el mundo macro— se ajustan y mucho a nuestras intuiciones. Son «de sentido común». Veamos:

a) *El futuro no está determinado...*: No importa lo que le digan, el futuro «no está escrito» y esta es una buena noticia. El principio de indeterminación de hecho invalida el determinismo científico. En palabras de Heisenberg: «Toda experiencia que hace posible una determinación de la posición perturba necesariamente en cierto grado el conocimiento de la velocidad. Supongamos [...] que la velocidad de un electrón se conoce con precisión y la posición es completamente desconocida. A continuación, toda observación ulterior de la posición modificará el impulso del electrón, y esta modificación será una cantidad indeterminada, de tal manera que después de la experiencia nuestro conocimiento del movimiento del electrón se verá limitada por las relaciones de indeterminación»;[22] es decir, que si una variable $\Delta p \to 0$ entonces la otra variable conjugada (q) necesariamente $\Delta q \to \infty$, lo que implica que q, la variable conjugada de p queda absolutamente indeterminada, de tal modo que el único conocimiento que se tiene del futuro es un conocimiento probabilístico o estadístico.

b) *... pero tampoco es caótico...*: El futuro no está determinado, pero «tampoco puede ser cualquier cosa», y esta es otra buena noticia. Tampoco importa lo que predigan algunos o vea usted en ciertas películas de esas llamadas «distópicas», que parecen pretender que nos quedemos en la cama y cedamos las llaves de nuestra vida. «El fenómeno mecanocuántico no está abso-

22. Heisenberg, *op. cit.*, p. 35.

lutamente indeterminado, sino que puede oscilar dentro de un cuadro de valores probabilísticos. Así, el sistema no seguirá una evolución determinista, pero sí obedecerá a las leyes de probabilidad. Para averiguar el lugar en que el electrón se halla será preciso repetir el experimento varias veces. Cada vez se lo encontrará en un lugar distinto del anterior».[23]

c) ... *aunque cuanto más lejano el futuro, más difícil de predecir.* Para conocer un futuro cada vez más lejano tendría que pasar que $\Delta q \to 0$ y su variable conjugada también $\Delta p \to 0$, pero eso está en contra del principio de incertidumbre. «Llegamos, pues, a la conclusión de que, dentro de la imagen del mundo que nos ofrece la moderna física cuántica, la predicción del futuro lejano es imposible, no ya en un sentido práctico, sino en un sentido fundamental [...]. Como ejemplo significativo, podemos señalar que, para un sistema tan macroscópico como Hiperión, luna alargada de Saturno de unos trescientos kilómetros de diámetro medio y unos 6×10^{18} kg de masa, cuya rotación es caótica, Zurek ha estimado que la mecánica cuántica impide hacer predicciones sobre su rotación para tiempos superiores a veinte años».[24]

d) *Existe eso que llamamos «libre albedrío»:* «El precio de la libertad es la incertidumbre», decía santo Tomás de Aquino. La incertidumbre es «una ley de la naturaleza», decía el señor Heisenberg. La conclusión de este

23. Silva, *op. cit.*, p. 38.
24. Fernando Sols, «Poincaré, Heisenberg, Gödel. Algunos límites del conocimiento científico», en el seminario «Ciencia, razón y fe», Universidad de Navarra, 25 de mayo de 2010. Fernando Sols es catedrático de Física de la Materia Condensada y fue director del Departamento de Física de los Materiales de la Universidad Complutense de Madrid. Fue becario Fullbright en la Universidad de Illinois y profesor de la UAM.

«silogismo de andar por casa» podría ser que la libertad es otra ley de la naturaleza. Arthur Compton, a quien ya hemos citado y que fue premio Nobel de Física en 1927, inventó la noción de amplificación de los sucesos cuánticos para presentar la variedad de oportunidades en el mundo macroscópico y defendía la idea de que la libertad humana se basaba en la indeterminación cuántica. Henry Margenau, otro físico a quien también hemos mencionado un poco más arriba, presentaba la indeterminación como algo fundamental para la resolución del problema de la libertad humana. Separaba «libre» y «albedrío» en una secuencia temporal, de tal manera que a cada uno se nos ofrecen «oportunidades» a las que siguen «elecciones»:[25] «Nuestra tesis es que la mecánica cuántica deja nuestro cuerpo, nuestra mente en cualquier momento en un estado de numerosos posibles futuros, cada uno con una probabilidad predeterminada. La libertad supone dos componentes: las oportunidades (la existencia de un genuino grupo de alternativas) y la elección. La mecánica cuántica proporciona las oportunidades y argumentamos que solo la mente puede hacer la elección optando entre los posibles futuros».[26]

e) *El mundo cuántico presenta físicamente la diferencia entre «potencia» y «acto»*, tal y como especularon la filosofía aristotélica y los metafísicos escolásticos. La partícula está «en potencia» en todas las posibles

25. En inglés, se separa *«free»* de *«will»* y así se producen *«chances»* seguidas de *«choices»*.
26. Henry Margenau, cit. en «The information philosopher», en la voz «Two stage models of free will». Se puede consultar en <https://www.informationphilosopher.com/freedom/two-stage_models.html>.

posiciones en las que podría estar, pero está «en acto» en la precisa posición observada cuando se realiza tal observación: «La nueva observación introduce en la función de probabilidad un cambio discontinuo; selecciona de entre todos los acontecimientos posibles, el que efectivamente ha tenido lugar. La transición de lo "posible" a lo que está en acto, se produce en el momento de la observación».[27] «Esta potencialidad está expresada en la función de probabilidad que antes hemos explicado. La indeterminación se encuentra expresada en la nube de probabilidades donde encontrar al electrón, el que realmente está donde puede ser encontrado. Es decir, está en potencia en todos los lugares de esa nube de probabilidad... Será actualizado en tal o cual lugar mediante la observación».[28]

f) *La realidad existe. El mundo no es subjetivo*: A veces se confunden los hechos de que la realidad y el futuro estén indeterminados con la suposición de que son meramente subjetivos, o que realmente no existen. No es así, la realidad existe y además existe independientemente del observador. Dice Heisenberg que «la teoría cuántica no contiene rasgos genuinamente subjetivos; no introduce la mente del físico como una parte del acontecimiento atómico»,[29] aunque para Heisenberg —como para los filósofos realistas escolásticos— «en la física de los cuantos, además de lo actual, también lo potencial (es decir, lo que está en potencia) es real».[30]

27. W. Heisenberg, *Física y filosofía*, Ed. La Isla, 1959, p. 39.
28. Silva, *op. cit.*, p. 46.
29. Heisenberg, *ibid.*, p. 40.
30. Silva, *ibid.*, p. 40.

Vamos a hacer una pequeña parada para hacer una traslación algo temeraria de todas las anteriores consecuencias del principio de indeterminación al mundo «macro» y a las vivencias reales de los seres humanos. Veamos cómo esos corolarios realmente se ajustan a nuestra experiencia. Si me permite, piense usted en su propia vida. (Pongo este paréntesis con el único objetivo de darle tiempo a hacerlo realmente y ahora). Si me permite y por un momento, voy a imaginar que usted es una mujer —me disculpo con el otro 50 por ciento de los lectores— y nacida en Francia —ahora me disculpo con todo el mundo—. Cuando nació tenía enfrente de sí millones de posibles vidas por vivir y había ya algunas que eran imposibles: no podría usted haber sido presidente de Estados Unidos ni rey de España, por ejemplo; pero en lo referente a su profesión usted era «en potencia» bombero, técnico de ascensores, directora de impuestos, ama de casa o geóloga. En cada una de esas opciones podría usted haberse casado o no, tener hijos o no, muchos o pocos o solo uno, para cada una de esas opciones existía una probabilidad de que ocurriera. Además, ejerciendo su libertad podría usted dirigir su vida deliberadamente de acuerdo con unos principios morales o ignorarlos completa o parcial o temporalmente. A medida que vive usted su vida, la posible «nube de puntos» de su vida futura va concretándose. Voy a imaginar que usted se sintió forzada a casarse con un novio muy simpático, pero al que no quería. En ese momento los valores de la probabilidad de que usted quede soltera tienden a 0 y se abren otras posibilidades sobre dónde podremos encontrarla en un momento futuro. «Potencialmente» en el futuro, usted está casada, separada, divorciada o con el matrimonio anulado. Y voy a suponer que usted ha decidido estudiar Medicina. Usted era en potencia contable o bibliotecaria, pero «actualmente» es médico. En cada una de esas actualizaciones ha intervenido su libre albedrío. Usted deliberadamente ha actualizado cada una de las posibles vidas que usted habría podido tener. Seguimos sin poder prever con certeza dónde estará usted en un momento futuro tras tiempo determinado (t), pero podríamos atribuir una probabilidad a cada uno de los posibles parámetros importantes de su vida para el futuro. Este cálculo no le sustrae a usted su libertad ni hace que su vida sea producto de nuestra observación. Realmente su vida es producto de sus decisiones, puesto que, aunque es probable que usted haya tenido condicionamientos para las decisiones que tomó —digamos que el ejemplo de su padre cuando decidió casarse— y esos condicionamientos podrían aumentar las probabilidades de esa particular elección, lo cierto es que en ningún momento determinaron esa alternativa, no le sustrajeron su libertad; por ejemplo, usted decidió ser médico a pesar de que no había antecedentes familiares y en contra de los consejos de algún amigo. Con cada decisión que usted toma va actualizando su situación y acotando los posibles estados futuros haciendo que varíe el porcentaje de probabilidades de cada una de esas potenciales situaciones futuras. Vista así, la vida es como un inmenso «árbol de decisión» en que cada elección que tomamos cierra opciones, abre otras y cambia la probabilidad futura de cada una de ellas.[31] A partir de ahora ya puede decir que la física cuántica es «como la vida misma».[32]

31. Para aquellos vacilantes que ante esta visión de la vida sientan un cierto vértigo ante decisiones importantes que cambiarán el curso futuro de su existencia hay que recordarles una verdad incómoda: no tomar una decisión es también una decisión y suele tener tantas consecuencias —aunque no las mismas— como haber optado por alguna de las posibles alternativas.
32. Compare el relato que hemos escrito con esta descripción del propio señor Heisenberg: «En cada punto obtenemos nueva información sobre el estado del electrón, de manera que tenemos que sustituir el paquete de ondas original por uno nuevo que represente esa nueva información. El estado del electrón así representado no nos permite asignar al electrón en órbita propiedades definidas, como coordenadas, momento, etc. Lo único que podemos

Hay otras dos particularidades de la realidad, descubiertas gracias a la mecánica cuántica que recuerdan a cómo hablan algunos teólogos de Dios y que resultan quizá sorprendentes y que por ello conviene mencionar.

1) La realidad es relacional, y recuerda a lo que postulan los cristianos de la Trinidad: «El hecho de que las propiedades de las partículas se manifiesten solo cuando entran en relación con otras entidades [...] las bases del mundo no están constituidas por mónadas independientes y aisladas, sino por relaciones: la realidad en sí misma es relacional. [...] Se debe tener presente que el pensamiento teológico cristiano vislumbra en la Trinidad la actuación misma de la relación. La Trinidad es relación en sí misma, relación con el universo, y relación con todos los seres vivos, sensibles o no».[33]

---

hacer es hablar de la probabilidad de encontrar el electrón, en condiciones experimentales adecuadas, en un cierto punto, o de encontrarlo con un cierto valor de la velocidad. [...] El estado puede cambiar con cualquier nueva información». En la obra del señor Heisenberg *Encuentros y conversaciones con Einstein*, cit. por Silva, *op. cit.*, p. 38.

33. P. Beltrame, «¿Dios juega a los dados? Física cuántica y el misterio del universo», publicado en *La Civiltà Cattolica* el 19 de mayo de 2021. La historia del doctor Beltrame, italiano nacido en 1976, también resulta edificante. El señor Beltrame es doctor en Física de partículas por el Instituto Karlsruhe de Tecnología (KIT) y profesor investigador en las universidades de Edimburgo y de California UCLA. Ateo durante gran parte de su vida adulta. En sus propias palabras: «Estaba fascinado por la física, deformado por el pensamiento racional y ebrio de vanidad hasta el punto de que le decía a Dios: "No estás ahí, e incluso en la remota posibilidad de que Tu estés, no me importa: pongo una piedra super impenetrable enfrente de Tu tumba"» (cit. por Maggie Ciskanik en *Magis Center* el 9 de agosto de 2021; se puede consultar en <https://www.magiscenter.com/blog/the-ongoing-hunt-for-dark-matter-a-conversation-with-dr.-paolo-beltrame>). En la Navidad de 2015, el señor Beltrame se «encontró con Dios», en sus propias palabras: «No estaba buscando a Dios realmente, al menos no hasta ese momento. El ciervo (estaba observando una manada de ciervos hambrientos entre la nieve desde el

2) Una misma realidad («esencia») puede adoptar distintas formas («existencias»). La luz es al tiempo onda y partícula. Arthur Compton —a quien ya hemos mencionado y que era un piadoso cristiano— obtuvo el Premio Nobel por descubrir que la radiación electromagnética tenía naturaleza de partícula. Por otra parte, Louis de Broglie —también mencionado, también galardonado con el Premio Nobel y también cristiano— sugirió que toda materia tiene propiedades de onda, es la «hipótesis de De Broglie». Albert Einstein escribió al respecto: «Parece que algunas veces tenemos que usar una teoría y otras veces la otra, y a veces podemos usar cualquiera. Estamos confrontados con un nuevo tipo de dificultad. Tenemos dos visiones contradictorias de la realidad. Separadamente, ninguna de ellas explica completamente el fenómeno de la luz, pero conjuntamente sí lo hacen».[34] Esta dualidad de la naturaleza de la luz proporciona un buen paralelismo a los cristianos cuando intentan explicar lo que ellos llaman «el misterio de la Trinidad», es decir, que un solo Dios —una sola sustancia— es al tiempo Tres personas —Padre, Hijo y Espíritu Santo— con Tres naturalezas distintas, algo que ellos mismos admiten no puede ser comprendido completamente por el ser humano. La correspondencia de este concepto teológico con la realidad de la luz ha sido observada por cristianos y no cristianos. En palabras

---

despacho en el centro de investigación) me sugirió de pronto e insistentemente la presencia de un Dios amoroso y vivo en toda la Creación, rodeándome y abrazándome. Después asistió a un retiro con los padres jesuítas y dos años después fue aceptado en la Orden de San Ignacio. Hoy es el padre Beltrame S. J. y es investigador en el Observatorio Vaticano y en el Arizona Cosmology Lab de la Universidad de Arizona-Tucson.
34. Albert Einstein, cit. en la voz *«wave-particle duality»* («dualidad onda-partícula») en la Wikipedia en inglés.

del científico judío David Berlinski, «la luz es partícula y onda y es las dos cosas, partícula y onda al mismo tiempo. Esta conclusión encarna un misterio, uno que ningún esfuerzo analítico subsiguiente haya disuelto. El misterio no aparecerá como completamente desconocido a los cristianos persuadidos del aspecto trinitario de la deidad. Si la luz es una partícula y una onda, los creyentes religiosos podrían observar que Dios es Padre, Hijo y Espíritu Santo. Esta es una analogía que no ha despertado la lealtad de los científicos ateos».[35]

En conclusión, el mundo cuántico también nos proporciona otros indicios de la existencia de eso-que-llamamos-Dios. La estructura de lo creado es exactamente como sería si existiera el Dios que propugnan las religiones monoteístas. El señor Heisenberg afirmaba rotundo: «Durante el curso de mi vida he sido compelido repetidamente a considerar las relaciones de esas dos regiones del pensamiento (religión y ciencia) y nunca he sido capaz de dudar la realidad a la que apuntan (Dios)»,[36] y la existencia de la indeterminación y la libertad es lo que lógicamente sería si nosotros no fuéramos Dios, pero hubiera otro que SÍ lo fuera. Como escribió el mismo señor Heisenberg en una carta al señor Einstein para confortarle por la demostración de la inexistencia de determinación y la falta de universalidad del principio de causalidad, tan queridos ambos por el descubridor de las leyes de la relatividad: «Podemos consolarnos con que el buen Dios sabrá la posición de las partículas y, por lo tanto, Él podría permitir que el principio de causalidad continuara siendo válido».[37]

35. Berlinski, *op. cit.*, pp. 92 y 93.
36. W. Heisenberg, «Scientific and religious truth», 1973. Cit. por *Scientific God Journal*, marzo de 2010. Vol. 1, Issue 3, p. 151.
37. Heisemberg, *ibid.*, p. 152.

Tumba de Ludwig Boltzmann en el Zentralfriendhof de Viena, con la ecuación que describe la entropía grabada en la piedra.

Tumba de Bernhard Riemann en Biganzolo (Italia).

El ruso Alexander Friedmann descubrió una de las primeras soluciones cosmológicas de las ecuaciones de la relatividad general, la correspondiente a un universo en expansión.

Tumba de Wernher von Braun, padre de la NASA. El epitafio menciona al salmo 19: «El cielo proclama la gloria de Dios, el firmamento pregona la obra de sus manos».

7

Si nos toca la lotería todos los días...

Dios juega a los dados incansablemente
bajo las leyes que Él mismo ha prescrito.[1]

ALBERT EINSTEIN

... alguien está haciendo trampa

Una interpretación de sentido común de los hechos sugiere que
una superinteligencia ha trapicheado con la física, así como
con la química y la biología, y que no hay fuerzas ciegas en la
naturaleza de las que merezca la pena hablar. Los números que
uno calcula de los hechos me parecen tan abrumadores como
para poner esta conclusión casi fuera de cuestión.[2]

FRED HOYLE

1. Carta de Albert Einstein a Paul Epstein, físico teórico y profesor de Caltech, escrita en 1945 y vendida en subasta en junio de 2019. La referencia se
puede ver en <https://www.livescience.com/65697-einstein-letters-quantum-
physics.html>. Es un desarrollo de otra frase famosa del señor Einstein dirigida a Niels Bohr en la conferencia Solvay en 1927: «Dios no juega a los
dados», a lo que el señor Bohr respondió: «Deja de decirle a Dios lo que debe
hacer». Réplica que también se hizo famosa.
2. F. Hoyle, «Engineering and Science», California Institute of Technology,
1981, pp. 8-12. Esta observación de los hechos es lo que hizo al señor Hoyle
abjurar del ateísmo y convertirse en teísta.

Para saber cuánta suerte tenemos —si la tenemos— debemos conocer de cuántas posibilidades de ganar gozamos de entre todas las posibilidades que se juegan. Si ganamos jugando una sola vez a cara o cruz, tiene poco mérito; al fin y al cabo, tenemos 50 por ciento de posibilidades de ganar. Ganar en la ruleta cuando apostamos a un solo número demuestra más fortuna, ya que hay 37 números posibles, por lo que nuestras posibilidades eran de apenas un 2,7 por ciento. Ganar a la lotería de 100.000 números posibles es todavía más improbable.

El universo y nuestro mundo es antrópico, es decir, permite el sostenimiento de la vida humana. Esto es como decir que nos ha tocado la lotería porque la existencia de un universo antrópico es improbable, aunque evidentemente no es imposible, puesto que aquí estoy yo escribiendo esto y usted leyéndolo. La cuestión es saber cómo de improbable es... ¿hemos tenido la suerte de quien acierta a cara o cruz o como la de quien le toca la lotería, o incluso más?

Vamos a adelantarle la respuesta: la ocurrencia aleatoria de los valores de las constantes físicas y cosmológicas y de las leyes que las rigen y la acción combinada de ellas, tanto en un principio —en el momento del Big Bang— como después a medida que el universo se desplegó y hasta ahora son tan remotas que son prácticamente imposibles.

Dicho de otro modo, para que usted y yo estemos aquí —para que haya vida en la Tierra— no solo tenemos que haber ganado a la ruleta, sino que simultáneamente nos tiene que haber tocado la lotería, haber ganado a los dados y a las carreras de caballos, el bote de la BonoLoto y el premio principal de tantos juegos como ustedes puedan imaginar, y ello no solo una vez —en un primer momento—, sino en cada uno de los instantes donde nos jugábamos la existencia. Yo me considero un hombre afortunado, pero tanta suerte me sugiere que alguien está haciendo trampa para que gane.

Nuestro número de lotería

> Después de todo, si Dios no existe, entonces Dios
> es con incalculable diferencia la mayor creación
> de la imaginación humana.
>
> ANTHONY KENNY[3]

Antes de la teoría del Big Bang y del modelo cosmológico estándar, podría haberse pensado que, aunque las posibilidades de un mundo antrópico fueran pequeñas, la ocurrencia de esta situación no tenía gran relevancia estadística, puesto que se consideraba el universo infinito en el tiempo y en el espacio —de acuerdo con la física de Newton— y, por tanto, habría habido suficiente tiempo y posibles mundos para infinito número de intentos: «¿No salió bien la primera vez?, no importa, ya saldrá bien en este otro mundo, o en el próximo... tenemos tiempo». Es como si jugáramos infinitos números de lotería, ganar en ese caso no resulta particularmente llamativo.

La teoría general de la relatividad del señor Einstein, la teoría del Big Bang del padre Lemaître (y del señor Friedmann) y el modelo cosmológico estándar cambiaron esa forma de pensar. Hay un tiempo finito y una cantidad de masa medida en el universo, por ello los números de lotería que jugamos son finitos.

Recordemos que la teoría del Big Bang estableció la edad del universo en 13.700 millones de años. Vimos que eso fue

---

3. Anthony Kenny es un filósofo británico nacido en 1931, fue presidente de la Academia Británica y del Royal Institute of Philosophy. Fue ordenado sacerdote católico y abandonó el sacerdocio en 1963. Cit. por Polkinghorne, *op. cit.*

corroborado varias veces y siempre consistentemente. El último cálculo de la «edad» del universo es el sugerido por las observaciones del satélite WMAP,[4] que terminó su misión en octubre de 2010. El universo tiene 13.750 millones de años (con un grado de error de un 1 por ciento), y está compuesto de un 5 por ciento de materia visible, un 23 por ciento de materia oscura y un 72 por ciento de energía oscura.[5] La materia visible tiene una masa de 10^{53} kg. El WMAP está en el *Libro Guinness de los récords* por haber producido la «medida más precisa de la edad del universo».

Con todo lo que sabemos actualmente se puede calcular la cantidad de unidades mínimas de masa y tiempo que ha habido en el universo observable. Esa es la cantidad de números de lotería que jugamos:

El universo tiene 13.700 millones de años. Ese número de años se multiplica por 365, para convertirlo en días. A su vez se multiplica por 24 para saber el número de horas de nuestro universo. Multiplicado por 60 y otra vez por 60 llegamos al número de segundos. Si lo multiplicamos por 10^{43} —el mínimo de tiempo de Planck—, lo reducimos al mínimo de unidades de tiempo y lo multiplicamos por 10^{53} kg, que es la masa existente en el universo observable y ello multiplicado por 10^8 para reducirlo al mínimo posible de unidades de masa. El resultado es aproximadamente 10^{120}.

Ese es el número de boletos de lotería que jugamos: 10^{120} es la cantidad de interacciones posibles de masa-energía ex-

4. Wilkinson Microwave Anisotropy Probe. Ya mencionado en la nota 34 del cap. 4.
5. Del proyecto y satélite WMAP ya hablamos en el capítulo «Confirmaciones» más arriba. Véase la página de la NASA sobre el WMAP y sus descubrimientos. Resultados históricos en <https://www.nasa.gov/centers-and-facilities/goddard/nasas-wmap-project-completes-satellite-operations/> o más actualizados en <https://www.nasa.gov/directorates/heo/scan/services/missions/universe/WMAP.html>, con la última actualización el 29 de septiembre de 2021.

presado en unidades de masa y tiempo. Es un número elevado, mirado aisladamente, pero como ya hemos visto y veremos más, de entre las magnitudes que maneja la astrofísica, «normalmente» no tiene un tamaño extraordinariamente grande, y desde luego es un número determinado y finito. Esto es importante porque en ocasiones autores neoateos manejan poco rigurosamente estas magnitudes, haciendo creer que poco menos las posibilidades de la existencia de nuestro mundo han sido infinitas. Con ello pretenden que no nos sorprendamos de lo que es —evidentemente— sorprendente: que nuestro universo y nuestro planeta son lo que el habla popular llamaría «un milagro». Al pretender falsamente que hay «infinitas posibilidades», resulta que la existencia del mundo ya no es «tan especial». Eso es algo así como proporcionar una «morfina intelectual» que nos atonte y nos impida apreciar lo sorprendente de nuestra existencia. Porque por si usted no lo sabe, que usted exista es del todo extraordinario —estadísticamente asombroso—, y las posibilidades apuntan a que haya sido un acto deliberado del Creador. Cuando conocemos lo inconmensurablemente improbable de la existencia de un universo antrópico y que vivimos no en uno de los infinitamente posibles mundos, sino en El Único Mundo Posible (llamémosle EUMP) y que, además, «estadísticamente no tuvo que existir», es difícil eludir la conclusión de que existe una Inteligencia que lo hizo posible.

Todos los números que se juegan

La enormidad del diferencial entre los valores de las constantes universales que fueran no-antrópicas y los valores que las hacen antrópicas puede compararse a un mono que fuera capaz de mecanografiar *Hamlet* por golpeteo aleatorio de las teclas de la máquina de escribir.

No hace falta decirlo, pero se necesita «fe» para explicar esta ocurrencia por pura suerte.

Como dijimos antes, para que nuestro universo exista no solo es necesario que hayamos ganado jugando a la lotería, sino que cada vez que se apueste a cualquier juego seamos siempre los ganadores y ello para todos los juegos de azar que usted pueda imaginar. Otra forma de verlo es como una carrera de obstáculos o una serie de pruebas extremas en las que cada vez nos jugamos la existencia. Superada una prueba (o varias que ocurren simultáneamente), pasamos a la siguiente y a la siguiente y a la siguiente (y a la siguiente, y a la siguiente y a la siguiente... durante estos últimos casi 14.000 millones de años). No superar con honores una sola de esas tentativas hubiera abocado a nuestro universo al colapso, o a impedir la existencia de vida. Es como una película de aventuras en que «el bueno» siempre gana, sin importar cuáles sean los obstáculos y contra toda probabilidad. La buena noticia es que, en «la película» de la Creación, la raza humana «somos los buenos». Nosotros lo vemos desde la perspectiva del hecho acaecido y —reacción tan humana— no le damos importancia a la extrema improbabilidad de que eso que ha ocurrido, ocurriera.

La primera prueba, el primer examen que nuestro universo tuvo que superar para existir, es tener una entropía fantásticamente baja después del Big Bang. Las posibilidades de esa insospechada baja entropía fueron calculadas por Roger Penrose y demuestran que hemos tenido una suerte increíble. Sería de hecho increíble si la consideráramos meramente

6. Pitzer, «New Proofs for the Existence of God», *op. cit.*, p. 66. Sobre Robert Spitzer véase nota 43 del cap. 7.

suerte o azar. Además, este cálculo nos va a proporcionar «cuántos números se juegan» en total, cuáles eran todas las posibilidades de cualquier posible universo.

Ya hemos tenido oportunidad de referirnos a Roger Penrose: es un matemático, físico y filósofo de la ciencia británico, profesor de Matemáticas en la Universidad de Oxford, obtuvo el Premio Nobel de Física en el año 2020. El señor Penrose calculó las increíblemente bajas probabilidades de la existencia de un universo con baja entropía, compatible con la segunda ley de la termodinámica y que surgiera del Big Bang. Esta baja entropía de nuestro universo es necesaria aún más, es esencial, para poder gozar de un universo antrópico.[7] Vamos a seguir sus cálculos e intentaremos hacerlos accesibles y las conclusiones inteligibles.

Empecemos con una definición previa y necesaria: «espacio de fase» o «espacio fásico» es un espacio en que se representan todos los estados posibles de un sistema, y cada estado posible corresponde a un punto único en el espacio de fase. El espacio de fase de una partícula singular es un espacio de seis dimensiones, tres ejes para el momento (p1, p2 y p3) y tres para la posición (x1, x2 y x3) de tal modo que cada punto del espacio de fase de una partícula representa un estado completo de la partícula.[8] Dicho en román paladino, cada espacio de fase representa una posibilidad entre todas las posibles.

El señor Penrose determina la ínfima probabilidad de esta baja entropía calculando la proporción de todo el volumen de espacios de fase de todos los posibles universos y el volumen de los espacios de fase de nuestro concreto universo antrópico, de baja entropía y compatible con la segunda

7. Penrose, R., *The Emperor's New Mind*,1989, Oxford University Press. [Hay trad. cast.: *La nueva mente del emperador*, Barcelona, Debolsillo, 2006]
8. Este concepto fue desarrollado por Ludwig Boltzmann, Josiah Willard Gibbs y Henri Poincaré entre finales del siglo XIX y principios del siglo XX.

ley de la termodinámica. Primero calcula la entropía del universo, que es el logaritmo del total volumen de espacios de fase de todos los posibles universos de un evento de creación (este volumen de espacios de fase, él lo llama V). La entropía del universo es igual al número total de bariones[9] del universo (que es 10^{80}) multiplicado por la entropía del barión (10^{43}), lo que lleva a una entropía total de 10^{123}. Como ese número es el logaritmo del volumen total de espacios de fase, entonces el volumen total de los espacios de fase de los posibles universos es el exponencial de 10^{123} o, dicho de otro modo, $V=10^{10^{123}}$.

Después el señor Penrose calcula el volumen de espacios de fase de nuestro concreto universo antrópico (a este volumen de espacios de fase él lo llama W), para calcular la proporción entre el total del volumen de los espacios de fase calculado previamente (V) y el volumen de espacios de fase de nuestro concreto universo antrópico, de baja entropía y compatible con la segunda ley de la termodinámica (W). Dirá el señor Penrose:[10] «¿Cómo de grande era el volumen de espacios de fase W que el Creador[11] debió tener como objetivo para producir un universo compatible con la segunda ley de la termodinámica que nosotros observamos ahora? No importa mucho si tomamos el valor de $W= 10^{10^{101}}$ o $W= 10^{10^{88}}$ dados por los agujeros negros o por la radiación de fondo, respectivamente, o un número más pequeño (y de hecho más adecuado) que hubiera sido el valor real en el momento del

9. El barión es una partícula pesada subatómica formada por tres quarks. Tanto los protones como los neutrones son bariones —pero también hay otras partículas—. Los bariones se caracterizan por tener un número bariónico (B) igual a 1. Y sus antipartículas —los antibariones— tienen un número bariónico de -1. De este modo un átomo que tenga, por ejemplo, un protón y un neutrón tendrá un número bariónico de 2.
10. Penrose, *op. cit.*, p. 343.
11. Originalmente el señor Penrose utiliza la palabra «*Creator*».

Big Bang. En cualquier caso, la proporción de V con W será cercana a $V/W = 10^{10^{123}}$.

»Esto nos dice cómo de precisa debió ser la puntería del Creador, concretamente una exactitud cercana a uno entre $10^{10^{123}}$».

Ese número ($10^{10^{123}}$) es difícil —imposible— de entender y de computar. Imagínese todo el universo, miles de millones de planetas. Trillones de trillones de kilómetros cuadrados de materia. Imagínese que se descompone toda en átomos. ¿Cuántos hay? Intente sumarlos e imaginar los quintillones de quintillones de átomos y partículas elementales que hay en la adición de todos esos planetas, estrellas, etc. Lo cierto es que no puede imaginarlo ni usted ni nadie, y si le sirve de consuelo tampoco ordenador alguno puede aproximarse a cálculos de esa magnitud. Pues bien, aquel número $10 \exp(10^{123})$ tiene considerablemente más ceros que la suma de todas esas partículas elementales de todo el universo. Es muchísimo más fácil que a usted le toque la lotería todos los días, durante toda su vida y en cada uno de los países donde se juega la lotería, a que haya habido un universo antrópico como el que hemos tenido la suerte de encontrarnos. Pero si conoce usted un poco la psicología humana se dará cuenta de que, si usted o cualquiera ganara en la lotería con tanta frecuencia, ello acabaría por no parecerle especial. Sin embargo, es excepcional, la realidad de los números nos dice que las posibilidades de nuestro universo de baja entropía y finalmente antrópico de entre todos los posibles universos que pudieron ser creados son increíblemente, enormemente, absurdamente, inmensamente, descomunalmente, colosalmente pequeñas. Dicho por el señor Penrose: «Para que se produjera un universo que se pareciera a ese en el que nosotros vivimos, el Creador tuvo que apuntar a un absurdamente pequeño volumen de espacios de fase de posibles universos —alrededor de $1/10^{10^{123}}$— del total volumen para la situación en consideración».[12]

Leyes y constantes

> El delicado ajuste de precisión de las constantes necesario
> para que las diferentes ramas de la física se puedan
> ensamblar tan afortunadamente podría atribuirse a Dios. Es
> difícil resistir la impresión de que la presente estructura del
> universo aparentemente tan sensible a menores alteraciones
> en los números ha sido muy cuidadosamente pensada [...]
> la aparentemente milagrosa concurrencia de valores
> numéricos que la naturaleza ha asignado a las constantes
> fundamentales permanece como la evidencia más persuasiva
> de un elemento de diseño cósmico.
>
> PAUL DAVIES[13]

Joel Primack, un cosmólogo de la Universidad de California en Santa Cruz, planteó una interesante pregunta al profesor de Física de la Universidad de Edimburgo, Neil Turok: «¿Qué es lo que hace que los electrones sigan las leyes?».[14]

Es una pregunta interesante porque las leyes y las constantes físicas no son lógicas, no son deducibles, no tienen ninguna razón forzosa para ser como son. Esto plantea un profundo problema a los ateos naturalistas, ya que las pro-

12. Penrose, *op. cit.*, p. 343.
13. Paul Davies, *God and the New Physics*, Simon and Schuster, 1983, p. 189. [Hay trad. cast.: *Dios y la nueva física*, Barcelona, Salvat, 1994]. Cit. por Spitzer, *op. cit.*, p. 66. Sobre Paul Davies, véase nota 52 del cap. 5.
14. Cit. por D. Berlinski en *The Devil's Delusion*, Basic Books, 2009, p. 132.

pias leyes de la naturaleza no son racionales, no se infieren, sino que en su mayor parte se observan. Están ahí como piezas de un mosaico gigantesco que Alguien ha construido y cuyas teselas vamos descubriendo y observando y no parecen tener otra razón para su existencia que la voluntad de quien las dejó allí.

«Cuanto más examino el universo y los detalles de su arquitectura, encuentro más y más evidencia de que el universo sabía de alguna manera que íbamos a venir y no veo otra explicación posible que la voluntad de un Creador».[15] Así lo explicó Freeman Dyson, físico teórico y matemático profesor en Princeton y frecuentemente nominado al Premio Nobel.

Volvamos a decirlo de otra manera para asegurarnos de que comprendemos toda la profundidad de esta realidad tantas veces obviada por los escépticos: Las constantes, las leyes y las ecuaciones físicas no son necesarias, no son axiomáticas. Describen lo que se ha descubierto empíricamente, las interacciones entre energía, espacio, tiempo en el universo. De ahí que las leyes de la física, a diferencia de las de las matemáticas o las de la lógica, pudieran ser distintas de las que son.

«Considero la comprensibilidad del mundo —hasta el punto en que podemos comprenderlo— un milagro o un misterio eterno. A priori deberíamos esperar un mundo caótico que no pudiera ser entendido por nuestro intelecto. Uno podría esperar que el mundo estuviera sujeto a leyes solo hasta el punto en que nosotros lo ordenemos con nuestra inteligencia [...] pero por contraste el tipo de orden creado, por ejemplo, por la teoría de la gravitación de Newton es completamente diferente. Incluso si los axiomas de la teoría

15. Freeman Dyson fue un físico teórico y matemático anglo-norteamericano, profesor de la Universidad de Princeton. Teísta y cristiano. Se encontró con su Creador en 2020. Cit. por J. Polkinghorne, «The Faith of a Physicist», 1996 p. 76.

fueran propuestos por el hombre, el éxito de tal proyecto presupone un alto grado de orden en el mundo objetivo, y esto no se podría esperar *a priori*. Ese es el "milagro" que está constantemente reforzado a medida que nuestro conocimiento se expande».[16]

O bien: «Toda persona que esté seriamente implicada en el progreso de la ciencia llega a ser consciente de la presencia manifiesta de un espíritu inmensamente superior al del hombre y frente al que nos debemos sentir humildes con nuestras modestas facultades».[17]

O bien: «Mi religión consiste en una humilde admiración hacia el espíritu superior y sin límites que se revela en los más pequeños detalles que podemos percibir con nuestros espíritus débiles y frágiles. Esta profunda convicción sentimental de la presencia de una razón poderosa y superior que se revela en el universo incomprensible, esta es mi idea de Dios».[18]

Todas las citas anteriores... Albert Einstein.

Citamos al señor Einstein porque su figura se ha convertido en icónica más allá de su evidente genio, y porque una parte de los neoateos ha intentado apropiarse de su legado de forma inescrupulosa y deshonesta,[19] pretendiendo hacerle aparecer como el ateo que nunca fue: «Yo no soy ateo y tampoco creo que me pueda llamar panteísta [...] lo que me separa de la mayor parte de esos que se llaman ateos es el

16. Albert Einstein, de una carta a Maurice Solovine, cit. por R. Goldman, *Einstein God*, 1997, p. 24.
17. Albert Einstein en una carta a un niño. Cit. por Bolloré y Bonnassies, *op. cit.*, p. 296.
18. Albert Einstein, cit. por P. Bucky y A. Weakland, *The Private Albert Einstein*, 1993 p. 164. Cit. por Bolloré y Bonnassies, *op. cit.*, p. 297.
19. El señor Dawkins en su *El espejismo de Dios* dedica cinco páginas a hacernos creer que el señor Einstein era ateo a pesar de las múltiples declaraciones del sabio.

sentimiento de humildad total delante de los secretos inaccesibles de la armonía del cosmos».[20] No se le escapó al señor Einstein que la humildad no es una cualidad por la que se distinguen los científicos ateos.

Parece una constante en minorías muy ideologizadas y con poca integridad apropiarse de figuras que consideran pueden dar respetabilidad a su causa. En nuestro caso, esa apropiación ya irritaba al señor Einstein en su tiempo: «A la vista de la armonía del cosmos, el cual soy capaz de reconocer con mi limitado entendimiento humano, hay todavía individuos que dicen que no hay Dios. Pero lo que de verdad me enfurece es que me citan en apoyo de esas opiniones».[21] Pero la vertiente positiva de esa manipulación es que a nosotros y ahora nos ofrece una prueba más —si la hubiéramos necesitado— de que los neoateos harían cualquier cosa con tal de avanzar sus ideas que sostienen con arrogante indiferencia de la realidad.

No deberíamos estar aquí: un universo antrópico

La coincidencia es la forma que tiene Dios
para permanecer anónimo.

ALBERT EINSTEIN[22]

20. W. Isaacson, *Einstein: His Life and Universe*, 2007. [Hay trad. cast.: *Einstein: su vida y su universo*, Barcelona, Debate, 2020]. Cit. por Bolloré y Bonnassies, *op. cit.*, p. 297.
21. Príncipe Hubertus zu Löwenstein «Towards the Further Shore», cit. por M. Jammer, *Einstein and Religion*, 1999, p. 97.
22. Cita atribuida al señor Einstein frecuentemente. Véase tein_574924 o <https://www.goodreads.com/quotes/7455981-coincidence-is-god-s-way-of-staying-anonymous> o <https://statustown.com/quote/537/>.

Se necesita mucha fe para creer en el azar como responsable de la creación. Esa es la única conclusión posible si consideramos los datos científicos actualmente disponibles.

Como parece frecuente, el conocimiento científico de los teóricos del ateísmo parece congelado décadas atrás o incluso siglos atrás y no parece avanzar con el progreso de la ciencia (por alguna extraña razón muchos autores escépticos veneran la década de los sesenta del siglo pasado y también el siglo XVIII). Carl Sagan fue un divulgador científico del siglo pasado, gran creyente en la existencia de vida extraterrestre y al tiempo ferviente ateo. Se encontró con su Creador en 1996. Tres décadas antes, en 1966, anunció que solo había dos criterios importantes para que un planeta tuviera vida: tener una estrella apropiada y tener una distancia apropiada a esa estrella. No había serias razones científicas para sostener esa opinión entonces, pero la falta de razones nunca ha disuadido a quienes consideran que tienen razón por principio.[23]

En cualquier caso, con el paso de los años, el progreso de la ciencia y el mayor conocimiento de nuestro universo ha establecido que hay más de doscientos parámetros que son necesarios para que cualquier planeta sea susceptible de albergar vida. Esos parámetros deben estar perfectamente ajustados, cualquier desviación, incluso minúscula, y simplemente no habrá posibilidad de existencia de vida.

23. Isaac Asimov fue otro divulgador científico ateo del siglo XX. Encontró a su creador en 1992 tras contraer sida por una transfusión de sangre. El señor Asimov describió al señor Sagan como una de las dos únicas personas en el mundo más inteligentes que él mismo. Tanto el señor Asimov como el señor Sagan fueron criticados por autores científicos contemporáneos por su falta de rigor y por su tendencia al «autoengrandecimiento». Dos consideraciones a este respecto: los halagos cruzados y exagerados entre autores de ideología atea son frecuentes y han servido para acrecentar injustamente la popularidad de algunos de ellos y observamos que la soberbia es un atributo tan habitual entre los ateos militantes que nos hace pensar si no es la causa principal para que persistan en tan ilógica creencia.

Pero para que aparezca vida primero tiene que haber un universo. Y hoy también sabemos que la mera existencia de nuestro universo precisa también de un ajuste enormemente preciso de esas variables y también de la interacción entre ellas. Un gigantesco sudoku con miles de millones de posiciones que —¡mira qué suerte!— resulta que tienen cada una el valor preciso para poder ser resuelto.

En nuestro universo la energía se manifiesta a través de cuatro fuerzas fundamentales: la fuerza electromagnética, la fuerza gravitacional, la fuerza nuclear fuerte y la fuerza nuclear débil. Sus valores fueron determinados exactamente en menos de una millonésima de segundo después del Big Bang y cualquier mínima variación hubiera impedido la formación del universo. Por ejemplo, si la proporción entre la fuerza electromagnética y la fuerza nuclear fuerte hubiera variado en una parte entre 100.000.000.000.000.000, entonces no habría habido estrellas.[24] Si se combina la probabilidad de ese único parámetro con las probabilidades acumuladas de la existencia de los otros cientos de condiciones el resultado es que las posibilidades en contra de que exista el universo —y con ello usted y yo— son astronómicas. «Sería como echar una moneda al aire y que salga cara diez quintillones de veces seguidas».[25]

Con esos resultados, todos llegaríamos a la conclusión de que la moneda está trucada, que se está haciendo trampa...

Nos encontramos entonces con un universo antrópico, esto es, un universo que permite la vida humana y lo hace en contra de toda probabilidad.[26] El astrofísico profesor de la

24. Eric Metaxas, «Science Increasingly Makes the Case for God», *The Wall Street Journal*, 25 de diciembre de 2014.
25. Eric Metaxas. *Ibidem*.
26. Preferimos hablar de universo antrópico que usar el también popular término de «principio antrópico». El principio antrópico se puede enunciar como el que establece que cualquier teoría válida sobre el universo tiene que ser consistente con la existencia del ser humano (ver <https://es.wikipedia.org/

Universidad de Cambridge John Barrow, junto con el profesor de Matemáticas y Física de la Universidad de Tulane Frank Tipler (este último nacido en Andalusia, Alabama), ambos teístas, escribieron en 1986 *The Anthropic Cosmological Principle*,[27] donde se detallan varios cientos de ejemplos de ese ajuste fino que permite la existencia del universo y de vida. Muchos autores después de ellos —y algunos también antes— han presentado una enorme cantidad de datos que demuestran que nuestro universo de hecho existe gracias al ajuste finísimo de multitud de constantes, leyes, parámetros y variables que a los que nada fuerza en principio a tener los valores que tienen. Este ajuste no solo se produjo en el momento del Big Bang, lo que ya es inconcebible por el mero azar, sino que otras «casualidades» o ajustes debieron de producirse durante la expansión posterior del universo para permitir el propio universo y la vida en nuestro planeta.

Alguna vez científicos ateos han intentado desacreditar la prueba de que el universo antrópico necesariamente apunta a la existencia de Dios con el argumento de que, puesto que el hombre existe, ello implica necesariamente ese universo antrópico y, por tanto, no hay nada de especial en ello. Pretenden que es una tautología. Algo así como decir que un univer-

---

wiki/Principio_antr%C3%B3pico>), lo que en realidad es una tautología. Por otro lado, se ha complicado el «principio» dividiéndolo en varias versiones: Principio Antrópico débil (WAP), fuerte (SAP) y final (FAP), con poca virtualidad práctica y que además oscurece su significado. En ocasiones algunos autores bienintencionados confunden el principio antrópico con la acumulación de «coincidencias» que han hecho posible la vida humana, lo que es cierto, pero no es un «principio». Por ejemplo, Bolloré y Bonnassies, *op. cit.*, pp. 172 y ss. Y en otras ocasiones autores menos bienintencionados mencionan el «principio antrópico» precisamente para quitar importancia a esas «coincidencias» pretendiendo decir algo así como «no pienses en lo sorprendente que es que te toque la lotería todos los días, sino en qué te vas a gastar el dinero», obviando así todo el legítimo asombro provocado por tantas «casualidades».
27. El principio antrópico cosmológico.

so antrópico «no prueba nada porque si no existiera, nosotros —que somos los observadores de ese universo— tampoco existiríamos». Esta forma de pensar revela que una educación científica no impide ser incompetente en lógica. En realidad, el hecho de que el ser humano necesite para su existencia que las constantes físicas sean las que son y que las leyes físicas se comporten como se comportan, no explica que esas realidades existan precisamente así. Si alguien piensa que, por el hecho de tener necesidades, ellas deben obligatoriamente ser satisfechas, lo que debe hacer es madurar. Y si alguien considera que cualquier realidad que exista no deba sorprendernos solo porque exista, no debería levantarse de la cama.

Pero ¿por qué es constante?

Me es tan difícil de entender al científico que no reconoce la presencia de una racionalidad superior detrás de la existencia del universo como me sería difícil de entender el teólogo que negara los avances de la ciencia.

WERNHER VON BRAUN[28]

Las constantes físicas son para muchos científicos como el papel pintado de las paredes. Llevan mucho tiempo enseñando sus colores y ya pasan desapercibidos. Sin embargo, cualquiera que no haya perdido completamente su capacidad de

28. Wernher von Braun fue un ingeniero aeroespacial germano-norteamericano fallecido en 1977. Se le considera el «artífice de la conquista de la Luna». Fue el pionero en tecnología de cohetes primero en Alemania durante la Segunda Guerra Mundial y luego en Estados Unidos. Teísta, se convirtió en religioso cristiano en su edad adulta. En su tumba se puede leer el Salmo 19, 2: «El cielo proclama la gloria de Dios, el firmamento pregona la obra de sus manos».

asombro se maravillaría de su mera existencia. Observar y medir las constantes físicas nos lleva a preguntarnos: ¿Cómo es que existen?, ¿por qué son constantes?, ¿por qué tienen precisamente esas magnitudes? y ¿qué pasaría si no existieran o tuvieran valores distintos?

Por ejemplo, si tomamos la velocidad de la luz sabemos que la luz se desplaza a esa velocidad de forma constante... pero ¿por qué? Nada impide imaginar que la velocidad de la luz fuera variable y tuviera magnitudes distintas en diferentes circunstancias, y tampoco es imposible imaginar en abstracto que esa velocidad fuera una décima parte de su valor o un millón de veces mayor. Cualquiera de esas circunstancias haría que usted no estuviera leyendo esto ahora y que yo no lo hubiera escrito. Sabiendo eso, la sabiduría pagana adoraría a la luz. La teísta lo hace con quien la creó constante y precisa.

El premio Nobel de Física norteamericano Richard Feynman, uno de los padres de la electrodinámica cuántica, dijo, refiriéndose a la constante electromagnética de estructura fina, algo que podría predicarse de cualquiera de las constantes físicas: «La pregunta más profunda y bella está asociada con la constante [...] inmediatamente querrías saber de dónde viene este número: ¿está relacionado con pi, o quizá con la base de los logaritmos naturales? Nadie lo sabe. Es uno de los condenados mayores misterios de la física: un número mágico que nos llega sin la comprensión de los humanos. Podrías decir que "la mano de Dios" escribió ese número y que "no sabemos cómo Él utilizó su lápiz". Sabemos qué clase de ejercicio hacer experimentalmente para medir este número de forma precisa, pero no sabemos qué clase de ejercicio realizar con los ordenadores para hacer que este número se produzca —sin introducirlo nosotros secretamente».[29]

29. Feynman, R., «QED The Strange Theory of Light and Matter», Princeton University Press, p. 129. Cit. por <https://en.wikipedia.org/wiki/Fine-structure_constant>.

Las constantes controlan prácticamente todas las interacciones en el universo y «puesto que los valores de estas constantes podrían haber caído dentro de un enorme, prácticamente abierto, rango no-antrópico (por encima o por debajo de lo que es requerido para un universo antrópico), se sigue que las posibilidades para que nuestro universo sea antrópico son extremadamente, extremadamente, extremadamente remotas».[30]

Algunas de esas constantes, que son las que son, pero podrían no ser así:[31]

A) Constantes de espacio y tiempo: los mínimos de Planck:
1) El mínimo intervalo de espacio en nuestro universo: $\iota_p = 1{,}62 \times 10^{-33}$ cm.
2) Mínima unidad de tiempo. Mínimo de Planck: $\tau_p = 5{,}39 \times 10^{-44}$.
3) Mínima unidad de emisión de energía estará determinada por la constante de Planck para cualquier frecuencia de luz (E+hʋ) donde la constante de Planck es igual a $h = 6{,}626 \times 10^{34}$ julios segundo J·s.
4) Si hay un intervalo mínimo de tiempo, eso implica que habrá una velocidad máxima posible. La velocidad se define por la cantidad de espacio recorrido por unidad de tiempo ($v = \frac{\Delta r}{\Delta t}$). Cuanto menos el tiempo, mayor la velocidad, por lo que la existencia de un mínimo de tiempo —un límite que no se puede disminuir— predice una velocidad máxima posible, porque no hay distancia, por pequeña que sea, que pueda ser

30. Spitzer, *op. cit.*, p. 65.
31. Véase «Design and the Anthropic Principle» de Hugh Ross publicado en la web *Evidence for Christianity*, <https://evidenceforchristianity.org/> el 5 de mayo de 2005, o bien Spitzer, *op. cit.*, pp. 52-67, y originalmente en John Barrow y Frank Tipler, *The Anthropic Cosmological Principle*, escrito en 1986. Algunas constantes son adimensionales y otras están escritas en unidades concretas.

atravesada en menos que el mínimo de tiempo. Esta velocidad máxima resulta ser la invariable velocidad de la luz c = 300.000 km/seg.[32]

B) Constantes de energía: Ya hemos hablado de las cuatro fuerzas fundamentales: la fuerza electromagnética, la fuerza gravitacional, la fuerza nuclear fuerte y la fuerza nuclear débil. Sus valores son constantes, pero no existe ninguna «razón» *a priori* para ello; como indica Walter Bradley, «el valor absoluto de la constante nuclear fuerte [...] no está "prescrita" por ninguna teoría física, pero ciertamente es un requerimiento crítico para tener un universo que sea apropiado para la vida».[33]

5) Constante de atracción gravitacional: G = 6,6743 × 10^{-11}.

6) Constante de acoplamiento de la fuerza débil: g_w = 1,43 × 10^{-62}.

7) Constante de acoplamiento de la fuerza nuclear fuerte g_s = 15.

La fuerza electromagnética es la fuerza ejercida entre partículas cargadas móviles. Como está constituida por protones y electrones identificados, tiene tres constantes que se refieren a sus masas y sus cargas.[34] Los protones y los electrones en reposo tienen masas distintas y sus cargas son opuestas entre

32. Más exactamente 299792458 m/seg. Se representa por la letra c, que proviene del latín *celeritas*.
33. W. Bradley, 1998, cit. por Spitzer, *op. cit.*, p. 61. Walter Bradley es un doctor en Ciencia de los materiales e Ingeniería por la Universidad de Austin, Texas, donde fue profesor de Ingeniería. También profesor en la Universidad Baylor y *fellow* en la American Society of Materials.
34. Aunque los protones están compuestos de quarks, como dice Paul Davies tiene más sentido considerar como unidad fundamental la masa de un protón que las masas de los quarks, ya que estas son inciertas y se considera imposible la existencia de quarks aislados. P. Davies, *The Accidental Universe*, Cambridge University Press, 1982, p. 38.

sí, pero, sin embargo, estas cargas tienen la misma magnitud, lo que ya de por sí es una interesante «casualidad».

8) Masa de un protón en reposo: m_p = 1,6749286 × 10^{-27} kg.

9) Masa de un electrón en reposo m_e = 1,91093897 × 10^{-31} kg.

10) Carga elemental unitaria del protón o electrón e = 1,602 × 10^{-19} culombios.

C) La relación de masa de un protón y un electrón determina las características de las órbitas de los electrones alrededor de los núcleos. Un protón tiene 1836 veces más masa que el electrón. Si esta proporción fuera ligeramente mayor o menor, no se formarían moléculas y la vida no sería posible.

11) Otra constante «presente en el universo constituido por energía, espacio y tiempo es la de la masa mínima. […] en nuestro universo esta característica (llamada "masa en reposo") está en función de la gravedad y es convertible en energía a través de la constante de la máxima velocidad (c) al cuadrado (E = mc^2). La mínima masa del universo es»:[35]

he/$G^{1/2}$ = 2,18 × 10^{-8} kg.

12) En el universo hay un total de energía y un total de masa relacionada con ella. En el universo observable este total es de 10^{53} kg.

Nuestro universo también está determinado por otras constantes que interactúan con las anteriores:

13) La constante de Boltzmann:[36] k = 1,380649 × 10^{-23} J/°K.

35. Spitzer, *op. cit.*, p. 56.
36. Desde mayo de 2019, el Sistema Internacional de Unidades considera la constante de Boltzmann como «constante definitoria» y ha recibido una definición exacta.

14) Constante de Hubble-Lemaître: $H_0 = 2,3 \times 10^{-18}$ SI.

15) Constante cosmológica que fija la curvatura inicial del universo: $\Lambda = 1,1056 \times 10^{-52}$ SI.

16) La constante de proporción cósmica de fotones/protones $S = 10^9$ SI.

17) La constante de permisividad del espacio libre es la constante que refleja la habilidad de los campos eléctricos a pasar a través de un vacío. Su valor es $\varepsilon = 8,854 \times 10^{-12}$ F/m.

18) La constante débil de estructura fina $\alpha_w = 3,05 \times 10^{-12}$ SI.

19) La constante gravitacional de estructura fina $\alpha_G = 5,90 \times 10^{-39}$ SI.[37]

20) La constante electromagnética de estructura fina, caracteriza la fuerza de interacción electromagnética. Es un valor sin dimensiones, por lo que su valor numérico es independiente del sistema de unidades usado: $\alpha = 7,2973 \times 10^{-3}$ SI o frecuentemente se representa por su inverso: $137,03597^{-1}$ SI.

En diciembre de 2020, cuatro físicos publicaron un artículo científico en la revista *Nature* determinando esta constante con once dígitos de exactitud[38] dando una mayor precisión y credibilidad al modelo estándar de partículas que está íntimamente ligado a la teoría estándar del Big Bang, otorgándole a esta teoría una razón adicional de credibilidad.

Y en abril de 2020 se publicó otro artículo en la revista *Science Advances* de un equipo dirigido por Michael Wilczyns-

---

37. Véanse conceptos y cálculos en HyperPhysics del Departamento de Física y Astronomía de la Universidad Estatal de Georgia en <http://hyperphysics.phy-astr.gsu.edu/hbase/index.html>.
38. Léo Morel *et al.*, «Determination of the Fine-Structure Constant with an Accuracy of 81 Parts per Trillion, *Nature*, 588, n.º 7836 (2 de diciembre de 2020), pp. 61-65, doi:10.1038/s41586-020-2964-7.

ka y John Webb[39] relativo a la constante de estructura fina. Durante dos décadas el profesor Webb y sus colegas observaron anomalías en esta constante por la que la fuerza electromagnética medida en una determinada dirección del universo parecía ligeramente diferente. Así que estos científicos realizaron observaciones en un cuásar enormemente distante llamado ULAS J1120 + 0641, lo que les permitió indagar en el momento que el universo era joven y tenía poco más de mil millones de años. Luego hicieron otras mediciones a lo largo de una de las líneas de visión del cuásar. El resultado de las mediciones «parece apoyar la idea de que hay una direccionalidad en el universo»[40] y «en lo que se creía que era una aleatoria distribución arbitraria de galaxias, cuásares, agujeros negros, estrellas, nubes de gas y planetas [...] de pronto parece que el universo tiene el equivalente a un norte y un sur» y sus observaciones confirman que «las leyes de la naturaleza parecen perfectamente afinadas para establecer las condiciones para que la vida florezca. La potencia de la fuerza electromagnética es una de esas cantidades», y concluye que «si en el valor que medimos en la tierra hubiera variado en apenas un pequeño porcentaje, la evolución química del universo sería completamente distinta y la vida podría no haber existido nunca».

Volvamos a repetirlo —para evitar que los árboles nos impidan ver el bosque—: los valores de esas constantes tenían que ser los que son —y no otros— para permitir que usted y yo existamos; pero no hay «razón alguna» para que esas constantes tengan los valores que tienen y de hecho los valores que podría haber tomado y evitado el universo

39. Michael R. Wilczynska *et al.*, 2020. «Four direct measurements of the fine-structure constant 13 billion years ago», *Science Advances* 6 (17): eaay9672; doi: 10.1126/sciadv.aay9672.
40. John Webb, profesor de la Universidad de Nueva Gales del Sur. Miembro del equipo investigador. Artículo en *Sci News*, 29 de abril de 2020, <https://www.sci.news/astronomy/fine-structure-constant-08375.html>.

antrópico son extremada, enorme, sumamente mayores; de ello se concluye que las posibilidades *en contra* de un universo antrópico son inmensas, más bien inconmensurables. En conclusión: es extraordinaria y desmedidamente improbable que un universo antrópico haya ocurrido por puro azar. Si alguien cree en ello, también debería creer en el Ratoncito Pérez, puesto que hay más posibilidades de la existencia de este último que de aquellas «coincidencias».

Incluso un físico ateo como Stephen Hawking tuvo que admitir que «las leyes de la ciencia, tal y como las conocemos en el momento presente, contienen muchos números fundamentales, como el tamaño de la carga del electrón o la relación de las masas del protón y del electrón... y el hecho extraordinario es que los valores de esos números parecen haber sido ajustados con precisión para hacer posible el desarrollo de la vida».[41]

Nueve ejemplos

Cuando te das cuenta de que las leyes de la naturaleza han tenido que estar increíblemente afinadas para producir el universo que vemos [...] surge la idea de que el universo no ocurrió simplemente, sino que debe haber un propósito detrás de ello.

JOHN POLKINGHORNE[42]

41. Stephen Hawking, *A Brief History of Time*. 1988. [Hay trad. cast.: *Historia del tiempo: del Big Bang a los agujeros negros*, Madrid, Alianza Editorial, 2019].
42. John Polkinghorne, «Science finds God», *The Washington Post*, 20 de julio de 1998.

Como ya hemos mencionado, hay cientos de ejemplos que demuestran un ajuste preciso (lo que se suele llamar ajuste fino) entre constantes, y las «coincidencias» de las variables físicas son argumentos poderosos en favor de la existencia de Dios, pero la explicación y presentación puede hacerse innecesariamente farragosa para el no versado en ciencias físicas y matemáticas (y también para el versado). Por ello vamos a profundizar en nueve ejemplos de las relaciones de aquellas constantes que adoptan justo el valor preciso necesario para la existencia de nuestro universo:[43]

Un primer ejemplo se refiere a la relación entre la constante gravitacional (G), la fuerza nuclear débil (g_w) y la constante cosmológica (Λ). El profesor Paul Davies explica que «si G o g_w fueran diferentes de sus valores presentes en solo una parte entre 10^{50}, el balance preciso Λ estaría alterado y la estructura del universo sería drásticamente modificada».[44] Es decir, que los valores de G y de g_w y su relación con Λ están precisamente dentro del estrechísimo rango que permite un universo antrópico. Una suerte para nosotros.

Una segunda instancia alude a la fuerza nuclear fuerte. Brandon Carter es un físico teórico australiano a quien se atribuye haber usado por primera vez el término «principio antrópico»: él calculó que «una reducción del 2 por ciento en la fuerza nuclear fuerte […] haría imposible la formación de elementos más pesados que el hidrógeno. Por otro lado,

---

43. Seguimos en esto al padre Robert J. Spitzer, *New Proofs for the Existence of God*, *op. cit.*, pp. 57 y ss. Quien a su vez sigue a Roger Penrose, Paul Davies, Owen Gingerich, Fred Hoyle y otros. El padre Spitzer fue presidente de la Universidad Gonzaga en Washington. Estudió Ciencias empresariales, tiene máster en Filosofía, máster en Teología, máster en Teología de divinidad, es doctor en Filosofía por las Universidades de San Louis, Gregoriana de Roma, Weston School y la Universidad Católica de America y es un conocido divulgador de la ciencia y colaborador de la cadena de TV católica EWTN.
44. *The Accidental Universe*, 1982. Cit. por Spitzer, *op. cit.*, p. 59.

si la fuerza nuclear fuerte fuera solo un 2 por ciento mayor de lo que es, entonces todo el hidrógeno habría sido convertido en helio y elementos pesados desde el principio, dejando al universo sin agua y sin combustible a largo plazo para las estrellas».[45]

Un tercer y cuarto ejemplos de lo improbable que es un universo antrópico vienen proporcionados por la relación entre las constantes de fuerza nuclear débil y la constante gravitacional, por un lado, y las relaciones de la masa de protón, neutrón y electrón, por el otro. Cualquier minúscula variación en esas relaciones y nuestro mundo no sería susceptible de tener vida. Como dice el profesor Davies: «Una extraordinaria coincidencia se ha descubierto. Primero resulta que la diferencia de masa del neutrón-protón es solo un poco mayor que la masa del electrón $\Delta m \simeq m_e$. Segundo, la fuerza de la interacción débil está, aparentemente de forma accidental, relacionada con la fuerza de la gravedad de la siguiente forma numérica $(Gm_e^2/\text{hc})^{1/4} \simeq g_w m_e^2 c/h^3 \sim 10^{-11}$. Cuando estos dos valores numéricos son usados en Eq. (3.4), se obtiene $kT_F \simeq \Delta mc^2$».[46]

Y como señala Fred Hoyle, si las masas combinadas del protón y del electrón fueran apenas un poco mayores en lugar de un poco menores que la masa del neutrón, el efecto sería devastador. El átomo de hidrógeno hubiera sido inestable. A lo largo del universo todos los átomos de hidrógeno se habrían roto para formar neutrones y neutrinos. El Sol, ya sin combustible nuclear, se habría apagado y colapsado. A través de todo el espacio, las estrellas como el Sol se contraerían por miles de millones soltando una riada mortal de rayos X según se fueran consumiendo. En ese momento la

45. Cit. por Walter Bradley en Spitzer, *op. cit.*, p. 61.
46. Davies, *op. cit.*, pp. 63-64. Cit. por Spitzer, *op. cit.*, p. 61.

Tierra, es innecesario decirlo, se habría extinguido».[47] Recordemos que el señor Hoyle, nominado varias veces al Premio Nobel, fue ateo militante hasta que «no le quedó más remedio» que pasar a ser teísta.

La quinta y sexta feliz coincidencia que nos permite disfrutar de un universo antrópico se refieren a la constante gravitacional y su relación con la constante electromagnética y también a la relación de la masa del electrón y el protón. Sin esas precisas relaciones, las estrellas habrían sido del tipo gigantes azules o enanas rojas, que no permiten la existencia de vida. El Sol es una estrella de tipo amarillo, cuya temperatura es de 5.200-6.000 °K mientras que las estrellas azules tienen hasta 6 veces más temperatura (33.000 °K) y las estrellas rojas la mitad ($\leq$ 3.700 °K).

Hay un minúsculo rango de variabilidad entre las constantes gravitacional y la electromagnética, así como las relaciones de las masas del protón y del electrón que permiten evitar que las estrellas estén en los dos extremos (azul y rojo) que impedirían la vida. El profesor Davies calculó la diminuta estrechez de ese rango: «Haciendo los cálculos se obtiene $5,9 \times 10^{-39}$ por el lado izquierdo y $2,0 \times 10^{-39}$ por el lado derecho. La naturaleza ha tomado los valores de las constantes fundamentales de tal forma que las estrellas típicas están muy cercanas al límite de inestabilidad convectiva. El hecho

---

47. F. Hoyle, *The Intelligent Universe*, 1983, pp. 219-220. [Hay trad. cast.: *El universo inteligente*, Barcelona, Grijalbo, 1985]. Cit. por John W. Oller en «Not according to Hoyle» en ICR Org, 1984. Fred Hoyle fue director del Instituto de Astronomía en la Universidad de Cambridge. Ateo durante gran parte de su vida, se convirtió en teísta por la fuerza de los argumentos científicos. En 1983 se otorgó el Premio Nobel de Física a William Fowler, por «sus estudios teóricos y experimentales de las reacciones nucleares importantes en la formación de los elementos químicos del universo», algo que no fue del todo justo, ya que era público que fue el señor Hoyle el inventor de la teoría de nucleosíntesis en las estrellas. La falta de justicia en la Tierra es otra razón para creer en Dios.

de que los números a ambos lados sean tan enormes y, sin embargo, estén tan juntos uno del otro (10^{-39}) es verdaderamente extraordinario».[48]

A veces la notación matemática no nos ayuda a comprender las magnitudes. Vamos a escribir esto: Con solo una variación del 0,00000000000000000000000000000000 000001 de las relaciones mencionadas, no habría vida. Una y otra vez vemos que los valores de las constantes y sus relaciones que permitirían un universo antrópico son muy limitados y los valores posibles de esas constantes o esas relaciones que impedirían la vida en el universo son amplísimos. Una y otra vez vemos que —¡vaya suerte!— la naturaleza se ha decantado por lo improbable y a usted y a mí nos ha vuelto a tocar la lotería.

La aceleración en la expansión del universo y su relación con la constante cosmológica (Λ) proporcionan un octavo ejemplo de lo improbable que es un universo como el nuestro, que albergue vida.

Como vimos cuando hablamos del Big Bang, el señor Einstein creía firmemente al principio en un universo «estable». Esto era un paradigma en su época, un *a priori* que él como tantos no se atrevía a cuestionar. De este modo, cuando formuló las ecuaciones de campo de su teoría general de la relatividad en 1917 propuso —se inventó— la existencia de esta constante cosmológica a fin de «cuadrar» las ecuaciones y que se pudiera seguir postulando un universo estático. Después, cuando la evidencia de la existencia del Big Bang y de un universo en expansión se hizo abrumadora, tuvo que desistir de la teoría del universo estático en 1931 y entonces consideró que la asunción de la constante cosmológica fue el «mayor error de su vida». Y al decir esto —lo que es la ironía de la Providencia— otra vez se equivocó. El des-

---

48. Davies, *op. cit.*, pp. 71-73. Cit. por Spitzer, *op. cit.*, p. 63.

cubrimiento de la aceleración cósmica en 1998, que valió a sus descubridores el Premio Nobel de Física en 2011,[49] según la cual el universo se expande a una velocidad cada vez mayor, ha confirmado que de hecho esa constante cosmológica existe y actúa como una fuerza repulsiva, opuesta a la gravedad, de tal forma que explica la aceleración de la expansión del universo y también regula la curvatura de este. Su mera existencia es un misterio que reta al materialismo ateo, ya que no parece tener explicación materialista. El profesor ruso-norteamericano Alexander Vilenkin, director del Instituto de Cosmología de la Universidad de Tufts, dirá: «El problema de la constante cosmológica es uno de los misterios más fascinantes a los que la física teórica se enfrenta actualmente»,[50] y Brian Greene, profesor de Física teórica de la Universidad de Cornell: «El misterio aparece cuando la intentamos explicar [la constante cosmológica]. Nos gustaría que ese número emergiera de las leyes de la física, pero hasta ahora no ha habido nadie que haya encontrado la forma de hacerlo».[51]

Pero es que, además, su existencia, su valor formidablemente pequeño, representa una prueba de un universo creado especialmente para nosotros. ¿Cómo es de pequeño? Añada al 0 otros 122 ceros antes de tener una cifra positiva:
0,000 000 000 000 000 000 000 000 000 000 000 000 000 000 000 000 000 000 000 000 000 000 000 000 000 000 000 000 000 000 000 000 000 000 00138.

En 2011 el profesor de Física teórica de Stanford Leonard Susskind lo explicó de esta forma: «La mayor parte de

49. El Premio Nobel de Física de 2011 fue otorgado a Saul Perlmutter, Brian P. Schmidt y Adam G. Reiss «por el descubrimiento de la expansión acelerada del universo mediante la observación de supernovas distantes».
50. Alexander Vilenkin, «Anthropic Approach to the Cosmological Constant problems», 2003. Cit. por Bolloré-Bonnassies, *op. cit.*, p. 193.
51. Cit. por Bolloré-Bonnassies, *op. cit.*, p. 192.

las constantes están ajustadas al 1 por ciento más o menos, es decir, que si las cambiamos un 1 por ciento todo va mal, y algunos físicos podrían decir que quizá esas son así por suerte, pero por otro lado esta constante cosmológica está calibrada a una parte entre 10 elevado a 120. ¡Hay 120 decimales! Nadie piensa que eso sea accidental. No es una idea razonable que algo esté afinado a nivel de 120 decimales por accidente. Este es el ejemplo más extremo de ajuste de precisión. Ninguna fuerza del universo se ha descubierto jamás que esté tan calibrada».[52]

La expansión del universo dependiente de la constante cosmológica está afinada en una parte entre un billón de billón, de billón de billón, de billón de billón de billón de billón de billón de billones. Esa aceleración de la expansión del universo no comenzó en el Big Bang, sino después, cuando nuestro universo ya había sobrepasado con creces la mitad de su talla actual. Si esa aceleración hubiera tenido un mínimo desajuste en cualquiera de los billones de billones de posibilidades que hemos descrito, entonces el universo sería un lugar imposible para la vida.

La octava «casualidad» que comentamos aquí —entre otras muchas posibles— se refiere a la constante de fuerza nuclear débil y su relación con el átomo de carbono. Empecemos por el principio: las supernovas son explosiones de estrellas masivas que colapsan y desaparecen. Estas explosiones son enormemente potentes y luminosas, tanto que su luminosidad, hasta que se disipa después de semanas o meses, es comparable al de una galaxia entera. Una cantidad de energía como la producida por las supernovas es la necesaria para la formación del carbono y también para la producción de los átomos de hierro y de uranio. Sin las supernovas que

52. En el documental *What We Still Don't Know About the Cosmos*, 2011. Se puede ver en <https://www.youtube.com/watch?v=TMzzYeqmKgw>.

existieron antes de que se formara el sistema solar, no tendríamos carbono en nuestros cuerpos, ni en ningún viviente, ni existirían planetas como la Tierra. Pues bien, como el profesor Davies explica, si la fuerza nuclear débil hubiera variado solo un poco, las supernovas no habrían ocurrido y no hubiera existido el carbono necesario para la existencia de vida: «Si la interacción de la fuerza nuclear débil hubiera sido más débil, los neutrinos no habrían podido ejercer la suficiente presión en la capa superior de la estrella como para causar la explosión de la supernova. Por otro lado, si hubiera sido más fuerte, los neutrinos habrían quedado atrapados en el núcleo quedando impotentes. En cualquier caso, la organización química del universo hubiera sido muy diferente».[53]

Y, finalmente, un noveno ejemplo de universo antrópico improbable viene dado por la resonancia del núcleo del átomo de carbono. Demos un paso atrás: Ernest Rutherford, el físico neozelandés teísta y premio Nobel, fue el primero en transmutar átomos de nitrógeno en oxígeno mediante «bombardeo» de partículas alfa a los átomos de nitrógeno. Esa fue la primera observación de una reacción atómica en la cual las partículas de un átomo se descomponen y se transforman en el núcleo de otro átomo distinto. Imaginen que un núcleo atómico «X» está afectado o bombardeado con partículas «a». En ese caso, y con alguna probabilidad, se podrá apreciar una reacción nuclear solo si la energía de la partícula está cercana a ciertos valores específicos, y esa reacción producirá un núcleo compuesto nuevo que estará formado por la combinación de la partícula y el núcleo objetivo.

La resonancia nuclear describe esta capacidad de enlace que tienen los átomos. Pues bien, resulta que la resonancia precisa del átomo de carbono necesaria para sus múltiples

53. Davies, *op. cit.*, p. 68, cit. en Spitzer, *op. cit.*, p. 63.

capacidades de enlace coincide perfectamente con la resonancia del oxígeno, helio y berilio. Si esta increíblemente remota coincidencia no hubiera ocurrido, entonces el carbono sería extremadamente raro y, por tanto, no habría surgido ninguna forma de vida basada en el carbono. Es tan sorprendente e improbable esta precisa resonancia del átomo de carbono que ello fue lo que convenció a Fred Hoyle a dejar su fe atea y convencerse de la existencia de un «intelecto supercalculador».[54] Recordamos que fue el señor Hoyle en su época atea quien acuñó el término de Big Bang como forma de burla para la teoría del padre Lemaître. La vida en ocasiones es larga, gracias a Dios.

Owen Gingerich[55] es profesor emérito de Astronomía de la Universidad de Harvard, miembro de la Academia Americana de Artes y Ciencias, y astrónomo sénior del Observatorio Astrofísico Smithsonian y presidente de la Unión Astronómica Internacional. Se manifiesta públicamente como teísta y cristiano y explica la asombrosa carambola que se ha dado con la resonancia del átomo de carbono:

> Las resonancias específicas de los núcleos atómicos son algo como una onda de sonido que puede hacer añicos un cristal a una frecuencia precisa, excepto que en este caso la energía habilita a las partes a permanecer juntas en lugar de separarse. En el átomo de carbono la resonancia resulta que cuadra precisamente con la energía combinada del átomo

54. Hoyle, F. *The Intelligent Universe*, 1983.
55. El profesor Gingerich es también un estudioso de la historia de la astronomía y es posiblemente la mayor autoridad mundial en Nicolás Copérnico —el sacerdote católico y astrónomo descubridor moderno de la teoría heliocéntrica— y en Johannes Kepler —el astrónomo protestante conocido por sus leyes de movimiento planetario, perseguido por los luteranos y protegido por los católicos— y tiene la mayor colección del mundo de libros de efemérides astronómicas de los siglos XVI y XVII.

de berilio colisionando contra el núcleo de helio. Sin que esto fuera así, habría relativamente pocos átomos de carbono. De igual forma, los detalles internos del núcleo del oxígeno juegan un papel crítico. El oxígeno se puede formar combinando núcleos de helio y de carbono, pero la correspondiente resonancia en el núcleo del oxígeno es medio punto porcentual demasiado bajo para que esa combinación pueda permanecer unida de forma sencilla. Si la resonancia del carbono hubiera sido un 4 por ciento inferior, no habría carbono y si ese nivel [esa resonancia] en el oxígeno hubiera sido solo medio punto porcentual más elevado, entonces todo el carbono habría sido convertido en oxígeno. Sin tener la abundancia de carbono que existe, ninguno de nosotros estaríamos aquí ahora.[56]

Con solo uno de los ejemplos anteriores tendríamos que concluir que la existencia de un universo antrópico no es casualidad. Con una variación mínima en cualquiera de las variables de los mencionados ejemplos no habría universo o no habría vida. Bien, pues ahora combinen los ejemplos, porque todos y cada uno son condición necesaria para la existencia del hombre en el universo. Las posibilidades en contra son astronómicas y, aun así, aquí estamos usted y yo. Pero lo cierto es que hay otros cientos más de «casualidades» cuya improbable ocurrencia es necesaria para la existencia de vida y algunas están delante de nuestros ojos, pero tan acostumbrados estamos que no damos importancia a lo que incluso técnicamente podría considerarse milagro, por ejemplo: la Tierra está a la distancia justa del Sol y, por tanto, las temperaturas en nuestro planeta permiten la vida (un poco más cerca o un tanto más lejos y no habría vida), o bien la Tierra

56. Gingerich, O. «Do the Heavens Declare?», 2000. Cit. por Spitzer, *op. cit.*, p. 64.

tiene la presión atmosférica correcta para permitir agua líquida en la superficie, y además tenemos la cantidad de agua justa para que existan océanos y continentes, o también la Tierra tiene los elementos precisos y el balance adecuado de elementos pesados y de moléculas orgánicas que permite la existencia de vida, y tenemos la suerte de no estar demasiado cerca del centro de la galaxia, donde las supernovas harían que termináramos fritos, y también la fortuna de tener a Júpiter que nos salva de los casi ciertos impactos que sufriríamos de objetos celestes provenientes del cinturón de asteroides... Si tener tanta suerte no convence a alguien de que Alguien ha «trucado los dados» —como decía Fred Hoyle—, entonces ese alguien no merece tanta suerte.

Bruce Gordon, el director del Centro de Ciencias y Cultura del Instituto Discovery, doctor en Filosofía de la ciencia, lo resume: «Cuando la necesidad lógica y metafísica de una causa eficiente, la *ausencia* demostrable de una causa material y la prueba de que hubo un *principio absoluto* para el universo o para cualquier multiverso se juntan con el hecho de que nuestro universo existe y sus condiciones están afinadas inconmensurablemente más allá de la capacidad de cualquier proceso inmotivado, la evidencia científica apunta inexorablemente hacia un *agente inteligente y trascendente* como la explicación más verosímil, o más bien como *la única* explicación razonable».[57]

57. Gordon, B., Inflationary Cosmology and String Universe, 2010. Incluido en Spitzer, *op. cit.*, p. 103. La cursiva está en el original.

TERCERA PARTE

Las matemáticas

FEYNMAN: ¿Sabes de cálculo?
WOUK: Admití que no sabía.
FEYNMAN: Es mejor que lo aprendas [...]
es el lenguaje en el que habla Dios.

HERMAN WOUK,
conversación con RICHARD FEYNMAN[1]

1. Richard Feynman fue un físico teórico judío norteamericano fallecido en 1988. Laureado con el Premio Nobel de Física en 1965. Herman Wouk fue un escritor norteamericano judío fallecido en 2019. Ganador del Premio Pulitzer. La cita en «The Language God Talks: On Science and Religion», 2010, p. 5.

8

Una introducción no solicitada

Dios no interviene directamente en el orden natural
cuando las causas secundarias son suficientes para
producir el efecto deseado.

Francisco Suárez[1]

Ignacio Sols es doctor en Matemáticas por la Universidad de Zaragoza y realizó posdoctorados en las universidades de París y de Berkeley, en California. Sostiene que «la mentalidad que puso en movimiento el tren de la ciencia fue la judeocristiana porque entiende que hay un Creador inteligente y cuyas leyes se pueden conocer»,[2] y que el gran impulso para el pensamiento científico aparecerá a finales del siglo XII y princi-

---

1. Francisco Suárez, conocido como Doctor Eximius, fue un filósofo, teólogo y jurista español muerto en 1617. Sacerdote católico de la orden de los jesuitas. Uno de los mayores filósofos de la historia. Introdujo la escolástica en la filosofía moderna. Padre de la Filosofía del Derecho, fue uno de los más eximios representantes de la Escuela de Salamanca.
2. Sols, I., «El cristianismo fue para la física la matriz, donde nace», publicado en *Religión en Libertad*, 5 de octubre de 2022, en <https://www.religionenlibertad.com/ciencia_y_fe/823748578/cristianismo-fue-a-fisica-como-grecia-a-matematica-matriz-cosmovision-nace.html>.

pios del siglo XIII,[3] cuando había grandes clérigos matemáticos y el cristianismo había creado las universidades. «La fe en las posibilidades de la ciencia deriva de la teología medieval. La visión cristiana de un mundo cristiano llevó a eso», y menciona a san Alberto Magno, dominico del siglo XIII y patrono de los químicos, y a Robert Grosseteste, obispo católico que insistió en combinar descripción matemática y experimentación física. La ciencia —decía Grosseteste— «debe experimentar para descubrir lámparas inagotables, naves sin remos ni velas, máquinas voladoras, máquinas sumergibles, puentes sin pilares». Parece un catálogo de artefactos que nos son cotidianos en el siglo XXI pero escrito en el siglo XIII. También a Nicolás de Oresme, obispo de Lisieux, «que demostrará, usando la geometría, su teorema de velocidades medias, introducirá los conceptos de latitud y longitud y descubrirá las series matemáticas»,[4] y al dominico español Domingo de Soto, que fue el primero en hablar de la noción física de «masa» o de la caída de los cuerpos con movimiento uniformemente acelerado siglos antes que Galileo, que fue otro ferviente teísta, cristiano y católico hasta el fin de su vida, por cierto.

El señor Sols considera que la física surge en el año 530 con la conversión de Juan Filopón al cristianismo, cuando rompe con la idea pagana de que los astros eran una quinta esencia, más allá de los cuatro elementos clásicos: fuego, agua, tierra y aire. Juan Filopón o Juan el Gramático es conocido por refutar la filosofía griega vigente en su tiempo contraria a la doctrina cristiana de la creación desde la nada.

---

3. Una de las grandes e interesadas mentiras históricas caracteriza a la Edad Media como época oscura cuando el estudio de la realidad demuestra exactamente lo contrario. Ello excede el objetivo de este libro, pero quede constancia.
4. Sols I., *ibidem*.

Juan dirá «nada de cuanto se mueve en línea recta puede ser perpetuo»,[5] algo así como la refutación del universo de estado estacionario y de un universo eterno realizada allá por el siglo VI.

Con estos antecedentes resulta interesante que fuera el señor Filopón quien primero sentó las bases de lo que hoy conocemos como «argumento cosmológico de Kalam». Posteriormente este argumento entró de nuevo en el pensamiento cristiano gracias a san Buenaventura, cardenal franciscano del siglo XIII, quien lo comentaría con su contemporáneo santo Tomás de Aquino. Por una paradoja difícil de entender, este argumento actualmente toma su nombre de una escuela teológica del islam medieval (Kalam) y ha tomado popularidad después de la publicación en 1979 del libro *The Kalam Cosmological Argument*,[6] de William Lane Craig.[7] Simplemente escrito, el argumento en forma de silogismo dice:[8]

1) Todo lo que empieza a existir tiene una causa.
2) El universo empezó a existir.
3) El universo tiene una causa.

5. Juan Filopón en «De la eternidad del mundo», año 529, defendiendo contra Proclo la Creación en el tiempo.
6. El argumento cosmológico de Kalam.
7. William Lane Craig es un filósofo norteamericano nacido en 1949, profesor de varias universidades en Europa y Estados Unidos. Teísta y cristiano. Fue nombrado uno de los cincuenta más influyentes filósofos vivos por «The Best Schools» en 2016.
8. El silogismo puede recordar a una de las vías para la demostración de la existencia de Dios de santo Tomás de Aquino, pero no es exactamente igual, ya que el aquinate habla de imposibilidad de una regresión infinita de la causalidad. También puede recordar a la argumentación de Leibniz expuesta más arriba, pero tampoco es exactamente la misma. Leibniz habla del principio de razón suficiente, por el que todo debe tener una razón o causa. En su exposición del argumento de Kalam el señor Craig empieza exponiendo el pensamiento de Leibniz.

En alguna nueva formulación, el señor Craig presenta el argumento de forma sustancialmente más completa:

1) Si el universo empezó a existir, entonces hay una causa trascendente, que llevó al universo a la existencia.
2) El universo empezó a existir.
   Por lo tanto:
3) Hay una causa, trascendente, que llevó el universo a la existencia.

Y resumirá: «Sobre la base de nuestro argumento, esta causa tendría que ser sin causa, eterna, inmutable, atemporal e inmaterial. Además, tendría que ser un agente personal que elija libremente crear un efecto a tiempo. Por lo tanto, sobre la base del argumento cosmológico de Kalam, concluyo que es racional creer que Dios existe».[9]

Y ustedes dirán, y no sin razón, que este capítulo prometía hablar de matemáticas, no de historia de la ciencia o de filosofía, pero es que como dice el señor Craig, en el argumento de Kalam claramente la premisa crucial es la número 2, y ella nos lleva directamente a las matemáticas: la prohibición de Hilbert de los infinitos actuales.[10]

9. Craig, W: «The Existence of God and the Beginning of the Universe», 1991, consultado el 4 de octubre de 2022 en <http://www.leaderu.com/truth/3truth11.html>.
10. David Hilbert fue uno de los más influyentes matemáticos del siglo XX. Es uno de los fundadores de la «lógica matemática», propuso la famosa lista de «23 problemas» de matemáticas no resueltos hasta entonces en el Congreso Internacional de Matemáticos de París de 1900.

9

Infinito (s)

Yo creo firmemente en la existencia de Dios, basándome en la intuición, en las observaciones, en la lógica y también en los conocimientos científicos.

CHARLES TOWNES[1]

La segunda premisa del argumento de Kalam es que «el universo empezó a existir», y el señor Craig defiende esta premisa con el argumento basado en la imposibilidad de un infinito actual.

Demostrado en forma de silogismo: «El universo empezó a existir», se demuestra según el argumento basado en la imposibilidad de un infinito actual:

---

1. Charles Townes, fallecido en 2015. Físico y profesor de la Universidad de Columbia, del MIT, de la Universidad de Tokio y de París, fue director del Comité de Ciencia y Tecnología de Estados Unidos, coinventor del láser y premio Nobel de la Física en 1964. Era teísta, cristiano y religioso y lo expuso en varios libros: *The convergence of Science and Religion, Making Waves* y otros. Creía que en el fondo la religión era más importante que la ciencia porque responde a cuestiones más fundamentales sobre el significado y propósito en nuestra vida.

1) Un infinito actual no puede existir.

2) Una regresión temporal infinita de eventos es un infinito actual.

3) Por lo tanto, una regresión temporal infinita de eventos no puede existir.

Antes de meternos en mayores honduras vamos a intentar explicar tres distintos tipos de «infinito» de forma sencilla. El primero puede identificarse con el significado de «ilimitado» o «sin restricciones». Por ejemplo, cuando se habla de una «inteligencia infinita» realmente se quiere decir una «inteligencia ilimitada», o cuando se menciona «poder infinito» se pretende decir «poder sin restricciones». Este «infinito» no es una idea matemática, sino que es conceptualmente la negación de cualquier limitación.

El segundo tipo de «infinito» es el «infinito potencial». Dicho de forma sencilla, un infinito potencial es una colección o una serie que progresa indefinidamente hacia el infinito, pero que nunca lo alcanza. Nunca se actualiza. Esta serie o colección es realmente indefinida más que infinita, nunca llega al infinito, pero sí continúa *ad infinitum*, es infinito en potencia. El símbolo de este tipo de infinito se usa en cálculo y es ∞. El señor Hilbert llamará a este infinito «infinito potencial».

Finalmente, el tercer tipo de «infinito» es el «infinito actual», este se refiere a una colección o serie en que el número de sus miembros es realmente infinito. Esta colección o serie no crece hacia el infinito, es infinita, está completa, es infinita «en acto». El símbolo de este tipo de infinitud usado en teoría de conjuntos para nombrar conjuntos que tienen un número infinito de miembros tales como N = {1, 2, 3, 4...} es ℵ0.

El señor Hilbert demostrará la imposibilidad de los infinitos actuales: «Al igual que los procesos límite del cálculo infinitesimal, el infinito en el sentido de lo infinitamente grande o lo infinitamente pequeño ha probado ser simplemente una forma de hablar, por lo que debemos darnos cuenta de que el infinito en el sentido de una totalidad infinita es una ilusión»,[2] y concluirá: «Extraigamos algunas conclusiones de todo nuestro pensamiento sobre el infinito. Nuestro resultado principal es que el infinito no se puede encontrar en ningún sitio de la realidad. Ni existe en la naturaleza ni aporta base legítima para el pensamiento racional —una remarcable armonía entre realidad y pensamiento—. El papel que le queda al infinito es solamente el de una idea».[3]

La prohibición de Hilbert se aplica a los infinitos actuales solamente. No se refiere a los infinitos potenciales o indefinidos, ni tampoco niega la existencia de infinitos «ilimitados» del tipo primero que vimos. De hecho, la negación o imposibilidad de los infinitos actuales implica necesariamente la existencia de un «infinito ilimitado» (eso que llamamos Dios) como demostrará el señor Craig en «The Finitude of the Past and the Existence of God».[4] Pero no nos adelantemos.

El Hotel Imposible

> Algunas de las cosas que descubrimos en la ciencia son tan impresionantes que he decidido creer [en Dios].
>
> ANTON ZEILINGER[5]

2. Hilbert, D., *On the infinite*, 1964, p. 135. Cit. por Spitzer, *op. cit.*, p. 201.
3. Hilbert, *ibidem*, p. 141. Cit. por Spitzer, *op. cit.*, p. 202.
4. Craig, W. «The Finitude of the Past and the Existence of God», 1993, en *Theism, Atheism and the Big Bang Cosmology*, Clarendon, p. 4.
5. Anton Zeilinger, nacido en 1945 en Austria, recibió el Premio Nobel de Física en 2022. Es profesor emérito en la Universidad de Viena y un pionero en mecánica cuántica. Cit. por Enrique Solano en «Católicos con Mensaje» de EWTN España (véase en <https://ewtn.es/>). Enrique Solano es doctor en

Un ejemplo que muestra cómo los infinitos actuales no pueden existir nos lo proporcionó el propio señor Hilbert; voy a intentar hacerlo fácilmente inteligible.

Imagine que usted es el director de un hotel. Cuando su hotel está completo y llega otro posible huésped o recibe una reserva a través de cualquiera de los muchos —en ocasiones parecen infinitos— buscadores de internet, tiene usted que declinar la posible reserva. «¡Vaya, para una vez que estamos llenos!», piensa usted.

Pero ahora imagine que su hotel es especial y tiene infinitas habitaciones. Su hotel está también completo. Ahora llega un nuevo huésped. ¿Puede usted acomodarlo? Sí. Usted mueve al huésped de la habitación 1 a la habitación 2. Mueve al huésped de la habitación 2 a la habitación 3 y así sucesivamente. Si usted tuviera un número finito de habitaciones entonces el último huésped no tendría dónde ir, pero como las habitaciones son infinitas usted siempre tendrá una habitación más. Lo único que tiene usted que tener en cuenta es cambiar a todos simultáneamente, porque si los cambia uno después del otro, entonces necesitaría un tiempo infinito para hacer este cambio. Ahora puede usted acomodar su nuevo huésped en la habitación número 1 y, sin embargo, la paradoja es que antes de que ese nuevo huésped llegara —y que se ha conseguido acomodar— todas las habitaciones estaban llenas (!). Otra paradoja igual de absurda es que, aunque ahora tiene un nuevo viajero alojado, en realidad matemáticamente tiene usted el mismo número de huéspedes —infinito— que antes de que llegara (!!).

Matemáticas por la Universidad Complutense de Madrid e investigador científico en el Centro de Astrobiología INTA-CSIC. También cit. por Fernando Sols en «A lot of science gives back to God», en «Science, Reason and Faith», Universidad de Navarra, 20 de junio de 2013.

Si su hotel —llamémosle «Hotel Imposible»— recibe un número finito de posibles nuevos invitados, no tendrá usted problema en alojarlos, puesto que solo tiene que mover a cada uno de los huéspedes actuales un número n de habitaciones igual al n de nuevos alojados. Es decir, que siempre tiene sitio para más, su hotel parece un hostal del Camino de Santiago en Año Santo, siempre cabe más gente. Y lo paradójico es que, de acuerdo con las matemáticas, usted seguirá teniendo el mismo número de turistas que al principio, es decir, tendrá más, pero al mismo tiempo tendrá los mismos..., algo que ya vemos es absurdo e imposible (!!!). Su Hotel Imposible es la pesadilla para cualquier hotelero: más trabajo y misma facturación.

Y ahora lo hacemos más interesante: imagine que a su «Hotel Imposible», que ya está completo, llega un número infinito de nuevos huéspedes. Usted podrá acomodarlos también. Lo que tiene que hacer es mover a los clientes actuales a la habitación que tenga el número doble al número de su habitación presente. Es decir, el cliente que esté en la habitación x se mueve a la habitación $2x$. Después de esta operación solo estarán ocupadas las habitaciones con número par ($2 = 2 \times 1$; $4 = 2 \times 2$; $6 = 2 \times 3$, etc.) y las habitaciones impares estarán libres, por lo que usted puede poner a sus nuevos huéspedes en las habitaciones 1, 3, 5, etc. Y lo más paradójico y absurdo es que usted podría realizar este proceso infinitas veces, es decir, usted tendría su hotel lleno y, sin embargo, podría acomodar infinito número de nuevos clientes, y además hacerlo un infinito número de veces (!!!!!)... Lo malo para su contable es que, sin embargo, nunca tendría ni una sola persona más en su hotel (!!!!!!); no me gustaría verle a usted intentando explicar esto a los inspectores de impuestos.

Y ahora llega el momento de desocupar las habitaciones. Imagine que se marcha al tiempo un número infinito de clientes, digamos que desalojan los que están en las habitaciones impares 1, 3, 5, etc. Después de este proceso, sin embargo, usted tendrá —de acuerdo con las matemáticas— el mismo número de clientes que al principio: infinito.

Renuncio a poner más signos de admiración, pero ustedes han entendido la perplejidad que esto produce y cómo este tipo de absurdos ilustran la imposibilidad de un número «infinito actual» de cosas.

Esta es la misma imposibilidad que impide la existencia de un pasado infinito para el universo. Si hubiera existido este pasado infinito, el universo nunca habría empezado a existir y si no hubiera empezado a existir, necesariamente antes del momento presente habría existido un infinito número de sucesos pasados. Es decir, que, si el universo fuera una serie de sucesos sin principio en el tiempo, esto implicaría la existencia de un número actual de sucesos pasados infinito, y esto hemos visto que es imposible. Si esto es imposible, entonces necesariamente la serie de sucesos pasados debe ser finita y tener un principio. El universo, por tanto, tuvo necesariamente que tener un principio.

La negación de Hilbert[6] de los infinitos actuales demuestra desde las matemáticas que la historia del universo —que es una sucesión de eventos— no puede ser infinita.

La negación de los infinitos actuales de Hilbert es para la matemática y en este sentido, lo que para la física es el Big Bang y el teorema de Borde-Vilenkin-Guth del límite del tiempo. Tanto las matemáticas como la física no dejan resquicio para escapar. Ambas nos obligan —incluso si no quisiéramos— a aceptar la imposibilidad de una historia

6. La negación de los infinitos actuales de Hilbert ha sido corroborada y confirmada repetidamente por los análisis matemáticos de Rotman y Kneebone —1966— en la paradoja de Russell-Zermelo citada por Hilbert, Robinson —1969—, Fraenkel —1973— y otros.

infinita en el universo o en cualquier universo o universos. Ambas nos obligan a aceptar —incluso si no quisiéramos— la necesidad de un universo creado. Y, por tanto, de un Creador.

10

Ignorabimus

Los científicos saben cada vez más y más sobre
menos y menos hasta que finalmente lo saben
todo acerca de nada.

KONRAD LORENZ[1]

Ignoramus et ignorabimus («Ignoramos e ignoraremos»).
La máxima latina popularizada por el médico y fisiólogo
alemán Emil Heinrich du Bois-Reymond a finales del siglo XIX quiere representar la idea de que el conocimiento
científico es limitado. Al margen de que el señor Du Bois-
Reymond estuviera equivocado en lo que creía imposible
saber y posiblemente mucho más errado aún sobre lo que
creía saber, lo cierto es que una declaración de humildad de
un científico ateo alemán durante el racionalismo es algo
muy notable.

Sin embargo, pronto fue contestado por otro científico
alemán, nuestro ya conocido señor Hilbert, que con algo

1. Konrad Lorenz fue un zoólogo teísta austriaco fallecido en 1989, investigador del Max Planck Institute, fue galardonado con el Premio Nobel de
Fisiología y Medicina en 1973.

menos de modestia declaró durante el Congreso Internacional de Matemáticos de París del año 1900 que «en matemáticas no hay *ignorabimus*». En matemáticas —pensaba el señor Hilbert— no hay espacio para el «no sabremos».

Ese pensamiento lo desarrolló el señor Hilbert en los años posteriores y lo plasmó en una famosa cita *«Wir müssen wissen, wir werden wissen»* («Debemos saber, sabremos») que pronunció en 1930 en la reunión anual de la Sociedad de Científicos y Médicos alemanes en Königsberg. La frase le acompañó hasta su tumba —literalmente— y ella se puede leer en la lápida que acompaña al sepulcro donde el señor Hilbert descansa eternamente en Gotinga.

La ironía de esta historia —como tantas otras que nos ofrecen cuando al ser humano le puede la soberbia— es que en el mismo día en que el señor Hilbert tuviera a bien pronunciar la frase que finalmente estaría en su epitafio y en la misma reunión anual de científicos, en una mesa redonda en la Conferencia de Epistemología, un joven y casi desconocido Kurt Gödel presentó la primera formulación de sus teoremas de incompletitud que acabarán definitivamente con las esperanzas del señor Hilbert de unas matemáticas «omniscientes» y con una completa consistencia interna.

El señor Gödel demostrará que siempre habrá un grado de inseguridad sobre los fundamentos de las matemáticas que no se puede eliminar, incluso si sabemos las verdades con certeza. Algo así como: «Hay cosas que sabemos que son ciertas, pero que nunca podremos probar».

Un gran paso para la ciencia y un inmenso golpe contra la soberbia cientificista. Valga la redundancia.

La caída de la Torre Soberbia

> La hazaña de Kurt Gödel en la lógica moderna es única
> y monumental —de hecho, es mucho más que un monumento,
> es un punto de referencia que permanecerá visible desde lejos
> en el espacio y en el tiempo...— la materia de la lógica con
> toda certidumbre ha cambiado completamente su naturaleza y
> sus posibilidades con el logro de Gödel.
>
> JOHN VON NEUMANN[2]

Kurt Gödel es considerado por muchos el mejor matemático de todos los tiempos y el mayor genio de la lógica desde Aristóteles. Teísta y cristiano, el señor Gödel nació en Austria-Hungría a principios del siglo XX y murió en Princeton, en Estados Unidos, en 1978.

El señor Gödel se ha hecho famoso por sus teoremas de incompletitud, cuya primera formulación presentó cuando apenas tenía veinticuatro años y que cambiaron lo que desde entonces podemos esperar de las matemáticas. Antes de adentrarnos en sus proposiciones permítanme explicar unos antecedentes que sirven para entender la trascendencia de estos teoremas.

2. John von Neumann fue un matemático, físico, ingeniero, informático y polímata austrohúngaro-norteamericano nacido en 1903 y fallecido en 1957. Fue un niño prodigio que podía conversar en griego antiguo y hacer cálculos complejos desde los seis años. Durante su vida escribió más de ciento cincuenta documentos científicos, sesenta de matemáticas puras, sesenta de matemáticas aplicadas, veinte de física y otros de varias materias: economía, estadística, programación, teoría de juegos y más. Trabajó en el Proyecto Manhattan de construcción de la primera bomba atómica. Profesor en la Universidad de Princeton. En 1999 fue nombrado «Persona del Siglo» por el *Financial Times*. Converso al catolicismo a la edad de veintisiete años, tras él toda su familia se convirtió también.

Un teorema es una proposición demostrable lógicamente partiendo de axiomas u otros teoremas ya demostrados. Todas las proposiciones demostrables tienen necesariamente que ser verdaderas y ello por definición, ya que «prueba» en matemáticas viene a ser «demostrado matemáticamente que es verdadero». Es decir, un teorema es una proposición demostrable que, por tanto, es verdadera. Ahora bien, ¿toda proposición verdadera es necesariamente demostrable? Muchos sabios soberbios —en un amplio sentido— pensaban que esto era así. Verdad y demostrabilidad —pensaban— eran equivalentes y si alguna verdad no estaba todavía demostrada era cuestión de tiempo que lo fuera.

El primer teorema de incompletitud de Gödel demuestra que esto no es cierto, pero antes de que el señor Gödel fundiera la cera de las alas de unos nuevos y altivos Icaros —no puedo sino constatar que la pretensión de «ser como dioses» ocurre con algo más que desazonadora regularidad en la historia del ser humano— algunos altaneros científicos y pensadores tuvieron la pretensión de que con ellos se completaba todo. Pensaban que por fin se cerraba el círculo del conocimiento y el hombre lo abarcaba o iba a abarcar todo.

Por ejemplo, Bertrand Russell[3] y Alfred North Whitehead

3. Bertrand Russell es un buen exponente del intelectual soberbio y, por ende, ateo. Una buena semblanza del autor se puede tener en la magnífica y ya clásica obra de Paul Johnson *Intellectuals* reeditada en español por Homo Legens en 2009. El señor Russell vivió casi un siglo (1872-1970) y en ese periodo nos ofreció un inmenso caudal de opiniones, consejos y advertencias de todo tipo, «publicó obras de geometría, filosofía, matemáticas, justicia, reforma social, ideas, políticas, misticismo, lógica, bolchevismo, China, el cerebro, la industria, ciencia, relatividad, escepticismo, matrimonio, felicidad, holgazanería, moral, religión, historias, poder, verdad, conocimiento, autoridad, ciudadanía, ética, biografías, ateísmo. Sabiduría, el futuro, desarme, paz, crímenes de guerra...». Un hombre que pretendía saber de todo y que, sin embargo, no supo vivir su vida, que puede caracterizarse sin exageración de desastrosa y triste. Esto, observamos, pasa a menudo con los auto-

publicaron entre 1910 y 1913 los tres volúmenes de *Principia Mathematica*, obra en la que sus autores estimaban que habían conseguido reducir toda la matemática a un sistema lógico formado por axiomas. Lamentablemente, la pretensión de esta obra pronto quedó desautorizada por la realidad y más después de los teoremas de incompletitud del señor Gödel. Hoy nadie sigue el tipo de notación que incluía *Principia Mathematica* y la obra está completamente obsoleta.[4]

Aspirar a la creación de un sistema formal a partir del cual sean deducibles las verdades matemáticas es una pretensión loable. Raimundo Lulio, el filósofo, científico, inventor y místico español que también es considerado beato por la Iglesia católica, fue el primero en tener esa idea y trabajar sobre ello ya en el siglo XIII, pero el señor Russell seguía la estela y las pretensiones de David Hilbert que en 1900 presentó en el II Congreso Internacional de Matemáticas de París lo que se llamó el «programa de Hilbert», algo mucho más pretencioso, ya que aspiraba a dotar de unos fundamentos completos y autosuficientes a todas las matemáticas. Planteaba basarse en todas las teorías existentes para formar un conjunto de axiomas finito y completo.

Para conseguir eso, todas las afirmaciones y proposiciones matemáticas debían poder ser formalizadas, es decir, que cualquier afirmación matemática debería estar escrita en un lenguaje formal y preciso. De ahí la pretensión del señor Russell y el señor North Whitehead de la que hablamos an-

---

denominados «intelectuales». Soberbios en sus admoniciones, patéticos en sus propias vidas.
4. «Como trabajo de matemáticas, *Principia Mathematica* pronto resultó obsoleta. (En filosofía) el estudio de las obras mayores del pasado tiene una función especial, no así el estudio de la historia de las matemáticas». Bernard Linsky, «The Evolution of *Principia Mathematica*», 2011. Cit. en <https://en.wikiquote.org/wiki/Principia_Mathematica>.

tes. Ese programa también sostenía que todas las proposiciones matemáticas serían necesariamente íntegras, es decir, que todas esas afirmaciones podrían ser demostradas; y también necesariamente consistentes, es decir, que no habría ninguna contradicción y finalmente todas las afirmaciones matemáticas serían «decidibles», es decir, que debería haber siempre un algoritmo que sirviera para decidir la verdad o falsedad de esas proposiciones.

El señor Hilbert pretendía construir una soberbia torre, la torre última y más elevada del conocimiento matemático. Consideraba que la consistencia de los sistemas más complicados podría ser probados en términos de los sistemas más simples y que finalmente la consistencia de toda la matemática podría ser reducida a la consistencia de la aritmética básica. Como parte de su programa propuso una lista de veintitrés problemas matemáticos no resueltos, pero que se daba por supuesto eran solucionables. El segundo de esos problemas se refería precisamente a la demostración de la consistencia de la aritmética como base de la consistencia de toda la matemática.

Todo se basaba en la consistencia de la aritmética. Era el pilar fundamental de esa Torre Última y Soberbia. Karl Weirtrass y Richard Dedekind habían probado que el análisis matemático era consistente solo si la aritmética lo era. Eugenio Beltrami había demostrado que la consistencia de la geometría hiperbólica dependía de la consistencia de la geometría euclídea y el propio David Hilbert había probado que la geometría euclídea era consistente si lo era la aritmética. Por lo tanto, la consistencia de diversas teorías matemáticas remitía a la consistencia de la aritmética, de tal forma que la consistencia de todas las matemáticas podría probarse con la prueba de la consistencia de la aritmética.

Y entonces llegó el joven y humilde Kurt Gödel, que creía que ninguna explicación de la realidad puede ser completamente cerrada y que tales explicaciones serían siempre incompletas si no invocásemos la ayuda de lo alto, la ayuda de Dios.[5] Expuso sus teoremas de incompletitud el 7 de septiembre de 1930 en Königsberg, el mismo día, en la misma ciudad y en el mismo congreso en el que el señor Hilbert peroraba sobre su «programa». (Siempre me han parecido una prueba adicional de la existencia de Dios, estas «coincidencias» que son guiños ingeniosos de la Providencia, o indicios dejados en la historia para quienes quieran leerlos). Poco después publicó *Sobre proposiciones formalmente indecibles en los «Principia Mathematica» y sistemas relacionados*, y así cayó para siempre la Torre Última como en tiempos cayó la torre de Babel.

5. Goldman, D. «The God of Mathematicians», First Things, 205 (abril de 2010), pp. 45-50. Cit. por Verschuuren G. «How Science points to God», p. 187. Sophia Institute Press, 2020.

11

Siempre falta algo

El materialismo es falso.

KURT GÖDEL[1]

David Hilbert reaccionó con ira a la publicación de los teoremas del señor Gödel, pero finalmente se avino a aceptar la verdad que demostraban. Por otro lado, parece que el señor Russell jamás entendió los teoremas de Gödel, y los contempló «como un perro con la mirada vacía mira la televisión».[2] Los teoremas de incompletitud de Gödel cuentan con demostraciones enormemente complejas. Antes de llegar a los resultados principales, se tienen que dominar 46 definiciones preliminares y otros muchos teoremas anteriores. Como hoy no está mi mujer en casa y tengo necesariamente que llegar a cenar con mis hijos y como imagino y deseo que ustedes tengan cosas que hacer después de terminar este capítulo,

---

1. Este es uno de los catorce puntos que el señor Gödel incluyó en una lista titulada «My philosophical point of view» y escrita hacia 1960. Incluida en Wang Hao, *A logical Journey: from Gödel to Philosophy*, MIT Press, 1996.
2. Hofstadter, cit. en <https://philosophy.stackexchange.com/questions/3951/did-russell-understand-g%C3%B6dels-incompleteness-theorems>. Pregunta sobre «*Did Russell understand the incompleteness theorems?*».

permítanme resumir de forma —espero— inteligible estos famosos teoremas.

El primer teorema de incompletitud dice que cualquier sistema aritmético formal G es incompleto, es decir, que hay proposiciones en el lenguaje de G que no pueden ser probadas o refutadas en G. El segundo teorema de incompletitud es realmente un caso particular del primero y viene a decir que si un sistema de axiomas es consistente no es posible demostrarlo mediante dichos axiomas.

Dicho de otro modo, el señor Gödel demostró que si la aritmética es consistente, entonces es incompleta (primer teorema) y que, si la aritmética es consistente, entonces el teorema de su propia consistencia es indemostrable (segundo teorema).

Yendo más allá, el señor Gödel demostró que todo sistema lógico coherente es necesariamente incompleto y que, por tanto, hay verdades que lo son, pero que no pueden ser demostradas. Si esto es así, si sabemos ciertas verdades que no pueden ser demostradas «mecánicamente» entonces —y esto resulta realmente interesante en la era de la inteligencia artificial— también ello demuestra que el espíritu humano —aquel que reconoce verdades indemostradas— es superior a cualquier máquina que mecánicamente no podría acceder a tales verdades.

«Mi teorema muestra solamente que la mecanización de las matemáticas, es decir, que la eliminación del espíritu y de las entidades abstractas, es imposible», dirá el señor Gödel con sincera humildad.[3]

El señor Gödel demostró que el pensamiento humano no solo está más allá de cualquier conjunto de axiomas, reglas o programas, sino que es capaz de una creatividad genuinamente original, es decir, que es capaz de un pensamiento no derivado de reglas o axiomas anteriores. Y esto, ¿cómo pue-

3. P. Cassou-Nogues, *Les démons de Gödel: Logique et folie*, Seuil, 2007. Cit. por Bolloré y Bonnassies, *op. cit.*, p. 311.

de ser?, ¿cómo es posible que el intelecto del ser humano sea capaz de una creatividad que no se puede programar o de apreciar verdades que lo son, pero que no se pueden probar? El señor Gödel —y otros muchos pensadores, anteriores y posteriores— apunta a la existencia de una Inteligencia Absoluta que está en el trasfondo del entendimiento humano, invitándolo siempre a ir más allá, a acercarse a esa Inteligencia Absoluta.[4] «Dios no solo existe, sino que está presente en cada uno de nosotros y en cada acto de creatividad originaria. Incluso si Dios no crea por nosotros, Él es la invitación y la condición necesaria para cualquier creatividad germinal. Esto fundamenta la creencia en la trascendencia humana (la presencia de un "alma")».[5]

Así que resultaría conveniente y justo agradecer a Dios cualquier acto de creatividad o de pensamiento original. Algo que, si me disculpan, voy a hacer yo ahora incluso si el mérito es limitado.

Paradojas

El mundo no es caótico ni arbitrario, sino que como la ciencia muestra, la mayor regularidad y orden reinan por todas partes. El orden es una forma de racionalidad.
La ciencia moderna muestra que nuestro mundo con todos los planetas y las estrellas ha tenido un comienzo y tendrán muy probablemente un fin [...] si el mundo está organizado de forma racional y tiene una significación, entonces debe de haber otra vida.

KURT GÖDEL, carta a su madre

4. Desde san Agustín en el siglo IV —«Nos hiciste para ti y nuestro corazón está inquieto hasta que descanse en ti», en las *Confesiones*, I, 1, 1— hasta el filósofo jesuita austriaco contemporáneo Emerich Coreth, fallecido en 2006.
5. Spitzer, *op. cit.*, p. 266.

Cuando expliqué las paradojas que les voy a presentar a continuación y que fueron propuestas por el señor Gödel en relación con los teoremas de incompletitud a mi hijo Diego, de diez años, él me propuso otra —llamémosla «la paradoja de Pinocho»— que ilustra la misma cuestión pero que quizá es más clara, así que la expongo primero (reconozco un cierto e implícito orgullo de padre en este párrafo, para lo que me acojo a su benignidad).

La paradoja de Pinocho se produce cuando este declara: «Me va a crecer la nariz». Como sabemos a Pinocho le crece la nariz cuando dice una mentira. Por lo tanto, si afirma que le va a crecer y de hecho le crece, ha dicho una verdad y la nariz no debería haberle crecido. Si bien, si después de manifestar que la nariz crecería, esta no crece es que Pinocho ha mentido y, por tanto, debería crecerle.

De modo similar, el señor Gödel específicamente cita la llamada «paradoja de Epiménides» o también llamada «paradoja del mentiroso»[6] en la introducción de su obra *Sobre*

6. Es muy frecuente que cuando se mencionan la «paradoja del mentiroso» y otras, se haga referencia a la paradoja de Bertrand Russell que también apunta a la incompletitud de los sistemas formales, pero que lamentablemente el señor Russell no supo comprender. Por otro lado, no creo justo dar ese crédito al señor Russell porque tal paradoja —por la que se hizo famoso— la encontró en la obra de Gottlob Frege, el filósofo, lógico y matemático alemán del siglo XIX y XX, y no tuvo reparo en rebautizarla con su propio nombre. He observado que estas atribuciones espurias ocurren frecuentemente con los británicos. Permítanme otro ejemplo que menciono para —en cierta medida— restituir el balance de la justicia hacia un compatriota. El británico James Bruce se atribuyó el descubrimiento de las fuentes del Nilo azul en 1769 escribiendo de sí mismo —en un arrebato de «humildad»—: «He triunfado sobre reyes y ejércitos». La realidad es que el primero en llegar a las fuentes del Nilo fue el madrileño jesuita Pedro Páez en 1618 en un viaje de evangelización de los reyes de Etiopía —lo que también consiguió—. El padre Páez se dio cuenta de la importancia de su descubrimiento y lo dejó consignado en su *Historia de Etiopía*, de mil cien páginas. La diligencia británica en atribuirse los logros de otros tiene su perfecto contrapunto en la

proposiciones formalmente indecibles de «Principia Mathe-
matica» y sistemas relacionados. La paradoja del mentiroso
se produce cuando se afirma «esta frase es falsa», puesto
que, si en verdad es falsa, la frase resulta verdadera y a la
inversa, si la frase es verdadera, lo que postula es que es falsa. Una contradicción que resulta irresoluble.

El señor Gödel cambió el concepto de «falso» por el de
«no demostrable» y usó el sistema de numeración y formalización por él creado para formular la afirmación: «Esta
proposición no es demostrable en este sistema». Si la afirmación es falsa, esa proposición sería demostrable y, por otro
lado, si la proposición es demostrable entonces la afirmación
es falsa. En definitiva, tendremos un sistema matemático que
habría producido una afirmación falsa que es demostrable,
lo que haría al sistema inconsistente.

Esto no es posible. Por lo tanto, la afirmación debe ser
verdadera y en consecuencia debe ser indemostrable, puesto
que eso es precisamente lo que se afirma.

El señor Gödel demostró que para cualquier sistema consistente y formal hay afirmaciones que son expresables en
ese sistema y que son ciertas, pero que no pueden ser demostradas en ese sistema.

Una consecuencia es que siempre se requiere un sistema
superior para demostrar las realidades de un sistema formal
cualquiera. Y para demostrar alguna de las afirmaciones de
ese sistema superior se precisa a su vez uno superior, y así
indefinidamente... lo que apunta a Dios como única posibilidad para conocer y demostrar todas las verdades de todos
los sistemas.

Otra consecuencia de los teoremas de incompletitud que
resulta muy esperanzadora y es consistente con las creencias

---

desidia española en atribuirse los propios. La obra del padre Páez solo fue
editada en España en 2014.

de quienes sabemos que el ser humano está creado «a imagen y semejanza de Dios» es que los seres humanos podemos saber la verdad de proposiciones que incluso no se pueden demostrar, y podemos apelar a sistemas superiores para llegar a verdades sin necesidad de que esa posibilidad haya sido previamente «formalizada». (Las «máquinas», los ordenadores o cualquier inteligencia artificial «mecanizada» jamás podrá «salir» del propio sistema formal, por lo que no pueden apelar a sistemas superiores si ello no ha sido previamente presupuesto). Repetimos la cita del señor Gödel que ilustra este punto: «Mi teorema muestra solamente que la mecanización de las matemáticas, es decir, que la eliminación del espíritu y de las entidades abstractas, es imposible».[7]

Un ejemplo que sirve para entender lo que decimos arriba aparece en otra paradoja genial que se encuentra en el capítulo LI de la segunda parte de *El ingenioso hidalgo don Quijote de la Mancha*.

Hete aquí que tengo una magnífica razón —y también excusa— para incluir un pasaje del *Quijote* y ofrecérselo para que lo lea —si es que usted quiere—, lo que en el caso de esa obra es siempre provechoso.

Estaba Sancho de gobernador de la isla Barataria y le pidieron que juzgara la siguiente situación:

> Señor, un caudaloso río dividía dos términos de un mismo señorío... Y esté vuesa merced atento, porque el caso es de importancia y algo dificultoso. Digo, pues, que sobre ese río estaba una puente y al cabo de ella una horca y una como casa de audiencia en la cual de ordinario había cuatro jueces que juzgaban la ley que puso el dueño del río, de la puente y del señorío, que era de esta forma: «Si alguno pasare por esta puente de una parte a otra, ha de jurar prime-

7. Véase nota 3 del cap. 11.

ro adónde y a qué va; y si jurare verdad, déjenle pasar; y si dijere mentira, muera, por ello ahorcado en la horca que allí se muestra, sin remisión alguna». Sabida esta ley y la rigurosa condición della, pasaban muchos y luego en lo que juraban se echaba de ver que decían verdad, y los jueces los dejaban pasar libremente. Sucedió, pues, que tomando juramento a un hombre, juró y dijo que para el juramento que hacía, que iba a morir en aquella horca que allí estaba y no a otra cosa. Repararon los jueces en el juramento y dijeron: «Si a este hombre le dejamos pasar libremente, mintió en su juramento, y, conforme a la ley debe morir; y si le ahorcamos el juró que iba a morir en aquella horca, y, habiendo jurado verdad, por la misma ley debe ser libre».

En el «sistema formal de la justicia» esta paradoja no tiene solución. Si al visitante se le deja marchar, con ese mismo acto se le hace reo de muerte. Sin embargo, al ahorcar al visitante lo que se consigue al tiempo es que él dijera verdad y, por tanto, no fuera justa la condena. ¿Qué hace Sancho? Solucionarlo «por elevación», apelando a razones de orden superior, se decanta por absolver al viajero apelando a «un sistema formal más elevado»: la misericordia, «pues siempre es alabado más el hacer bien que mal», y como le recomendó su amo, don Quijote, «cuando la justicia estuviese en duda» se decantase por la misericordia. Sancho resuelve apelando a axiomas que no están en el sistema de la justicia, sino en un ámbito superior en un acto de creatividad inspirado y humano. Eso no lo podría hacer una máquina. Eso no lo podríamos hacer los humanos sin la existencia de Dios.

12

Dios y Gödel

Mi filosofía es racionalista, idealista,
optimista y teológica.

El señor Gödel era teísta y cristiano, según él mismo dejó escrito. En los años setenta hizo circular entre sus amigos en Princeton una versión del argumento ontológico de san Anselmo de la demostración de la existencia de Dios y su propia demostración de que ese argumento era cierto y demostrable desde la lógica.

San Anselmo de Canterbury fue declarado doctor de la Iglesia católica —conocido como «doctor Magnificus» o «doctor Marianus»— y es considerado santo por varias obediencias cristianas.

Anselmo nació en Aosta, en el Piamonte italiano, hacia el año 1033, y fue alumno prodigio desde su niñez hasta llegar a ser «padre de la escolástica» y el mayor filósofo y teólogo de su tiempo. Prior y luego abad del monasterio benedictino de Bec, en Normandía. Fue nombrado arzo-

1. Cit. por Wang Hao, *op. cit.*, p. 8.

bispo de Canterbury a finales del siglo XI. Escribió el *Monologium*, en el que presenta las pruebas metafísicas de la existencia y de la naturaleza de Dios, y el *Proslogium* sobre la «fe que busca la inteligencia». En el capítulo II del *Proslogium* Anselmo escribirá el argumento por el que será famoso.

La mayoría de los argumentos que demuestran la existencia de Dios se basan en realidades empíricas. En este libro hemos visto y veremos muchos de esos argumentos y muchas de esas realidades.

Los argumentos ontológicos, por otro lado, son más conceptuales, se basan en la propia definición y concepto de Dios, en lo que Es *(Ontos)*. En un libro que trata de los muchos argumentos científicos y empíricos de la existencia de Dios es adecuado dedicar unos momentos a los argumentos que deducen la existencia de Dios de la propia definición de Dios. Algo muy elegante, por otro lado.

¿Es esto posible? Sí. Podemos probar la no existencia de determinadas declaraciones simplemente reflexionando sobre el contenido de los conceptos. Por ejemplo, podemos determinar que no hay cuadrados circulares simplemente atendiendo a la definición de cuadrado y de círculo y sin necesidad de buscar confirmaciones empíricas. De este modo, los argumentos ontológicos pretenden establecer la existencia real de alguna entidad (en este caso Dios) de tal forma que la negación de esa existencia nos lleve a un absurdo del tipo un «cuadrado circular». Es decir que lógicamente no tengamos más remedio que aceptar la proposición de la existencia de Dios, ya que cualquier otra alternativa es absurda.

Hay dos versiones del argumento ontológico que san Anselmo escribe en el *Proslogium*, la segunda —que se considera más conseguida y robusta— se puede formular como sigue:

1) Dios es el ser del que nada mayor puede ser imaginado y ello por definición. (Esto, podemos decir, es una verdad conceptual. Simplemente establece el concepto de Dios).

2) Un ser que necesariamente existe en la realidad es mayor que un ser que existe, pero no necesariamente. (Esto también parece evidente: un ser X que necesariamente existe no depende para su existencia de cualquier otro ser y, por tanto, será mayor que otro ser Y que precisa de otros seres para su existencia —como los seres humanos, que somos contingentes, pues nuestra existencia depende, al menos, de la existencia de nuestros padres—. Yo, al menos, sí estoy seguro de que ese es mi caso).

3) Por lo tanto, y por definición, si Dios existe como una idea en la mente, pero no existe en la realidad, entonces podríamos imaginar algo que es más grande que Dios (es decir, ese mismo ser —idea en la mente— que además existiera).

4) Pero no podemos imaginar algo que sea mayor que Dios (y ello por definición).

5) Por lo tanto, si Dios existe en la mente como una idea, necesariamente existe en la realidad.

6) Pero es que Dios en verdad existe en la mente como una idea...

7) De donde necesariamente se deduce que Dios debe existir en la realidad.

Este argumento ontológico ha provocado las reacciones de gran cantidad de filósofos de todos los tiempos, y casi siempre aprobatorias: Duns Scoto, san Buenaventura en el Medievo, pero también Descartes, Spinoza, Leibniz, Hegel, hasta llegar a Kurt Gödel, Charles Hartshorne,[2] Norman Malcolm[3] o Alvin Plantinga[4], contemporáneos.[5]

También el argumento fue criticado por el contemporáneo de san Anselmo, Gaunilo de Marmoutier, y luego por santo Tomás de Aquino —cuya crítica fue más formal que de fondo— o por Kant. Pero esas críticas han sido en general respondidas por los neoanselmistas (llamémosles así, para que usted y yo nos entendamos). Por ejemplo, se ha criticado que el argumento de san Anselmo ilegítimamente se mueve de la existencia de una idea a la existencia del objeto que se correspondía con esa idea. Pero es que esto sería cierto si el argumento ontológico pretendiera probar algo físico por medio de la idea, pero no es el caso. Lo que pretende es la demostración de algo único —el ser mayor que pueda ser imaginado— y, por tanto, no se pretende que el argumento sea válido para ninguna otra realidad.[6]

2. Charles Hartshorne fue un filósofo norteamericano, profesor de Filosofía en las universidades de Harvard y de Chicago, teísta y cristiano, fallecido en 2000.
3. Norman Malcolm fue un filósofo norteamericano, profesor de la Universidad de Cornell, teísta y cristiano fallecido en 1990.
4. Alvin Plantinga es un filósofo norteamericano nacido en 1932, ganador del Premio Templeton en 2017, profesor de Filosofía en las universidades de Calvin y Notre Dame. Es el 30.º autor más citado, de acuerdo con la *Enciclopedia de Filosofía* de Stanford. Teísta y cristiano, fue presidente de la Sociedad de Filósofos Cristianos entre 1983 y 1986.
5. Un resumen de versiones modernas del argumento —de los autores norteamericanos citados— podría ser:
    1) Dios por definición es un ser ilimitado.
    2) La existencia de un ser ilimitado es o bien necesaria lógicamente, o bien lógicamente imposible.
    3) La existencia de un ser ilimitado no es lógicamente imposible.
    4) Por lo tanto, la existencia de un ser ilimitado es necesaria lógicamente.
6. Estamos de acuerdo con Alvin Plantinga cuando dice que «a primera vista el argumento de Anselmo es poco convincente e incluso sumamente irritante; parece un juego de palabras o mero ilusionismo» y también coincidimos con él y otros que consideran el argumento ontológico de san Anselmo es «uno de los más fascinantes argumentos a favor de la existencia de un perfecto

Y llegamos al señor Gödel quien será el primero en presentar el argumento usando lógica matemática. Abajo ven el argumento ontológico del genio austriaco en forma codificada. No incluyo esta formulación con la esperanza de que la interpreten ni por pedantería. Lo hago para que entiendan que una codificación como la que sigue tiene la gran ventaja de que, al estar formalizada, puede ser mecanizada, automatizada e introducida en un ordenador de tal forma que el juicio sobre su validez y certeza no dependa en modo alguno de la subjetividad del lector. Ese análisis computarizado ha sido hecho y lo veremos más adelante.

Ax. 1. $(P(\varphi) \land \Box \forall x(\varphi(x) \Rightarrow \psi(x))) \Rightarrow P(\psi)$

Ax. 2. $P(\neg\varphi) \Leftrightarrow \neg P(\varphi)$

Th. 1. $P(\varphi) \Rightarrow \Diamond \exists x\, \varphi(x)$

Df. 1. $G(x) \Leftrightarrow \forall\varphi(P(\varphi) \Rightarrow \varphi(x))$

Ax. 3. $P(G)$

Th. 2. $\Diamond \exists x\, G(x)$

Df. 2. $\varphi \text{ ess } x \Leftrightarrow \varphi(x) \land \forall\psi(\psi(x) \Rightarrow \Box \forall y(\varphi(y) \Rightarrow \psi(y)))$

Ax. 4. $P(\varphi) \Rightarrow \Box\, P(\varphi)$

Th. 3. $G(x) \Rightarrow G \text{ ess } x$

Df. 3. $E(x) \Leftrightarrow \forall\varphi(\varphi \text{ ess } x \Rightarrow \Box \exists y\, \varphi(y))$

Ax. 5. $P(E)$

Th. 4. $\Box \exists x\, G(x)$

Dios». El señor Plantinga concluye en su libro *The Nature of Necessity* que el argumento ontológico de san Anselmo «tal vez no se pueda decir que pruebe o establezca su conclusión. Pero como es racional aceptar su premisa central, sí demuestra que es racional aceptar esa conclusión. Y tal vez eso es todo lo que se puede esperar de cualquier argumento de este tipo».

En esa formulación hay cuatro axiomas, marcados como «Ax», tres definiciones tituladas como «Df» y cuatro teoremas nombrados por las iniciales «Th». Los axiomas son verdades fundamentales aceptadas como obvias, y los teoremas son afirmaciones demostradas durante el proceso de prueba a través de los axiomas y definiciones. Los teoremas ya probados también sirven para demostrar los siguientes. Las letras en minúscula expresan objetos, las letras griegas designan las propiedades de esos objetos.

Una traducción línea por línea sería:[7]

- Axioma 1: Si Phi es una propiedad positiva y es necesario que por cada x si x tiene la propiedad Phi entonces x tiene la propiedad Psi, entonces Psi es una propiedad positiva.

  Es decir, que si una propiedad positiva causa una segunda propiedad, esta segunda propiedad también será positiva. Por ejemplo, si atribuimos a Dios el ser «amoroso» —propiedad positiva—, se deriva que también será paciente y amable —propiedades positivas también.

- Axioma 2: No Phi es una propiedad positiva si y solo si Phi no es una propiedad positiva.

  Es decir, que la falta de una propiedad negativa es igual a tener una propiedad positiva.

- Teorema 1: Si Phi es una propiedad positiva, entonces es posible que exista x de tal forma que x tenga la propiedad Phi.

  Es decir que es posible que para cada propiedad positiva haya objetos con dichas propiedades.

7. Seguimos a Robert J. Marks II y Samuel Haug en «Gödel says God exists and proves it», artículo publicado en *Mind Matter News* el 7 de junio de 2021. Robert J Marks II es un científico informático, ingeniero eléctrico y profesor de la Universidad de Baylor. Teísta y cristiano.

- Definición 1: el objeto x tiene la propiedad de Dios si y solo si para cada propiedad Phi, si Phi es una propiedad positiva, entonces x tiene la propiedad Phi.

  Aquí se define Dios como aquel que tiene todas las propiedades positivas y, por lo tanto —siguiendo el axioma 2—, no puede tener propiedades negativas.

- Axioma 3: la propiedad de Dios es una propiedad positiva.

  Esta es evidente siguiendo la definición 1, ya que los objetos con la propiedad de Dios tienen todas las propiedades positivas y ninguna negativa.

- Teorema 2: es posible que exista un objeto x que tenga la propiedad de Dios.

  Es decir que es posible que Dios exista, algo que se deduce de la combinación del teorema 1 y del axioma 3.

- Definición 2: Phi es una propiedad esencial de x si y solo si el objeto x tiene la propiedad Phi y para toda Psi, si el objeto x tiene la propiedad Psi, entonces es necesario que para cada y si el objeto y tiene la propiedad Phi entonces el objeto y tiene la propiedad Psi.

  Aquí se define lo que es una propiedad esencial de un objeto. Las propiedades esenciales son las que causan la existencia de cualquier otra propiedad que tenga dicho objeto. Siempre que tengan esa propiedad esencial, tendrán necesariamente las otras.

- Axioma 4: Si la propiedad Phi es una propiedad positiva, entonces es necesario que la propiedad Phi sea una propiedad positiva.

  Como indicamos, los axiomas son verdades evidentes. En este caso se asume que una propiedad positiva es necesariamente una propiedad positiva.

- Teorema 3: si el objeto x tiene la propiedad de Dios, entonces esa propiedad de Dios será la propiedad esencial del objeto x.

Aquí se establece que la propiedad de Dios habrá de ser la propiedad esencial de cualquier objeto que la tenga. Recordemos de la definición 2 que las propiedades esenciales son las que causan cualquier otra propiedad en el objeto.

- Definición 3: El objeto x tiene existencia necesaria si y solo si por cada propiedad Phi, si Phi es una propiedad esencial de x, entonces es necesario que exista un objeto y que tenga la propiedad Phi.

   Aquí se define la existencia. Un objeto existirá necesariamente siempre que la propiedad esencial de ese objeto también exista, o, dicho al revés, si la propiedad esencial de un objeto existe, entonces el objeto necesariamente existe también.

- Axioma 5: la existencia necesaria es una propiedad positiva. O dicho al revés, la no existencia no es una propiedad positiva.

- Teorema 4: Es necesario que exista un objeto x que tenga la propiedad de Dios. Es decir que es necesario que Dios exista.

Como avanzamos, la formulación del señor Gödel de la demostración de Dios ha sido varias veces estudiada y verificada por ordenador por diversos científicos informáticos.[8] En 2014 por Christoph Benzmüller, de la Universidad Libre de Berlín, y Bruno Woltzenlogel Paleo, de la Universidad de Tecnología de Viena,[9] en 2020 por el señor Benzmüller y David

---

8. Sin ser exhaustivos, se usaron programas de verificación de consistencia de axiomas, definiciones y teoremas con Nitpick. Demostración automatizada de teoremas con los probadores LEO-II y Satallax. Se realizó una formalización paso por paso usando el asistente de demostración Coq. Una formalización usando el asistente de demostración Isabelle y la automatización de los teoremas con los sistemas Sledgehammer y Metis.
9. Universidad de Cornell. Computer Science-Logic in Computer Science.

Fuenmayor[10] también de la Universidad Libre de Berlín y finalmente en artículo para una conferencia en 2020 por el señor Benzmüller, que tiene el poco ambiguo título de «Un Ser Superior —simplificado— existe necesariamente, afirma el Ordenador: Exploración Computacional de variantes del argumento ontológico de Gödel»,[11] y que concluye que, de acuerdo con las modelizaciones de ordenador, «un ser racional-máximo necesariamente existe» y que «una entidad Divina necesariamente existe».[12]

El señor Gödel fue —posiblemente— el mejor amigo del señor Einstein, con quien coincidió en la Universidad de Princeton y de quien recibió el primer Premio Albert Einstein en 1951. Resulta al menos curioso que «el más grande maestro de lógica desde Aristóteles», como ha sido considerado repetidamente,[13] y uno de los más importantes y conocidos físicos de la historia —si no el más renombrado—, coincidieran en el tiempo y en el mismo lugar. Ambos eran teístas y el señor Gödel además cristiano. Como el mismo señor Gödel dijo hablando de la religión de ambos: «Llego a casa con Einstein casi todos los días y hablamos de filosofía, de política y de Estados Unidos. Su religión es más abstracta, como la de Spinoza o la filosofía india. La mía es más cercana a la religión de la Iglesia. El Dios de Spinoza es menos que una

---

Arxiv-cs-arXiv 1308.4526. Presentado el 21 de agosto de 2013 y última revisión el 3 de septiembre de 2017.
10. Bulletin of the section of Logic. Vol 49, Nº 2. 2020.
11. Universidad de Cornell. Computer Science-Logic in Computer Science. Arxiv-cs-arXiv 2001.04701. Presentado el 14 de enero de 2020; última revisión el 14 de junio de 2020. También se puede encontrar en Research Gate DOI 10.24963/kr.2020/80. La conferencia se pronunció en la XVII Conferencia sobre Principios del Conocimiento, Representación y Razonamiento, que se celebró en Grecia el 12-18 de septiembre de 2020.
12. Conferencia y trabajo citado, 2020.
13. El señor Gödel fue considerado así al menos por John von Neumann y por J. Robert Oppenheimer.

persona, mientras que el mío es mucho más que una persona, porque Dios no puede ser menos que una persona. Él sí puede jugar el papel de una persona».[14] Considero que esta última frase que se refiere a la Encarnación de Jesucristo —es decir, a la creencia cristiana que Dios se hizo hombre— es un buen final para este capítulo.

14. Cit. por Bolloré y Bonnassies, *op. cit.*, p. 318.

13
La probabilidad de Dios

Dios se manifiesta permitiendo al hombre
establecer la verdad... Dios es la Verdad.
La ciencia demuestra que Dios existe.

DEREK BARTON[1]

Thomas Bayes fue un estadístico inglés y también pastor
cristiano protestante que vivió en el siglo XVIII. Durante su
vida publicó solo dos libros, uno de matemáticas en que defendía los cálculos de Isaac Newton contra algunos críticos,
y otro de teología titulado *Divina Benevolencia, un intento
de probar que el objetivo principal de la Divina Providencia
y Gobierno es la felicidad de sus criaturas.* Aprovechamos el
caso del señor Bayes para enfatizar algo que probablemente
hubiera necesitado ser dicho antes y de forma más extensa.
La idea de que la ciencia esté «enfrentada» a la religión o a
la teología o a la creencia en la existencia de Dios es muy

---

1. Sir Derek Harold Richard Barton, científico británico establecido en Estados Unidos y fallecido en 1998, fue profesor del MIT y de las universidades
de Illinois, Wisconsin y Texas. Galardonado con el Premio Nobel de Química en 1969. Cit. por Margenau y Varghese, *op. cit.*, p. 144.

reciente —y falsa, como este libro y los hechos demuestran—.
La realidad es que históricamente el 95 por ciento (?) el 97
por ciento (?) el 99 por ciento (?) de los científicos que han
sido, han sido igualmente teístas y religiosos. Desde san Alberto Magno, botánico, químico, descubridor del arsénico;
Domingo de Soto, el descubridor del movimiento uniformemente acelerado, base de los estudios de Kepler, Galileo y
Newton, los tres, por cierto, fervientes cristianos; Juan Gil
de Zamora, precursor de la biología y medicina y sacerdote;
Gregor Mendel, fundador de la genética —y sacerdote católico—; Nicolás Copérnico, padre de la astronomía —y
canónico de la catedral católica de Varmia—; Juan de Acos-
ta, uno de los padres de la antropología y sacerdote jesuita;
Nicolas Steno, el fundador de la geología y pionero en anatomía, fue también obispo católico; Robert Boyle, el primer
químico moderno era también teólogo cristiano; José Celes-
tino Mutis, matemático y padre de la botánica, también fue
sacerdote católico; Louis Pasteur, químico, padre de la microbiología y pionero de las vacunaciones, era un ferviente
católico; Alexander Fleming, descubridor de la penicilina y
padre de la bacteriología, también era religioso; Jerome
Lejeune, genetista y descubridor de anormalidades en los
cromosomas, es hoy Venerable según la Iglesia católica;
católicos practicantes también fueron Santiago Ramón y Cajal, pionero de la neurología, o Guillermo Marconi, inventor de la radio, o Mario Molina, mexicano, católico y premio Nobel de Química; José María Albareda —sacerdote y
fundador del CSIC, el Centro Superior de Investigaciones
Científicas en España—; Georg Cantor, el matemático alemán inventor de la teoría de conjuntos, fue un devoto cristiano luterano, como también lo fue Carlos Linneo, uno de
los grandes naturalistas y zoólogos, o como lo es Francis
Collins, convertido al cristianismo tras liderar el proyecto
del genoma humano... Otros muchos ya los hemos citado en

capítulos anteriores y otros los traeremos a colación en los próximos.

El adanismo es la creencia de que todo empieza con uno mismo, que con nuestra venida a este mundo y gracias a nuestras ideas y actuaciones el universo inaugura una nueva era. Es el comportamiento de quien actúa como si nadie hubiera ejercido esa actividad antes que él. El adanismo es una característica de los inmaduros y de los narcisistas. El adanismo —me temo— está muy extendido en Occidente en este siglo XXI y el adanismo es una de las más notorias debilidades de los neoateos. Eso explica que pretendan que haya una disputa entre Dios y ciencia, algo que desdice toda la historia de la ciencia y de las religiones.

Hecho este excurso, volvamos a Thomas Bayes. Además de los dos libros que publicó en vida el señor Bayes al final de su vida tuvo un gran interés en el estudio de probabilidades. Se publicaron sus notas póstumamente en un volumen con el título de *Un ensayo encaminado a resolver un problema en la doctrina del azar*, y en él se incluía la solución del señor Bayes al problema de la llamada «probabilidad inversa» y también lo que luego se denominó el «teorema de Bayes». Lo que nos interesa saber aquí es que desde entonces se denomina «probabilidad bayesiana» a la expresión de un grado de confianza o de creencia —que pretende valorar la fortaleza de las hipótesis— más que a la frecuencia de un hecho. Esto permite la aplicación de probabilidad a todo tipo de proposiciones y hechos, no solo a aquellos a los que se puede adjudicar una frecuencia. Por ejemplo, en el mundo de la empresa, la probabilidad bayesiana es la que está detrás de los mapas de riesgos, que son herramientas de prevención que toman en cuenta variables e incertidumbres como posibles devenires en la situación política, social y otras. Se evalúan sus posibles efectos y se les otorga probabilidades a fin de ver cuáles son los mayores riesgos.

La probabilidad bayesiana está detrás de casi toda aproximación a estimaciones y el teorema de Bayes proporciona el marco matemático para hacer que la evidencia afecte el cálculo de la probabilidad matemática o, dicho de otro modo, el teorema de Bayes indica la manera en la que se debe ajustar la probabilidad basándose en la evidencia.

Parece más complicado de lo que en realidad es. Pongamos un ejemplo hipotético que ayude a entenderlo: para editar este libro se usan dos imprentas A y B. La imprenta A produce el 60 por ciento de los libros y la B el 40 por ciento de ellos. La imprenta A produce un 0,2 por ciento de libros mal impresos o defectuosos y la imprenta B un 0,5 por ciento.[2] El teorema de Bayes nos ayuda a conocer la probabilidad *a posteriori*, es decir, que si nos encontramos con un libro mal impreso podremos calcular cuál es la probabilidad de que haya sido publicado en la imprenta A o en la B. Veamos: sabemos que la probabilidad de que la imprenta A produzca un libro defectuoso es 0,2 por ciento, o dicho de otro modo, P(D/A) = 0,002, y para la imprenta B será P(D/B) = 0,005. Primero calculamos cuál es la probabilidad de tener un libro mal impreso/defectuoso en general —la llamamos «P(D)»— y esa probabilidad será P(D) = [P(A) x P(D/A)] + [P(B) x P(D/B)] = [0,6 x 0,002] + [0,4 x 0,005] = 0,0012 + 0,002 = 0,0032, o, dicho de otro modo, la probabilidad de que un libro sea defectuoso —P(D)— es del 0,32 por ciento.

Pero si usted tuviera un libro defectuoso —que en realidad es imposible como amablemente nos ha hecho saber el editor en la nota 2 del cap. 13—, gracias al teorema de Bayes podría saber cuál es la probabilidad de que se haya publicado en la imprenta A o B. Así, P(A/D) indica la probabilidad

2. Esto es solo un ejemplo. Los defectos de impresión son en realidad mucho menores, y en el caso de este libro completamente insignificantes. Nota del editor.

de que se haya impreso en A una vez que tenemos un libro defectuoso y será: $P(A/D) = [P(A) \times P(D/A)]/P(D) = [0,6 \times 0,002]/0,0032 = 0,375$. De igual modo, $P(B/D) = [P(B) \times P(D/B)]/P(D) = [0,4 \times 0,005]/0,0032 = 0,625$, es decir, que hay un 37,5 por ciento de posibilidades de que el libro defectuoso haya sido producido en la imprenta A y un 62,5 por ciento de posibilidades de que haya salido de la imprenta B.

Siguiendo este teorema y este cálculo de probabilidad, en 2005 Stephen Unwin,[3] doctor en Ciencias físicas por la Universidad de Manchester y especialista en control de riesgos, escribió *La probabilidad de Dios*. El señor Unwin considera seis áreas de evidencia, a saber: 1) el reconocimiento de la bondad; 2) la existencia del mal moral; 3) la existencia del mal natural (por ejemplo, los desastres naturales); 4) los «milagros intranaturales» (algo parecido a la acción de la Providencia ordinaria. Cosas buenas que ocurren y tienen explicación natural, pero su ocurrencia parece deberse por ejemplo a la oración); 5) los «milagros extranaturales» (los normalmente llamados «milagros», que no pueden explicarse por la ciencia), y 6) las experiencias religiosas. Después de evaluar estas áreas de evidencia con una escala de 5 niveles,[4] llega a la conclusión de que la probabilidad de la existencia de Dios es del 67 por ciento.

He creído interesante incluir este análisis dentro de la parte dedicada a las matemáticas porque es innovador —y divertido— aplicar la probabilidad bayesiana a la cuestión de la existencia del Creador y porque también es estimulante pensar en otras o adicionales áreas de evidencia a las que

---

3. Unwin, S., *The Probability of God: a simple calculation that proves the Ultimate Truth*, Crown Publishing, 2005. Seguimos la versión en español: *La probabilidad de Dios*, Via Magna Ediciones, Barcelona, 2008.
4. 0.1; 0.5; 1; 2; 10 dependiendo del nivel de evidencia del «indicador divino». Unwin, *op. cit.*, p. 104.

aplicar el análisis bayesiano, como el propio señor Unwin sugiere;[5] pero encuentro que esta prueba de la existencia de Dios no es completa —solo concluye que hay más posibilidades de su existencia que de su no existencia— y además tiene algunas limitaciones como, por ejemplo, que en el enfoque bayesiano se tiene que estimar la probabilidad *a priori*, es decir, antes de la evidencia, ya que solo se puede calcular la probabilidad *a posteriori* si se tiene un punto de partida. El señor Unwin considera que la probabilidad *a priori* de la existencia de Dios es del 50 por ciento, lo que nadie puede dudar que es equitativo, pero también es arbitrario. Y finalmente tiene errores conceptuales y factuales en alguna de las áreas de evidencia[6] que hacen que otorgue valores de los factores bayesianos que no se corresponden con la realidad. Haciendo un cálculo más correcto e incluso manteniendo las mismas áreas de evidencia y el mismo equitativo punto de partida del señor Unwin produce una probabilidad de al menos 95,3 por ciento a favor de la existencia de Dios.[7] Es decir que, aplicando las probabilidades bayesianas al problema de la existencia de Dios, considerando solo las áreas de evidencia explicadas más arriba, llegamos a la conclusión

5. *Ibid.*, p. 229.
6. Por poner un ejemplo entre varios posibles: cuando estudia el área de evidencia de los «milagros extranaturales» (lo que se llama comúnmente milagros) considera que las pruebas de la existencia de esos milagros —lo que él llama que los «milagros sean informados»— no constituye demostración alguna ni añaden probabilidad a la opción de que sean veraces. Sin embargo, la evidencia repetida demuestra que precisamente las evidencias de lo extraordinario e inexplicable de los milagros contrastados ha sido la razón de muchas conversiones fuera del ateísmo. Por otro lado, no creemos que sea riguroso desechar las muy numerosas evidencias científicas de la existencia de los milagros, como si no existieran.
7. Varios factores son susceptibles de ser cambiados, pero hemos llegado a esa probabilidad solo modificando el factor de los «milagros extranaturales» a 10, lo que es más acorde con la realidad científica.

de que la probabilidad de la existencia de Dios es de más del 95 por ciento. Es posible que esto no convenza a muchos, pero sí le invita, si usted es una persona práctica, a que al menos el 95 por ciento de su tiempo lo viva como si Dios existiese. Y ya puestos, le sugiero que en ese tiempo incluya los domingos.

14

Q.E.D.

Es forzoso admitir que existe una fuerza o poder
incomprensible con una visión y conocimientos
ilimitados que creó todo el universo en el origen.

CHRISTIAN ANFINSEN[1]

Q.E.D: *Quod erat demostrandum.*
O bien en símbolo Unicode (∎).
Y en español: LQQD.
«Lo que queríamos demostrar».
Dios existe y se ha demostrado. Lo que era una hipótesis
muy probable en tiempos de Descartes, Newton o Leibniz,
todos ellos teístas y religiosos,[2] se ha hecho ineludible desde

---

1. Christian B. Anfinsen, fallecido en 1995. Bioquímico norteamericano, premio Nobel de Química en 1972. Cit. por Margenau y Varghese en *Cosmos, Bios, Theos*, 1992, p. 139.
2. René Descartes (1596-1650) fue un devoto cristiano católico y, además de sus obras científicas, escribió abundantemente en defensa de la fe católica y contra el ateísmo y el escepticismo; Isaac Newton (1642-1726) fue un cristiano anglicano y además de sus obras científicas escribió estudios sobre la Biblia y los padres de la Iglesia; Wilhelm Leibniz (1646-1716) fue cristiano luterano cercano al catolicismo con quien procuró reconciliar al protestantismo. Escribió *Demostraciones católicas* y varios de sus mayores apoyos fue-

Euler, Gauss o Riemann y Gödel[3], todos ellos no menos teístas ni religiosos.[4]

Hay una anécdota que ejemplifica bien la pulsión anticientífica del ateísmo. Estaba el señor Euler en San Petersburgo como miembro de su Academia y auspiciado por la zarina Catalina la Grande. El escritor, propagandista y crítico de arte ateo francés Denis Diderot estaba visitando la corte de la zarina propalando los dogmas iluminados de la religión atea con la arrogancia de la que solo se es capaz si se es francés y se tiene como profesión el criticar el arte de los demás. Le pidieron al señor Euler que confrontara al iluminado y el señor Diderot fue informado que un matemático —sin saber que era el señor Euler— había producido una prueba de la existencia de Dios y estuvo de acuerdo en revisarla delante de la corte. Apareció el señor Euler, quien era conocido como el mayor matemático de su siglo y uno de los mayores de la historia,[5] avanzó hacia el señor Diderot y dijo con gravedad y perfecta convicción el siguiente disparate: «*Monsieur, (a + b^n)/n = x, donc Dieu existe; répondez!*».[6]

---

ron conversos al catolicismo: el barón Johann Christian von Boineburg y el duque John Frederick de Brunswick-Lüneburg.

3. Esta lista de siete nombres es muy posible que incluya a los mayores matemáticos de la era moderna. Todos ellos eran religiosos.

4. Leonhard Euler (1707-1783) era un devoto cristiano que vivió gran parte de su vida en la ortodoxa Rusia y que, además de sus obras de matemáticas, astronomía, física, ingeniería y geografía, escribió *Defensa de la Revelación Divina contra la objeción de los librepensadores*; Carl Friedrich Gauss (1777-1855) fue un cristiano evangélico uno de cuyos hijos pretendió ser misionero cristiano; Bernhard Riemann (1826-1866) fue hijo de un pastor protestante, cristiano devoto y consideraba que ser cristiano era el aspecto más importante de su vida y que su hacer matemático era su forma de servir a Dios; del señor Gödel ya hemos dado cuenta suficiente en capítulos precedentes.

5. Entre otros considerado así por Pierre-Simon Laplace y por Carl Friedrich Gauss.

6. «Señor, (a + b^n)/n = x; por lo tanto, Dios existe. ¡Responda!».

Entonces el señor Diderot, cuyo conocimiento de álgebra era indigno de ningún encomio, quedó desconcertado y avergonzado mientras se oían risitas mortificantes en la sala. Pidió permiso para regresar a Francia y el permiso le fue concedido.[7] Y es que hemos comprobado que la apologética atea se basa frecuentemente en la ignorancia científica de un público predispuesto y estalla en mil fragmentos como el mal vidrio al contacto con el conocimiento de la realidad expresado con convicción.

Otra anécdota que resume bien lo mostrado y demostrado en esta parte del libro aparece en el libro *The Road to Reality (El camino a la realidad)*, de Roger Penrose, flamante premio Nobel de Física de 2020. El señor Penrose cita una respuesta del matemático Richard Thomas, del Imperial College de Londres, a su propia pregunta en la que se interroga sobre qué se puede concluir de los extraordinarios y desconcertantes resultados matemáticos que han aparecido en la física teórica en los últimos veinte años. La respuesta del señor Thomas es instructiva: «Para un matemático, estas cosas no pueden ser una coincidencia, deben venir de una razón superior. Y esa razón es la premisa por la que esa gran teoría matemática describe la naturaleza».[8]

7. Anécdota citada por Augustus de Morgan en *Budget of Paradoxes*, Chicago-Londres, Open Court, 1915, p. 339, y también por Dieudonné Thiébault en *Souvenirs*, 1860, y por varios otros incluyendo —sorpresa— a Richard Dawkins y otro propagandista ateo británico, Marcus du Sautoy. Otros han manifestado que la anécdota es falsa basándose en el supuesto conocimiento matemático del señor Diderot que escribió sobre temas científicos de forma ocasional. Lo cierto es que el señor Diderot fue nombrado librero por la zarina Catalina la Grande y vivió en San Petersburgo entre 1773 y 1774, de donde se fue para no volver, a pesar de seguir cobrando como librero de la zarina y el señor Euler vivió en la misma ciudad desde 1766 hasta su muerte en 1783, por lo que es más que probable que ambos huéspedes de Rusia tuvieran encuentros públicos.
8. Cit. por D. Berlinski, *The Devil's Delusion*, p. 46.

Y como estamos terminando esta parte del libro, me voy a permitir referir una vivencia personal que tiene relación con Bernhard Riemann, «considerado por muchos como uno de los mayores matemáticos de todos los tiempos»,[9] a quien hemos mencionado en este mismo capítulo y que fue un matemático alemán fallecido en 1866, teísta y ferviente cristiano que dejó innumerables contribuciones a la teoría de números, la primera formulación rigurosa de la integral y, sobre todo, trabajos en geometría diferencial que fueron la base para la teoría general de la relatividad formulada por el señor Einstein. Pues bien, como mencioné en la introducción de este libro, tuve la fortuna de vivir en Israel durante varios años, en la época del ataque a las Torres Gemelas del 11 de septiembre y la subsiguiente guerra de Irak y el levantamiento palestino conocido como Segunda Intifada. Un tiempo convulso que cambió mi vida. Después me trasladé a vivir a Ucrania y Rusia, y tuve la fortuna de que coincidiera con la Revolución Naranja que tuvo su epicentro en Kiev, en la avenida Jreshchatyc, justo donde yo residía entonces.

En los momentos oscuros de aquella época —y los posteriores, pues no hay periodo en la vida sin momentos oscuros— me aferraba a una frase de la Carta de san Pablo a los romanos:[10] «*Diligentibus Deum omnia cooperantur in bonum*», o dicho para aquellos que no tuvieron la fortuna de estudiar latín: «Todo coopera para el bien de los que aman a Dios». Una promesa muy inspiradora que a los cristianos —y realmente a cristianos y no cristianos— nos ayuda a po-

9. Cit. por la Wikipedia en inglés, <https://en.wikipedia.org/wiki/Bernhard_Riemann>.
10. Rom 8, 28. A esta cita san Agustín añadió una coda que es enormemente esperanzadora —al menos para mí—. Dijo: «*Etiam peccata*» («incluso el pecado»). Es decir, que para los que amamos a Dios todo opera para bien, incluso el pecado... que Él en su benevolencia se encarga en transformar en positivo.

ner nuestra esperanza en la Sabiduría de Dios que reconocemos mayor. Algo así como «para aquellos que quieren a Dios todo lo que les ocurre es para bien, aunque ahora no lo entiendas» (puedo asegurar que esa promesa por boca de san Pablo se ha cumplido en mi vida y tengo cien ocasiones para acreditarlo).

Pues bien, el señor Riemann murió de tuberculosis a temprana edad en su tercer viaje a Italia, y en su tumba en Biganzolo, en el precioso Piamonte, hay un epitafio que reza:

Aquí yace en Dios
Georg Friedrich Bernhard Riemann
Profesor en Gotinga
Nacido en Breselenz el 17 de septiembre de 1826
Muerto en Selasca el 20 de julio de 1866
A LOS QUE AMAN A DIOS
TODAS LAS COSAS SIRVEN PARA BIEN

David Hilbert fue uno de los fundadores de la teoría de la demostración, la lógica matemática y la distinción entre matemática y metamatemática.

Albert Einstein y Kurt Gödel, en uno de sus encuentros en Princeton.

A John von Neumann se le considera uno de los matemáticos más destacados del siglo XX.

Otra imagen de los muchos encuentros que tuvieron Albert Einstein y Kurt Gödel.

CUARTA PARTE

La biología

Al igual que el astrólogo cree que su vida está controlada por las órbitas de los planetas, el materialista cree que sus propias acciones y pensamientos están controlados por las órbitas de los electrones en su cerebro.

STEPHEN BARR[1]

---

1. Stephen Barr es un físico norteamericano nacido en 1953. Miembro del Instituto de Investigación Bartol de la Universidad de Delaware, donde es profesor emérito. Miembro de la Sociedad Estadounidense de Física. Fundador y actual presidente de la Sociedad de Científicos Católicos. Teísta y cristiano. Para la cita: en «Modern Physics», cit. por G. Verschuuren en *How Science Points to God*, Sophia Institute Press, 2020, p. 112.

15

Dios y la evolución

La creación no es un hecho que ocurrió en el 4004 a.C.;
es un proceso que se inició hace unos diez mil millones
de años y que se sigue desarrollando... ¿Choca la
doctrina de la evolución con la fe religiosa? No. Es un
error garrafal confundir las Sagradas Escrituras con
textos elementales de astronomía, geología, biología y
antropología. Solamente al interpretar los símbolos de la
forma en que no se pretenden, pueden surgir conflictos
imaginarios e insalvables.

THEODOSIUS DOBZHANSKY[1]

Desde la primera línea de este capítulo vamos a arrebatar
un argumento espurio que en manos de ateos mal informados o poco escrupulosos se ha usado en contra del teísmo. No existe contradicción entre la teoría de la evolución
y la creencia en la existencia de Dios. De hecho, la teoría de

1. Theodosius Dobzhansky, genetista y biólogo ruso-norteamericano. Fallecido en 1975. Padre de la teoría sintética de la evolución, teísta y religioso; miembro de la Iglesia cristiana ortodoxa. Cit. por Collins, *op. cit.*, pp.
221-222.

la evolución sí podría considerarse en oposición al deísmo —la creencia de un Dios Creador que se desentiende de su creación y que, por tanto, niega la intervención divina en el mundo y rechaza las religiones reveladas—, y, sin embargo, la evolución respalda el «teísmo auténtico» —llamémosle así—, es decir, la existencia de un Dios Creador que se preocupa por su creación y que interviene, en este caso a través de las leyes de la evolución. Como escribe Ángel Sierra[2] en *Hombres de ciencia, hombres de fe*: «Qué es más genial que [...] un arquitecto que tuviese capacidad de dar unas leyes intrínsecas a ese informe conjunto de materiales, de forma que se fuesen autoorganizando para producir el edificio apropiado en cada situación y necesidad».[3]

La Iglesia católica, las iglesias ortodoxas, el anglicanismo y la mayor parte de las otras confesiones cristianas no ven en esta teoría contradicción con sus doctrinas, siempre que no se haga de ella una interpretación exclusivamente materialista y en este caso lo contradictorio con sus respectivas creencias es el materialismo, no la evolución. Así lo afirmó el papa Pío XII en 1950 en la encíclica *Humani generis* y lo repitió Juan Pablo II en 1996 en un mensaje a la Academia Pontificia de las Ciencias.[4] Sin embargo, aunque la teoría de la evolución no desmiente el teísmo, sí hay algunas religiones que se oponen a esta teoría sobre la base de la interpretación literal del Génesis o de sus textos sagrados. Hablaremos de ello en un capítulo posterior en la quinta

2. El profesor Ángel Guerra Sierra es doctor en Biología por la Universidad de Barcelona y profesor de Investigación del CSIC español.
3. Á. Guerra Sierra, *Hombres de ciencia, hombres de fe*, Madrid, Rialp, 2011, p. 55.
4. Mensaje de Juan Pablo II a la Academia Pontificia de las Ciencias de 2 de octubre de 1996.

parte.[5] Así sería gran parte del islam, o alguna parte del judaísmo jasídico u ortodoxo y una fracción del protestantismo cristiano.

Theodosius Dobzhansky, el padre de la teoría sintética de la evolución —actualmente mayoritariamente seguida— afirmaba que «el cristianismo es una religión implícitamente evolucionista, en cuanto cree que la historia tiene un significado: la corriente de esta fluye desde la creación, a través de la progresiva revelación de Dios al hombre, desde el hombre hasta Cristo y desde Cristo al reino de Dios»,[6] y Francis Collins,[7] de quien ya hemos hablado y probablemente el genetista más relevante de esta generación, descubridor de varias enfermedades genéticas y director del Proyecto Genoma Humano, apoya la «evolución teísta o la creación evolucionista», es decir, es teísta, cristiano y está a favor de la teoría de la evolución, cuenta en su libro *Cómo habla Dios* que haciendo una presentación en una reunión de físicos cristianos en Estados Unidos sugirió que la evolución podría ser el elegante plan de Dios para crear la humanidad, entonces «la calidez abandonó la sala. Lo mismo hicieron algunos asistentes, que literalmente salieron agitando la cabeza consternados».[8] Como ya hemos dicho, hay una exigua mi-

5. En el capítulo titulado «Pusilánimes», en el apartado «Sí, pero...».
6. T. Dobzhansky, *Making Evolving: The Evolution of Human Species*, 1962. Cit. por Guerra Sierra, *op. cit.*, p. 119.
7. Ya mencionamos a Francis Sellers Collins en el capítulo anterior dedicado al «nuevo ateísmo». El señor Collins es un genetista norteamericano nacido en 1950, teísta y converso al cristianismo en su edad adulta, dirigió el Proyecto del Genoma Humano, director del Instituto Nacional de Salud de Estados Unidos, medalla Nacional de Ciencia en Estados Unidos, miembro de la Academia Nacional de Ciencias y nombrado por el papa Benedicto XVI miembro de la Academia Pontificia de Ciencias.
8. Collins, *op. cit.*, p. 160. Originalmente el libro se titula *The Language of God*, puesto que se refiere al ADN como ese lenguaje «como si fuera un programa de software que está en el núcleo de la célula».

noría de científicos que apoyan una lectura literal de los textos bíblicos (cristianos y judíos, ya que del Corán solo se permite una lectura literal) y que, por tanto, no aceptan la evolución como posible. Desde nuestro punto de vista, esas posturas marginales han perjudicado mucho a la mayoría de las religiones que ven en la ciencia otra manifestación de la inteligencia divina. Y es que preguntar si se cree en la evolución o, por el contrario, en la creación tiene tanto sentido como preguntar si cree que una fruta es esférica o, por el contrario, si es de color naranja. No hay conflicto entre creación y evolución como no lo hay en el hecho de que la naranja sea de ese mismo color y también esférica. Desde un punto de vista teísta, no habría evolución si no hubiera Dios.[9] Así que desde este primer capítulo de esta parte referida a la biología le libero a usted de abominar de la teoría de la evolución —si es usted teísta— o de adscribirse ciegamente a ella —si es usted ateo—, en palabras del señor Collins: «O bien la mitad de mis colegas son enormemente estúpidos o la ciencia del darwinismo es totalmente compatible con las creencias religiosas convencionales, e igualmente compatible con el ateísmo. Así que quienes elijan ser ateos deben encontrar alguna otra base para adoptar esa postura; la evolución no les servirá».[10]

Sin embargo, sí es necesario precisar que la teoría de la evolución es exactamente eso, una teoría[11] que no está ni

9. Parte de la creencia —equivocada— de que el teísmo está en oposición a la evolución viene por la apropiación del término «creacionismo» por parte de autores protestantes que interpretan literalmente el libro del Génesis. De este modo se contrapondría el evolucionismo con ese —mal llamado— «creacionismo» y de ahí *lato modo* el evolucionismo estaría en conflicto con la Creación. Este malentendido ha sido aprovechado impúdicamente por algún neoateo para desacreditar el teísmo.
10. Collins, *op. cit.*, p. 182.
11. Hacemos esta precisión porque ya hemos visto que la palabra «teoría» puede llevar a equívocos. Por ejemplo, las teorías del Big Bang o de la relati-

universalmente reconocida ni completamente demostrada, y es que, aunque la llamada «teoría sintética de la evolución» está bien fundamentada, es mayoritariamente aceptada y goza de seriedad también es cierto que no ha podido ser demostrada empíricamente, presenta incongruencias y «agujeros inexplicables» resaltados por otros científicos igualmente serios.

De acuerdo con lo que llamaba santo Tomás la «prueba negativa de la fe», se deben reputar como falsas las teorías o ideologías —científicas o de otro tipo— que se oponen a las verdades de fe (cristiana). Pero esto, que parece restrictivo, en realidad lo es poco... Hay muchas teorías que no se oponen a la fe, pero que no por ello son verdaderas o que son palmariamente falsas. Esta consideración de los escolásticos solo pretendía establecer una condición necesaria pero no suficiente de la veracidad de esas filosofías o teorías científicas. Por ejemplo, la teoría heliocéntrica (que considera el Sol el centro del universo) es falsa, aunque no se opone a la fe. No obstante, este criterio es útil para discriminar ideologías que «no pasan el corte», por ejemplo, las ideologías utilitarista, liberal clásica, comunista, socialista clásica o nacionalista, que propugnan verdades opuestas a la fe cristiana. En general, todas las religiones reveladas se han opuesto con mayor o menor combatividad a esas ideologías y los regímenes que las sostenían[12] y lo han hecho con mayor esclarecimiento y valentía que la mayoría.[13]

---

vidad están universalmente aceptadas y no presentan problemas, no es este el caso de la teoría de la evolución.

12. Hay excepciones que no desdicen la regla general. Por ejemplo, la Iglesia luterana alemana fue en muchas ocasiones cómplice del nazismo, posiblemente por el origen nacionalista alemán de su fundador.

13. Así, cuando muchos de los gobiernos y pensadores conservadores de Europa y América admiraban el nacionalsocialismo alemán y lo consideraban una esperanza contra el bolchevismo, el papa de Roma —Pío XI— escri-

Por nuestra parte, y en el asunto de la teoría de la evolución, ya que ni prueba ni desmiente la existencia de Dios —que es el tema al que nos hemos comprometido en esta obra—, adoptamos las prudentes palabras de san Agustín que él refería al libro del Génesis (precisamente el libro de la Biblia que ha causado algunas controversias a este respecto): «En materias tan oscuras y alejadas de nuestra comprensión, encontramos en las Sagradas Escrituras pasajes que se pueden interpretar de muchas maneras distintas sin perjuicio de la fe que hemos recibido. En tales casos no debemos lanzarnos de cabeza ni tomar un partido tan firme por uno de los lados que, si un progreso futuro en la investigación de la verdad justamente socavara esta posición, nosotros también cayéramos con ella».[14] Así que, sin tomar partido —como nos aconseja san Agustín—, en los siguientes capítulos pre-

---

be una encíclica, *Mit brennender Sorge*, el 14 de marzo de 1937 (única encíclica que ha tenido un título en idioma alemán, «Con profunda preocupación. Acerca de la Iglesia y el Reich en Alemania») en contra del nazismo. El documento fue censurado en Alemania y a pesar de todo fue leído en todos los púlpitos de las iglesias católicas alemanas durante uno de los días más concurridos, el Domingo de Ramos de 1937. La Gestapo asaltó las iglesias al día siguiente y confiscó todas las copias del documento, cerró las imprentas, cientos de personas fueron enviadas a la cárcel y campos de concentración y se orquestaron «juicios de moralidad» contra los clérigos católicos. Esa encíclica es un valiente alegato contra el racismo y contra el nacionalismo y una defensa de la ley natural (algo ignorado por cualquier ideología atea) y una defensa del Antiguo Testamento —y del judaísmo— cuando la mayoría de los gobiernos pactaban con la Alemania nazi (por ejemplo, la Unión Soviética firmó los pactos Ribbentrop-Molotov aliándose con el régimen nazi). La encíclica papal propugnaba una idea que es un muro insalvable para cualquier tiranía y que distingue esencialmente a los teístas de los ateos: «que un hombre posee derechos que tiene directamente de Dios y que cualquier colectividad tiene el deber de proteger contra su denegación, represión o abandono».

14. San Agustín, *The Literal Meaning of the Genesis*. Traducido por John Hammond Taylor, S. J. Newman Press, 1982. [Hay trad. cast.: *Interpretación literal del Génesis*, Pamplona, Ediciones Universidad de Navarra, 2006].

sentaremos esta teoría y otras teorías alternativas presentando los problemas que presenta cada una y cómo de los avances de la biología moderna se desprenden evidencias que apuntan a la existencia de un Creador.

16

La evolución de la evolución

No existe ningún conflicto entre ser un científico riguroso
y una persona que cree en un Dios que tiene un interés
personal en cada uno de nosotros.[1]

FRANCIS COLLINS

Existen al menos un millón de especies vivas actualmente y
de acuerdo con el paleontólogo George Gaylord Simpson[2]
por cada especie existente hay al menos cien extintas.

Al principio la teoría de la evolución pretendía explicar
todo ello, de dónde vienen todas especies existentes y por
qué no existen las ya extintas. La primera hipótesis era que
unas especies evolucionaban en otras por medio de la selección natural. Luego se propuso la idea de «la supervivencia
del más fuerte» que devino en «la supervivencia del más
adaptado», es decir, la predicción de que los más adaptados

1. Collins, *op. cit.*, p. 14.
2. George Gaylord Simpson fue un paleontólogo norteamericano, fallecido
en 1984. Uno de los paleontólogos más influyentes del siglo XX, profesor de
Zoología en la Universidad de Columbia y de Geociencias en la Universidad
de Arizona.

sobreviven más. Luego se cambió el sujeto de la oración y se pasó a sostener que los que más sobreviven son los más adaptados (una sutil diferencia, ya se acepta que no se puede predecir quién sobrevive, sino que simplemente coronamos como «más adaptados» los que de hecho sobreviven, algo que es tan poco arriesgado como decir que los que ganan la lotería son los que tienen el boleto ganador). Posteriormente, ya se defendió que no siempre sobrevivían los más adaptados y finalmente se postula que unos sobreviven y otros no... lo que tampoco parece una proposición de extraordinaria osadía. Dicho por Thomas Hunt Morgan, premio Nobel de Medicina y Fisiología: «Al final parece poco más que una perogrullada decir que los individuos que están mejor adaptados para sobrevivir tienen una mejor opción a sobrevivir que aquellos que no están tan bien adaptados para sobrevivir».[3]

Pues, si al final la teoría de la evolución parece una perogrullada, lo cierto es que ha tenido una turbulenta evolución y ha sufrido una adaptación no sin sobresaltos a descubrimientos de nuevas ciencias que desdecían o al menos matizaban profundamente las hipótesis de la teoría de la evolución original. Veamos:[4] Jean-Baptiste Pierre Antoine de

---

3. Cit. por Tom Bethell, «Darwin's Mistake», *Harper's*, 252:1509 (febrero de 1976). Thomas Hunt Morgan fue un biólogo y genetista norteamericano. Fue el primero en demostrar que los cromosomas llevan los genes y que estos son la base mecánica de la herencia. Sus descubrimientos han sido básicos para la formación de la moderna ciencia genética. Fallecido en 1945, recibió el Premio Nobel de Medicina en 1933.

4. Para algunas partes de la historia de la teoría de la evolución y algunas de las cuestiones debatidas seguimos el magnífico compendio de Santiago Collado González, «Teoría de la evolución», publicado por el Grupo Ciencia, Razón y Fe de la Universidad de Navarra y en la Enciclopedia Filosófica online, promovida por la Pontifica Università della Santa Croce, 2022, <https://www.philosophica.info/voces/evolucion/Evolucion.html>. Consultado por última vez en enero de 2023.

Monet, caballero de Lamarck fue el primer evolucionista. En 1809 escribe *Philosophie zoologique* y expone una descripción sistemática de la evolución de los seres vivos. Según él, las especies provienen unas de otras, de las más simples a las más complejas y los cambios se producen por medio de la adaptación al ambiente, son cambios lentos y graduales que precisan periodos muy grandes de tiempo. Según Lamarck algunos de los órganos de los animales se atrofian por su desuso y otros se refuerzan por su uso habitual y estas modificaciones se transmiten por herencia a los descendientes. A diferencia de lo que después propondrá Charles Darwin, el sujeto de la evolución lamarckiana es el individuo. El individuo experimenta una evolución por uso o desuso adaptativo y esa evolución la transmite a su descendencia. Este proceso, que se ha llamado «herencia de caracteres adquiridos», ha sido terminantemente rechazado por la ciencia moderna. Simplemente, eso no ocurre en la realidad.

En 1858 Alfred Russel Wallace publica un documento sobre «La teoría de la evolución por la selección natural» junto con otro escrito de Charles Darwin, lo que convierte a ambos en cocreadores de lo que conocemos hoy por «teoría de la evolución». En 1859 el señor Darwin publica *Sobre el origen de las especies* con gran éxito. Hay que hacer notar que cuando los señores Wallace y Darwin proponen su teoría no se conocían las leyes de la herencia ni la ciencia de la genética que fueron descubiertas por Gregor Mendel, un monje católico austriaco de la orden agustina, y que se dieron a conocer ya en el siglo XX; de hecho, las explicaciones propuestas por el señor Darwin sobre la herencia de los caracteres resultaron erróneas y fueron rechazadas.[5] Básicamente lo que propone la teoría de la evolución entonces es que los descendientes heredan caracteres de sus progenitores y esto

---

5. Estas explicaciones no formaban parte del *Origen de las especies*.

ocurre de generación en generación; que durante este proceso ocurren variaciones espontáneas que son ciegas, es decir, que no se puede saber sus causas y que no tienen como objetivo una mayor adaptación del organismo al medio[6] y finalmente que los individuos mejor adaptados tendrán una mayor supervivencia y también una mayor descendencia.

Hay que decir aquí que en realidad el señor Darwin no «descubrió» nada —no en el sentido en el que, por ejemplo, el padre Lemaître descubrió la expansión del universo que es medible y comprobable—, sino que propuso una teoría, una idea, un argumento (algo que el propio señor Darwin admitía al final del *Origen de las especies*). «La biología no es la física y no parece que se deje atrapar por las redes de un método perfectamente unificado, definido y terminado»[7] y la carencia de esa mensurabilidad y verificabilidad ha hecho que esa teoría no haya dejado nunca de ser debatida.[8] A principios del siglo XX William Bateson, un biólogo inglés, propone la teoría de la «saltación», es decir, que la evolución no ocurría gradualmente —como postuló el señor Darwin—, sino que se producía a saltos. Estos «saltos» los había constatado el señor Bateson durante años de cuidadosos y controlados cruces experimentales en especies de plantas. La evidencia de esos experimentos no convencía a los darwinistas que se aferraban a la ortodoxia «gradualista». La polé-

---

6. En la primera edición de *El origen de las especies*, el señor Darwin rechaza la herencia de los caracteres adquiridos de Lamarck, pero después matizó ese rechazo.
7. Santiago Collado González, *op. cit.*
8. Muchas de las objeciones procedían y proceden de quienes no discuten la existencia de la evolución. Tampoco ayudó que el señor Darwin aceptara mecanismos de tipo lamarckiano interactuando con la selección natural, lo que, por ejemplo, fue objetado por August Weismann (1834-1914), un reconocido biólogo del siglo XIX favorable a la evolución. También lord Kelvin, el eminente físico formulador de las leyes de la termodinámica y contemporáneo del señor Darwin, propuso objeciones a su teoría.

mica entre ambas posturas fue muy acalorada y alcanzó incluso tintes violentos,[9] y para añadir elementos dramáticos a la controversia, cada una de las facciones estaba encabezada por antiguos amigos de juventud y estudios.[10] Y entonces como por casualidad cuatro científicos trabajando por separado[11] redescubren los trabajos del padre Gregor Mendel,[12] cuyos descubrimientos fueron para muchos un logro de mayor importancia que la propuesta del señor Darwin. Nace la nueva ciencia de la genética que introdujo a la biología en el ámbito de la cuantificación y de la experimentación. Otra casualidad, uno de esos cuatro científicos asiste a una conferencia del señor Bateson en Real Sociedad Hortícola en la que este describe sus experimentos en plantas y se da cuenta de que los experimentos realizados por el padre Mendel ofrecen a Bateson la evidencia independiente que necesitaba para confirmar su teoría del «saltacionismo». La genética sostenía

9. Una reunión de la sección zoológica de la Asociación Británica para el Avance de la Ciencia en 1904, en que iban a debatir las dos posturas, se tuvo que cancelar debido a la violencia con que se increparon las dos facciones apenas inaugurada la primera sesión.
10. William Bateson (1861-1926) y Walter Frank Raphael Weldon (1860-1906). La tercera persona que juega un papel mefistofélico en este drama fue Francis Galton, primo del señor Darwin, racista, y por ende, ateo, de quien hablaremos más adelante. Para una detallada historia de esta polémica y sus protagonistas: Davis LK (2022) «Weldon, Bateson, and the origins of genetics: Reflections on the unraveling and rebuilding of a scientific community». PLoS Genet 18(10): e1010379. <https://doi.org/10.1371/journal.pgen.1010379>. Octubre de 2022.
11. El agrónomo y botánico austriaco Erich Tschermak, el botánico holandés Hugo de Vries, el botánico norteamericano William Jasper Spillman y el botánico alemán Carl Erich Correns, todos ellos redescubridores de los principios y leyes de la genética que atribuyeron justificadamente al sacerdote católico, el padre Gregor Mendel.
12. Gregor Mendel fue un biólogo y matemático austriaco. Sacerdote católico de la orden agustina, sus experimentos con guisantes establecieron muchas de las reglas de la herencia que se conocen hoy como leyes de Mendel. Es reconocido como el fundador de la moderna ciencia genética.

también que las variaciones que daban lugar a la evolución debían de ser «discontinuas» y no pequeñas variaciones, como argumentaba el darwinismo. El señor Bateson se convertirá en uno de los mayores divulgadores de los descubrimientos del padre Mendel, traducirá sus obras del alemán al inglés y llamó a su último hijo Gregory, en honor al padre de la genética. Esos nuevos descubrimientos le permitirán proclamar en Cambridge, en 1904, «si alguno se inclina a examinar la naturaleza [...] no tardará en aprender la verdad acerca de las variaciones [...] una y otra vez las circunstancias de su ocurrencia hacen imposible suponer que esas diferencias tan pronunciadas sean el producto de la selección continuada». De este modo, la aparición de la genética debilitó la credibilidad de las tesis darwinianas.

En la primera mitad del siglo xx, Theodosius Dobzhansky —de quien ya hemos hablado en el capítulo «Dios y la evolución» y que era un fervoroso cristiano— consigue aunar los conocimientos de la genética con la teoría de la evolución —ya muy distinta de la original del señor Darwin— en su libro *Genética y origen de las especies*[13] para formular lo que se conoce como «teoría sintética de la evolución», que viene a ser una teoría de la evolución acomodada a las leyes y realidad de la ciencia genética, esta sí demostrable y reproducible.

Lamentablemente para la teoría de la evolución, tampoco la elaboración de la teoría sintética trajo paz o consenso, y es que los descubrimientos de la paleontología en el registro fósil —la ordenación cronológica de los fósiles encontrados— desdecían también el «gradualismo», que como ya hemos visto es una de las hipótesis básicas de la teoría de la evolución. Los avances en la paleontología, ciencia testaruda, mostraban ineludiblemente que en el registro fósil exis-

13. Publicado en 1937.

tente no había continuidad, sino que se observan saltos, grandes saltos. En 1972 los paleontólogos norteamericanos Stephen Jay Gould[14] y Niles Eldredge proponen una nueva teoría llamada del «equilibrio puntuado» basándose en el registro fósil y según la cual en la evolución había cortos periodos en los que los cambios evolutivos se producían muy rápidamente y luego otros largos periodos —que llamaban *stasis*— en las que las distintas especies permanecían estables. Con esta nueva teoría se diferenciaba «microevolución» (que nadie pone en duda y que es la que se puede constatar a nivel bioquímico, por ejemplo, una mutación o una modificación en un par de bases de un gen) de la «macroevolución» que lleva consigo grandes cambios como la diversificación de especies. El biólogo hispano-norteamericano Francisco Ayala dirá: «La macroevolución es un campo autónomo del estudio evolutivo y, en este importante sentido epistemológico, la macroevolución está desacoplada de la microevolución».[15] Una vez más, la teoría de la evolución evolucionaba para adaptarse esta vez a la paleontología.

14. Stephen Jay Gould, fallecido en 2002, profesor de la Universidad de Harvard. Probablemente el más famoso e influyente paleontólogo del siglo XX. El señor Gould en su libro de 1999 *Ciencia versus religión, un falso conflicto*, propone que la ciencia no está en conflicto con la religión y habla del concepto de «magisterios no superpuestos», según el cual el magisterio o dominio de la ciencia no está en contraposición con el magisterio o espacio de la religión. Este punto de vista poco beligerante con la religión fue virulentamente criticado por... el señor Dawkins en su libro *El espejismo de Dios*, en donde critica al señor Gould cuando este ya había fallecido y se opone a que la religión tenga nada que decir en lo que se refiere a la moral o los valores.
15. Ayala, F. J. «¿Es necesaria una nueva síntesis evolutiva?», Universidad de Valencia, 2006. Francisco José Ayala, nacido en Madrid en 1934, fue un profesor de Biología y Filosofía en las universidades de California, Irvine y Universidad de California, Davis. Fue ordenado sacerdote dominico en 1960, abandonando el sacerdocio ese mismo año.

Cuando ya quedaba poco de la teoría original de la evolución, otros descubrimientos en los años sesenta y setenta del siglo pasado vinieron a torpedear la selección natural. El mismo motor de la teoría de la evolución quedó en entredicho tras la publicación de *The Neutral Theory of Molecular Evolution*, del biólogo molecular y matemático japonés Motoo Kimura,[16] que basándose en nuevas técnicas que podían medir el grado de variación genética en las poblaciones, pudo concluir que la mayor parte de los cambios genéticos es neutral con respecto de la selección natural. «La gran mayoría de los cambios evolutivos a nivel molecular, tal y como revelan estudios comparativos de proteínas y secuencias de ADN son causadas no por selección darwiniana, sino por una aleatoria deriva de mutaciones neutrales o casi neutrales»,[17] dirá el señor Kimura en la introducción a su monografía de 1983. Es decir, que no hay «supervivencia de los más adaptados», sino supervivencia aleatoria. Incluso un evolucionista y militante ateo como Richard Lewontin reconoció en 1974 que en varias de las últimas teorías de la evolución (dicho así, en plural) «la selección natural no tiene ningún papel».[18]

No hemos referido en este resumen todos los debates sobre la teoría de la evolución que siguen abiertos y sin respuesta. Al final de esta evolución, la teoría del mismo nombre parece haberse quedado reducida a la constatación de que hay formas vivas que cambian, algo que no parece un

16. Motoo Kimura, fallecido en 1994, fue un biólogo y matemático japonés. Tras publicar su documento sobre la teoría neutral de la evolución molecular en 1968 se pasó gran parte de su carrera defendiéndose de los ataques —de casi todo tipo— de darwinistas. Creó modelos matemáticos para testar y comprobar su teoría y produjo gran cantidad de evidencia que plasmó en 1983 en su libro *The Neutral Theory of Molecular Evolution* y en otro libro, *My Views on Evolution*, publicado en 1988.
17. Cit. por Berlinski, *op. cit.*, p. 194.
18. Lewontin RC, «The Genetic Basis of Evolutionary Change», 1974. Cit. por Tom Bethell, *op. cit.*

gran hallazgo, todo sea dicho. Porque la realidad es que la teoría de la evolución no explica —ni se espera que lo haga— cómo empezó la vida (hablaremos de ello más adelante), pero tampoco hay consenso en las explicaciones sobre cómo evolucionó esa vida ya creada, si gradualmente o a saltos pequeños o a grandes saltos o de todas esas formas y si todas esas formas a la vez o sucesivamente; tampoco se sabe si tales formas de evolución afectan igualmente a la «macroevolución» y/o la «microevolución»; también ignoramos el sujeto de la evolución, ya que no hay consenso sobre si es el individuo de una población o bien la especie; y ya puestos, tampoco hay acuerdo sobre el mismo concepto de especie;[19] tampoco se conoce el grado de intervención de la selección natural, ni siquiera hay unanimidad sobre si de verdad actúa en absoluto, algo que admiten incluso grandes admiradores del señor Darwin, como el premio Nobel Hermann Muller:[20] «Hemos visto que si la selección [natural] pudiera ser evitada de tal forma que todas las variedades sobrevivieran y se multiplicaran, las más altas formas [de vida] hubieran surgido en cualquier caso», o, dicho de otra forma, la selección natural no explica el resultado. Finalmente, tampoco se pretende ni se espera que tal teoría sea probada, como admitió cándidamente Arthur Keith,[21] antropólogo evolucionista

19. «La noción (de especie) ha sido objeto de importantes debates desde el inicio de la teoría de la evolución. El debate sobre esta noción tiene además especiales connotaciones filosóficas». Santiago Collado González, *op. cit.*
20. Hermann Joseph Muller, fallecido en 1967, fue un genetista norteamericano, premio Nobel de Medicina y Fisiología en 1946, «por el descubrimiento de las mutaciones que pueden ser inducidas por los rayos X», citado por Tom Bethell en «Darwin's mistake».
21. Arthur Keith fue un antropólogo británico fallecido en 1955. Darwinista, racista «científico», favorable a la segregación racial y seguidor de Francis Galton (véase nota 3 del cap. 17). Estuvo involucrado en la estafa del llamado «hombre de Piltdown» que se hizo pasar por «el eslabón perdido entre el mono y el hombre» y resultó una falsificación.

que tuvo el honor de escribir el exordio de varias ediciones de la obra del señor Darwin: «La evolución no está demostrada y es indemostrable. Creemos en ella solo porque la única otra alternativa es la Creación específica, y eso es inimaginable».[22] El señor Keith era un darwinista, racista, segregacionista y promotor de la eugenesia (no son epítetos que pretendan agraviar, sino que son las propias definiciones del señor Keith sobre sí mismo), y aquella declaración —con frecuencia secundada por científicos ateos militantes— representa precisamente aquello que la ciencia no es. Recordamos el axioma acuñado por el matemático y filósofo de la ciencia Jacob Bronowski, sobre el deseable comportamiento del científico: «DEBEMOS actuar de tal forma que lo que ES verdad pueda ser verificado como tal»[23] (las mayúsculas en el original).

Parece evidente que unas realidades que no puede explicar la teoría de la evolución son cualquiera del ámbito espiritual. Los más sensatos de entre los seguidores de esta teoría convienen que tales realidades no son su objeto y no pretenden su explicación, pero lamentablemente la sensatez está desigualmente distribuida entre los escépticos. Así, en un libro publicado en 2004 *(El gen de Dios: Cómo la fe está programada en nuestros genes)*[24] el autor pretendía que una característica que el bautizó como «autotrascendencia» y que asociaba con la capacidad de un individuo a aceptar

22. Cit. por Joshua Spatha en «Even Atheists Believe in a Creator» en *mperspective* actualizado el 3 noviembre 2019. Se puede leer en <https://www.mperspective.org/post/2015/07/07/even-atheists-believe-in-a-creator>.
23. Brownowski, J. «Science and Human Values» Harper Row, Perennial Library, 1972. p. 58.
24. *The God Gene: How Faith is Hardwired into our Genes*, Doubleday 2004, escrito por Dean Hamer un genetista norteamericano, ya jubilado que fue investigador independiente del Instituto Nacional de Salud norteamericano durante treinta y cinco años, la mayor parte de su carrera.

ideas o realidades que no se pueden probar o medir, era una característica hereditaria y que existía una variante de un gen concreto que se asociaba con una mayor «autotrascendencia». Dicho de otro modo, que la «autotrascendencia» —algo así como la capacidad de tener una fe, o la credulidad— era hereditaria y genéticamente reconocible.

Un problema no menor de este libro es que ninguno de los estudios o de los datos que incluía fueron publicados en literatura científica, ni evaluados por pares —procedimiento habitual entre científicos— ni validados de ninguna forma. Debido a ello, los científicos expertos no consideraron seriamente ni la obra ni sus teorías, pero eso no impidió que la prensa generalista e ideológicamente activista[25] —si se me permite el eufemismo— le diera gran publicidad. (Sería interesante comprobar el nivel de «autotrascendencia» —léase en este caso credulidad— del «periodismo comprometido»).

Un crítico de la revista *Scientific American*[26] escribió con ironía que el título adecuado para el libro habría sido «Gen responsable de menos del uno por ciento de la variación encontrada en puntuaciones de un cuestionario psicológico diseñado para medir un factor llamado "autotrascendencia", que puede significar cualquier cosa, desde pertenecer a un partido ecologista hasta creer en el poder extrasensorial, conforme a un estudio no publicado y no reproducible».[27]

---

25. El libro ocupó portadas y titulares en prensa con un perfil políticamente izquierdista como los una vez influyentes *The New York Times* y la revista *Time*, frecuentemente asociados con ideologías cristianófobas.
26. *Scientific American* es una revista de divulgación científica norteamericana, publicada desde 1845 ininterrumpidamente, lo que la convierte en la más antigua en Estados Unidos. En ella han escrito científicos famosos como Albert Einstein o Nikola Tesla, aunque normalmente no se posiciona sobre temas políticos o religiosos, sí lo ha hecho en algunas contadas ocasiones, alineándose con partidos o posiciones políticas izquierdistas.
27. Cit. por Collins, *op. cit.*, p. 281.

Y es que las realidades espirituales parecen quedar al margen de la explicación de cualquier variante de la teoría de la evolución, y esas realidades —no nos engañemos— son tan objetivas como las físicas y tienen por lo general más peso en nuestras vidas, por mucho que no se puedan pesar físicamente: El amor es tan real como el teclado que tengo bajo mis dedos y tiene una influencia en nuestras vidas como no la tiene ninguna realidad corpórea. Como afirmó C. S. Lewis, «el único lugar fuera del Cielo donde uno puede estar perfectamente a salvo de todos los peligros y perturbaciones del amor es el infierno» y es que un mundo materialista es en realidad un infierno; y el propio señor Lewis nos propuso «varios amores», todos ellos reales, ciertos e innegables: el afecto, la amistad, el eros y la caridad… y no, no hay prueba alguna de que ninguno de esos anhelos, sentimientos o decisiones sean «meras excreciones químicas» del cerebro, como alguno ha dicho para poder seguir siendo «tranquilamente agnóstico». Igual de reales —y de inmateriales— son la filantropía o el altruismo (de hecho la tendencia de los humanos a sacrificar su vida por otros o por ideales abstractos es en sí misma una refutación de los postulados del evolucionismo); también la existencia de la ley moral (que ha sido una poderosa prueba de la existencia de Dios para muchos)[28] o la ciencia teórica y la filosofía (todavía estamos esperando a que algún autor evolucionista nos ilumine sobre en qué forma mejora las posibilidades de supervivencia de la especie el conocer la naturaleza de los agujeros negros o el lucubrar sobre metafísica) y no menos realidades son el arte y la creación y la contemplación de la belleza (no parece que ninguna

---

28. «La ley moral sigue siendo para mí la más clara señal de Dios. Más que eso, apunta hacia un Dios que se preocupa por los seres humanos y un Dios infinitamente bueno y santo». Son palabras de Francis Collins relatando su conversión de ateo a teísta y cristiano.

de esas actividades conceda una ventaja evolutiva), etc., etc., etc. De hecho, son esas realidades espirituales las que más nos importan a los seres humanos, las que más nos conmueven, las que más nos satisfacen y las que más nos desconsuelan. Son realidades exclusivamente humanas y de ninguna otra especie y no se pueden explicar por ningún mecanismo evolutivo. Parece tener razón el papa Pío XII cuando dijo que «si el origen del cuerpo humano proviene de materia viva que existía previamente, el alma espiritual es creada directamente por Dios».[29]

Como hemos repetido, la teoría de la evolución explicaría cómo «funciona» la vida, lo que no contradice la existencia de un Creador para esa vida (si acaso, la exige), del mismo modo que aprender algo sobre cómo funciona un automóvil no demuestra que no haya habido un fabricante (más bien al contrario). La teoría de la evolución da luz sobre «cómo funciona el automóvil de la vida», aunque no lo explica del todo, ni del todo bien... y aún menos explica cómo apareció «ese automóvil». Si la teoría de la evolución apunta a la existencia de Dios, la aparición de la vida le otorga evidencia, como veremos.

---

29. Cit. por el papa Juan Pablo II, «Mensaje a la Academia Pontificia de Ciencias: Sobre la evolución», 22 de octubre de 1996.

17

Evolucionismo, el tumor de la evolución

El evolucionismo es promovido por sus practicantes
como algo más que simplemente ciencia.
El evolucionismo es promulgado como una ideología, una
religión secular, una completa alternativa al cristianismo
con significado y moralidad. Soy un ardiente
evolucionista y un excristiano, pero debo admitir que en
esta queja [...] los creacionistas tienen absolutamente
razón. El evolucionismo es una religión.

MICHAEL RUSE[1]

Pasa con más frecuencia que la necesaria que muchos debates y desacuerdos son producidos por confusiones semánticas. Confusiones que en ocasiones son provocadas o al menos mantenidas por interés. Un buen ejemplo es el equívoco frecuente entre teoría de la evolución y el evolucionismo. Este último es una filosofía o una «cosmovisión»

1. Michael Ruse es un filósofo de la ciencia canadiense nacido en 1940. Es profesor en la Universidad de Florida State. El señor Ruse es ateo pero contrario al «nuevo ateísmo». La cita aparece en en «Saving Darwinism from Darwinians», *National Post*, 13 de mayo de 2000.

—si se me permite la pedantería— según la cual la totalidad de la creación se explica a través de los mecanismos de la teoría de la evolución. El evolucionismo es la aplicación de la teoría de la evolución «a lo bestia» y sin excepciones, lo que convierte a los evolucionistas en poco más que monomaniacos. Pretenden los evolucionistas explicar con la teoría de la evolución toda la realidad, material e inmaterial incluyendo, por ejemplo, la existencia de la moral, o del amor, o del deseo de conocimiento, o del ansia de eternidad... algo con tantas posibilidades de éxito como interpretar una sinfonía de Mozart con solo un tambor. Los evolucionistas sostienen que si Dios existiera debería, por tanto, estar sometido a los mecanismos de la teoría de la evolución. No es extraño entonces que autores «ateos débiles» concluyan que Dios no existe, simplemente porque «no ha podido evolucionar», algo así como si un fontanero pretendiese que la luz no existe porque no se difunde por tuberías.

El evolucionismo es a la teoría de la evolución lo que un tumor es a un conjunto de células sanas, y es que el evolucionismo no es una teoría científica, es una teoría filosófica o incluso más bien una ideología que tiende a fagocitar la teoría de la evolución para obtener algún prestigio y avanzar sus postulados. Algo similar a lo que hizo el mecanicismo[2] —otra ideología reduccionista y atea— con la física y la mecánica a lo largo de un par de siglos a partir del XVII. Entonces se vivió el nacimiento y auge de la física moderna y la sorpresa por los primeros ingenios mecánicos y como

---

2. El mecanicismo afirma que la única forma de causalidad es la física y entre las entidades materiales, niega por tanto la existencia de las entidades espirituales y es netamente materialista. Los escritores ateos Thomas Hobbes, Ludwig Feuerbach o el marxista Nikolai Bujarin son autores normalmente adscritos a este pensamiento.

ocurre con un niño a quien le regalan un juguete nuevo y todo lo demás deja de existir, los espíritus ateos del momento postularon que el universo, el mundo y todo lo que en él había no eran sino máquinas o como máquinas, reduciendo toda la realidad a su parte física y a sus interacciones mecánicas. Los animales y todos los seres vivos eran máquinas sin sentimientos y la biología era mecanicista, como también lo era el lenguaje, la inteligencia, el arte y la moral... Ahora produce rubor que alguien —y algunos inteligentes— creyeran semejantes necedades, pero es que siempre es más fácil ruborizarse por las sandeces de nuestros antepasados (mecanicistas) que exponer las de nuestros contemporáneos (evolucionistas).

En una de esas paradojas mordaces que tanto vemos en la historia del ateísmo fue precisamente el desarrollo de la ciencia física la que hizo entrar en crisis el mecanicismo, de igual manera que el desarrollo de la biología y la bioquímica han desmontado el evolucionismo, eso no evita que haya —incluso actualmente— furibundos defensores del evolucionismo. (La mayoría de los «neoateos» lo son).

Otra característica del evolucionismo que con frecuencia los autores modernos disimulan es su inevitable inclinación al racismo, eso sí, «racismo científico», que es racismo igualmente pero que adjetivado debe hacer sentir mejor a quienes lo practican.

Si alguien cree religiosamente en el evolucionismo, necesariamente concluirá que hay diferencias de valor entre las razas, ya que algunas de ellas, las llamadas a sobrevivir, están más evolucionadas y son «superiores» a otras. Otra lógica conclusión es que se puede «mejorar la raza» evitando cruces con poblaciones «menos adaptadas o fuertes». La eugenesia, la pseudociencia que pretende dirigir la evolución humana mediante la selección artificial de seres humanos, nació como consecuencia del darwinismo. De hecho, su creador y gran valedor fue Francis Galton[3] —a quien ya mencionamos—, un primo del señor Darwin, quien sistematizó las ideas eugenésicas y racistas tras leer *El origen de las especies*. Leonard Darwin —un hijo de Charles Darwin— fue el presidente de la Sociedad Eugenésica Británica a principios del siglo xx y Charles Galton Darwin —nieto de aquel Charles— lo fue durante más de treinta años. Todo quedaba en familia.[4]

Francis Galton opinaba que los sujetos más aptos (según la raza, la inteligencia y la posición económica) debían tener más hijos y se les debía incentivar a ello al tiempo que se debía impedir la descendencia de los otros sujetos (gente de otras razas, enfermos o simplemente pobres). No es sorprendente que el señor Galton perteneciera a la raza que él consideraba superior, que viniera de una familia adinerada y que él se considerara a sí mismo un genio («en su propia estimación, él era un hombre supremamente inteligente»),[5] aunque

3. Francis Galton, muerto en 1911, fue primo segundo de Charles Darwin y se le considera el padre de la eugenesia y del «racismo científico». El señor Galton justificó el genocidio sobre la base del racismo. Propuso una «religión» basada en la eugenesia. El señor Galton fue nombrado caballero por la reina de Inglaterra. Lo hemos mencionado en el capítulo «La evolución de la evolución». El señor Galton jugó un papel diabólico enfrentando y fomentando el odio entre quienes inicialmente eran buenos amigos: el señor Bateson y el señor Weldon. Véase nota 10 del cap. 16.
4. Otro darwinista ateo y racista de quien ya hemos hablado en la parte dedicada a la física fue Ernst Haeckel, zoólogo alemán fallecido en 1919, gran promotor de las ideas del señor Darwin. Opinaba que «esas razas inferiores (como los vedas o los negros australianos) están psicológicamente más cerca de los mamíferos (monos o perros) que de los europeos civilizados, tenemos por tanto que asignar un valor completamente diferente a sus vidas». («The Wonders of Life», cit. en la voz «Ernst Haeckel» en la Wikipedia en inglés).
5. R. Winston, «Eugenics has evil in its DNA», artículo publicado en *The Times* el 23 de febrero de 2020. En el mismo artículo el autor también menciona un comentario en X del señor Dawkins en favor de la eugenesia, comentario que fue borrado posteriormente.

en realidad nunca pudo terminar sus estudios de medicina, pero al tiempo no deja de ser irónico que un hombre con esas ideas no tuviera descendencia. El señor Galton era ateo —lógicamente— y al final de su vida escribió una novela que describía una sociedad utópica dirigida por una religión eugenésica que tenía como objetivo el criar seres humanos más inteligentes y adaptados. En sus propias palabras: «Existe el sentimiento, por lo general poco razonable, en contra de la extinción gradual de las razas inferiores».[6] Un buen título para la novela hubiera sido «El sueño de Adolf».[7]

El trabajo del señor Galton fue aplaudido por el señor Darwin en sus cartas[8] y fue lo que le incentivó a escribir *The Descent of Man*,[9] libro en que el padre de la teoría de la evolución se explaya en sus propias ideas racistas. Las pretensiones del señor Galton también tuvieron gran influencia en el mundo occidental hasta después de la Segunda Guerra Mundial. A partir de 1912 se pusieron en práctica leyes en Inglaterra y Alemania para favorecer la reproducción de personas consideradas «valiosas»; Canadá llevo a cabo miles de

6. *Enciclopedia del genocidio.* Cit. en la voz «Francis Galton» en la Wikipedia en inglés. Es interesante observar como muchas de estas opiniones del señor Galton o el señor Darwin, que entonces merecieron los más altos honores por parte del entonces Imperio británico, son omitidas en las biografías de la *Enciclopedia Británica.* Véase <https://www.britannica.com/biography/Francis-Galton>.
7. La novela se titulaba *Kantsaywhere.* Sus contenidos escandalizaron incluso a los propios evolucionistas y partidarios de la eugenesia, tanto que familiares del señor Galton destruyeron las copias de la novela, que se conserva solo parcialmente.
8. Véase en «Profiles in Scientific Racism: Francis Galton», publicado en *Anthropology365* el 24 de agosto de 2017. <https://anthropology365.com/2017/08/24/profiles-in-scientific-racism-francis-galton/>.
9. *El origen del hombre.* Es el segundo libro sobre la teoría de la evolución de Charles Darwin, publicado en 1871 en inglés y en 1876 en español. Mucho menos citado que el primer libro del señor Darwin, posiblemente porque en él se reflejan las ideas racistas del autor.

esterilizaciones forzosas (¡hasta 1970!) y también hubo programas de esterilización forzosa de deficientes mentales en Australia, Reino Unido, Estonia o Suiza; en todos los países escandinavos y en algunos estados de Estados Unidos se decretaron prohibiciones de reproducción y esterilizaciones forzosas para «deficientes» (cuando usted deja al Estado o a los políticos decidir quién es «deficiente», lo más posible es que acabe tocándole a usted). La eugenesia se consideraba entonces en ambientes científicos y sociales como «progresista» —un término equívoco como pocos, pues es imposible olvidar que las progresiones son tanto ascendentes como descendentes— y los «progresistas» regímenes soviético y nazi la abrazaron calurosamente. En la Unión Soviética se creó la Sociedad Eugenésica en 1920, dirigida por Nikolái Konstantinovich Koltsov hasta 1940, cuando fue purgado y —siguiendo una ancestral costumbre comunista— envenenado; suponemos que los concienzudos «socialistas científicos» no quisieron dejar cabos sueltos, así que ese mismo día su mujer cometió suicidio. En la Alemania nazi se esterilizó a cientos de miles de personas que se consideraba «no aptos» al tiempo que crearon un programa para que mujeres «racialmente puras» fueran fecundadas por oficiales de las SS. «La eugenesia alcanzó gran popularidad en las primeras décadas del siglo XX, cuando fue promovida por gobiernos, instituciones e individuos influyentes (como el escritor socialista y ateo G. B. Shaw). Muchos países promulgaron leyes eugenésicas, incluyendo chequeos genéticos, control de la natalidad, promoción de índices de natalidad diferenciados, restricciones al matrimonio, segregación racial, esterilización obligatoria, abortos obligatorios o embarazos obligatorios, culminando finalmente en genocidio».[10] En España la promoción de la eugenesia apareció con la Segunda Repúbli-

10. Cit. en la voz «Eugenics» en la Wikipedia en inglés.

ca apoyada por las organizaciones y partidos anticristianos y ateos (socialistas, radicales, masonería...). Las I Jornadas Eugénicas Españolas se celebraron en 1933 promocionadas por Manuel Azaña, bajo la presidencia del socialista Fernando de los Ríos.[11]

El objetivo final de los darwinistas fue manifestado por Leonard Darwin en su discurso ante el I Congreso Internacional de Eugenesia: «La eugenesia se convertirá no solo en el grial, sustituto de la religión, como Galton había esperado, sino en un "deber primordial" cuyos principios presuntamente se harán exigibles».[12] No es, por tanto, una sorpresa que el gran opositor a la eugenesia en un momento en que era lo «científico», lo «moderno» y lo «progresista» fueran personalidades religiosas, las religiones organizadas y en particular la Iglesia católica. Halliday Sutherland, el médico escocés pionero contra la tuberculosis, o Gilbert K. Chesterton, el escritor, filósofo y apologista británico —ambos conversos al catolicismo— fueron críticos muy beligerantes contra la eugenesia y el papa Pío XI en la encíclica *Casti connubii* en 1930 explícitamente condenó las leyes de esterilización. Es bueno tener cierta perspectiva histórica para ver quién se sitúa finalmente en «el lado correcto de la historia» y quién en el «lado oscuro».[13]

Ahora tengo que solicitar la indulgencia del lector, puesto que para ilustrar este punto creo conveniente incluir va-

11. Ministro de Instrucción Pública. Socialista y grado 33 en la masonería y delegado del Gran Oriente español.
12. Leonard Darwin, 1912. Citado en la voz «Eugenesia» en Wikipedia en español.
13. Sobre la gran influencia que el darwinismo ejerció en el nazismo, se puede leer en *From Darwin to Hitler. Evolutionary Ethics, Eugenics and Racism in Germany*, Palgrave Mac Millan, 2004, de Richard Weikart: sostiene que el darwinismo no fue una causa suficiente para el nazismo, pero sí una causa necesaria para la aparición de esa ideología.

rias citas que son reveladoras por sí solas. Aunque las citas son verbosas según el gusto victoriano de la época, uno no puede evitar la conclusión de que una vez perdida la brújula moral que proporciona la creencia en Dios, el ateísmo evolucionista produce una inopinada deriva sectaria. Comprobémoslo escuchando las palabras del propio fundador: «En un futuro no muy distante, medido en siglos, las razas humanas civilizadas con toda probabilidad habrán exterminado y reemplazado las razas salvajes a lo largo del planeta. [...] Esta brecha (o sea, el hueco evolutivo) se hará cada vez mayor, porque se dará entre el hombre en un estado más civilizado que el caucasiano y un simio tan bajo como el babuino, en vez de darse como ahora entre el negro o el australiano y el gorila».[14] Por si acaso no ha quedado clara toda la profundidad del pensamiento racista del señor Darwin, les aclaro que según él en el momento presente el negro o el australiano (se entiende que se refiere a los aborígenes, no a los británicos que los exterminaron) están situados como un eslabón evolutivo entre el gorila y el hombre caucásico.[15] Esa declaración del señor Darwin recuerda la de otro evolucionista mucho menos distinguido: «Ha habido humanos al nivel del babuino por lo menos durante trescientos mil años. El mono se distingue del humano más bajo menos de lo que ese humano se distingue de un pensador como, por ejemplo, Schopenhauer». La insistencia de autores evolucionistas

14. C. Darwin, *The Descent of Man*, primera parte, cap. VI, p. 201. Cit. por Hahn y Wiker, *op. cit.*, p. 147.
15. Soy de los que piensa que todas las personas tienen derecho a manifestar su opinión, incluso si es tan nauseabunda como la del señor Darwin, pero para todos aquellos menos tolerantes, que leyendo estas líneas tengan el impulso irrefrenable de destrozar algo —en consonancia con la barbarie *woke*— les hago notar que el autor de este libro es solo «el mensajero». Estas opiniones del señor Darwin tienden a ser ocultadas y la consideración del señor Darwin como racista desechada sin atender a la evidencia de los escritos del propio autor de *El origen de las especies*.

ateos en mencionar a los babuinos nos hace pensar en una posible encubierta relación familiar, al fin y al cabo, los babuinos son conocidos por su agresividad..., lo que me recuerda que la última cita es de Adolf Hitler.[16]

Pero siguiendo con el señor Darwin y en sus propias palabras:

> Con los salvajes, aquellos que son débiles de cuerpo o de mente pronto son eliminados; y los que sobreviven habitualmente muestran un vigoroso estado de salud. Nosotros, los hombres civilizados, hacemos todo lo posible para detener el proceso de eliminación; construimos sanatorios para los locos, los tullidos y los enfermos; creamos leyes para los pobres; y nuestros médicos ponen en juego toda su destreza para salvar cada vida hasta el último instante. Hay motivos para creer que las vacunas han salvado la vida de miles de personas que, por su mala constitución, habrían sucumbido de viruela en tiempos pretéritos. Así propagan su especie los miembros más débiles de las sociedades civilizadas. Cualquiera que haya prestado atención a la cría de animales domésticos se dará cuenta de que esto es altamente lesivo para la raza humana. Es sorprendente lo rápido que la falta de cuidados, o cuidados mal prestados, causan la degeneración de una raza doméstica; *pero excepto en el caso del hombre mismo, pocos hay tan ignorantes que permitan procrear a sus peores animales* [la cursiva es añadida].[17]

O bien: hay que asegurar de algún modo que «los miembros más bajos y más débiles de la sociedad no tengan tanta

16. *Hitlers Tischgespräche im Führerhauptquartier*, ed. Henry Picker, Frankfurt, Ullstein, 1989, pp. 73-75.
17. Darwin, *The Descent of Man*, primera parte, cap. V, p. 168. Cit. por Hahn y Wiker, *op. cit.*, p. 144.

libertad para casarse como los sanos», lo cual podría conseguirse si «los débiles de cuerpo o de mente se abstienen del matrimonio».[18]

O bien: «La pobreza no es solo un gran mal, sino que tiende a aumentar debido a la insensatez en los matrimonios [...] si el prudente evita el matrimonio mientras que el insensato se casa, los miembros inferiores tienden a suplantar los miembros mejores de la sociedad».[19]

Los seguidores del darwinismo social (como se ha venido a llamar también a la eugenesia y al conjunto de ideas racistas basadas supuestamente en la teoría de la evolución) fueron diabólicamente activos en la promoción de sus ideas y como hemos visto, la baba de tal ideología todavía pervive en muchos de los escritos del «nuevo ateísmo». En el documental *Human Zoos: America's Forgotten History of Scientific Racism*[20] se recuerda como el presidente de la Sociedad Estadounidense para el Avance de la Ciencia, William McGee, transportó a miles de indígenas de varias partes del mundo para presentarlos en un «zoológico humano» en la Feria Mundial de 1904 que se celebró en la ciudad norteamericana de St. Louis. También el zoológico del Bronx, en Nueva York, exhibió un hombre pigmeo[21] en una jaula junto a un orangután y cuando dos sacerdotes protestaron sobre el trato inhumano *The New York Times* (periódico que acogió y acoge calurosamente el credo evolucionista) respondió con un artículo asegurando que «los pigmeos [...] están muy bajos en la es-

18. *Ibid.*, p. 169. Cit. por Hahn y Wiker, *op. cit.*, p. 145.
19. *Ibid.*, vol. I, p. 618, cit. en *Anthropology365*, 24 de agosto de 2017.
20. Producido por John West. Se puede ver completo en inglés en YouTube, <https://www.youtube.com/watch?v=nY6Zrol5QEk>.
21. El promotor de la idea fue Samuel Phillips Verner, un explorador norteamericano. Ota Benga era el nombre del pigmeo africano a quien tuvieron en exhibición en el zoológico. Este terminó con su propia vida tras ser liberado y no tener forma de regresar a su África natal.

cala humana».[22] Es justo recordar aquí que Margaret Sanger, la fundadora de Planned Parenthood[23] (la mayor multinacional de clínicas abortivas del mundo) era una ferviente evolucionista y racista que consideraba que las personas que no eran blancas o que tenían discapacidades estaban más cerca de los animales que de los humanos. «Utilizaba el término "desecho humano" y apoyaba el aborto y la esterilización a fin de "mejorar" la población a través de la eugenesia».[24]

En definitiva, el evolucionismo es algo parecido a una excrecencia de la teoría de la evolución y tiende —interesadamente o no— a confundirse con ella. El evolucionismo es materialista, ateo, racista, pretendidamente científico, (aunque en realidad sea una ideología acientífica: ni ofrece ni pretende ofrecer evidencias empíricas, ni predice, ni pretende predecir la realidad, ni ha sido contrastada ni se espera que lo sea), y además profundamente amoral y pesimista (como toda ideología atea, podemos decir). En palabras del evolucionista, y, por ende, ateo señor Dawkins: «El universo que observamos tiene precisamente las propiedades que esperaríamos si al final no existiera diseño, ni propósito, ni bien, ni mal, nada, excepto ciega indiferencia inmisericorde».[25] Lamento que sea así el universo que el señor Dawkins observa o se ha creado para sí, pero puedo asegurar que ese no es mi universo, ni el que veo en la muy inmensa mayoría de los seres humanos, ni —deseo fervientemente— el de usted.

22. Cit. en «Darwin's racism», de Julie Borg, 18 de junio de 2020. Publicado en la revista *World*.
23. Un magnífico documental sobre la señora Sanger se puede ver en EWTN España, en la serie *Santos y villanos*, capítulo «Papa Pablo VI vs. Margaret Sanger», <https://ewtn.es/santos-vs-villanos/>. Por si alguien tiene dudas antes de ver el programa, la señora Sanger no es la santa en este episodio.
24. *Ibidem.*
25. R. Dawkins, *River Out of Eden: A Darwinian View of Life*, Londres, Weidenfeld and Nicholson, 1995. Cit. por Collins, *op. cit.*, p. 211.

18

Evolucionismo ateo.
La vida (humana) no es bella

La teoría del señor Darwin no precisa ser ateísta, sea
verdadera o no, simplemente puede estar sugiriendo una
idea mayor del talento y la presciencia Divina... No veo
que la «evolución accidental de seres orgánicos» sea
inconsistente con el diseño divino. Es accidental para
nosotros, pero no para Dios.

San John Henry Newman[1]

El evolucionismo ateo y el materialismo tienen consecuencias
necesarias cuya imposible admisibilidad demuestra la falsedad de la teoría que lleva a ellas. Si usted va caminando con la

1. John Henry Newman fue un teólogo, filósofo, historiador, poeta y polímata inglés fallecido en 1890. Primero sacerdote cristiano anglicano, fue el teólogo más importante de esa religión durante la era victoriana. El más influyente profesor de la Universidad de Oxford en su día, también fue el iniciador
del Movimiento de Oxford en la Iglesia de Inglaterra. Tras dos años de retiro
y estudio se convirtió al catolicismo. Fue elevado al cardenalato por el papa
León XIII. Beatificado en 2010 por el papa Benedicto XVI, fue canonizado
por el papa Francisco en 2019. Sobre la cita: John Henry Newman, carta a
J. Walker de Sarborough, 22 de mayo de 1868. Cit. por G. Verschuuren,
A Catholic Scientist Proves God Exists, Sophia Institute Press, 2019, p. 64.

intención de regresar a casa, y ante un cruce de caminos decide tomar el sendero de la izquierda y este le lleva a un precipicio, concluirá que en aquel cruce usted tomó el camino equivocado. De igual modo, cuando el evolucionismo nos aboca a un precipicio, debemos concluir que es una teoría equivocada.

Una consecuencia del evolucionismo es la eugenesia y el «racismo científico», de los que ya hemos hablado en el capítulo anterior. Como confiesa el propio señor Dawkins, «ninguna persona decente querría vivir en una sociedad que funcionase según leyes darwinianas [...]. Una sociedad darwinista sería un Estado fascista».[2]

Por otra parte, el evolucionismo ateo es materialista, como hemos visto, y una consecuencia necesaria del materialismo es que no existe la verdad o forma de conocerla: «Si el materialismo fuera cierto, me parece que no podríamos saber si es verdad; (ya que) si mis opiniones son el resultado de procesos químicos en mi cerebro, estarían determinadas por la química y no por las leyes de la lógica».[3]

Lo cierto es que los materialistas —o al menos la mayoría de ellos— no son capaces de abrazar todas las consecuencias de sus ideas, algo que, por otro lado, es lógico puesto que una de las consecuencias de tales ideas es que esas mismas ideas no tienen especiales posibilidades de ser ciertas. Una interesante paradoja. Es como si alguien postulase que «nadie es capaz jamás de decir verdad alguna», para luego pedir nuestra atención porque nos van a contar «la verdad verdadera». No es extraño que se necesite mucha credulidad para ser materialista.

2. Tomado de una entrevista al periódico austriaco *Die Presse* (30 de julio de 2005, p. 8), cit. por Hahn y Wiker, *op. cit.*, p. 150.
3. J. B. S. Haldane, *The Inequality of Man*, Penguin Books, 1932, p. 162. Cit. por G. Verschuuren, *How Science Points to God*, Sophia Institute Press, 2020, p. 172.

Otra lógica deducción del evolucionismo materialista es que el ser humano no es libre. Estamos determinados. Es una idea que nos puede producir consuelo en algún momento de debilidad («no fue culpa mía, sino de mis padres, la sociedad, las circunstancias, mi educación, o del perro del vecino»), pero, lamentablemente, para el materialismo, la experiencia de cada uno desdice miles de veces este planteamiento cada día y la historia de la humanidad la refuta millones. El hombre tiene libre albedrío y lo ejerce.

Este conjunto de lógicas consecuencias del materialismo ateo son solo una exageración en la medida en que en la práctica no son sostenidas públicamente por la mayoría de los materialistas, pero no porque no sean conclusiones necesarias de esa ideología. William Provine,[4] profesor de Historia de la ciencia, ateo militante y evolucionista, era también determinista, rechazaba la idea de que los hombres pudieran ejercer el libre albedrío; era amoral, consideraba que no había ninguna base objetiva para distinguir el bien y el mal y creía que la vida no tenía sentido o propósito último... No podemos decir que sea un plan de vida apetecible, pero al menos el señor Provine era un materialista consecuente. Otros apologistas ateos ocultan parte o todos los corolarios que se deducen de su ideología, posiblemente porque repugnan a nuestra —y a su— naturaleza o porque entienden que mostrar esas consecuencias reduce el atractivo de su ideología.

Finalmente, otra consecuencia del evolucionismo ateo es que va precedido y/o acaba produciendo un profundo desdén o incluso desprecio hacia el ser humano. Ese sentimiento no viene provocado porque esos autores se conozcan a sí mismos en profundidad —como podría ser—, sino

4. William Provine, profesor norteamericano de la Universidad de Cornell. Fallecido en 2015.

que es una consecuencia lógica de su ideología. Si el ser humano no es sino un producto más o menos afortunado de un proceso evolutivo no dirigido, entonces el ser humano es poco más que una cucaracha que puede realizar procesos mentales complejos, y debería tener la consideración de una cucaracha más dotada. No es por casualidad que prácticamente todos los genocidas hayan sido ateos y que la inmensa mayoría de los holocaustos se hayan practicado en nombre de ideologías ateas. (En la quinta parte, en que tratamos cuestiones finales, proponemos un listado de los crímenes, genocidios, purgas, asesinatos en masa y otras barbaridades realizadas por gobernantes ateos solo en el último siglo. Es imposible negar que la cantidad y amplitud de los actos perversos de los regímenes ateos son inconmensurablemente mayores a cualquier otro de cualquier otra época). Como dirá el divulgador científico Tom Bethell, «un artículo de la fe secular es que no hay nada excepcional en la vida humana».[5] Con la anterior consideración no resulta extraño que en gran medida la ideología animalista esté promovida por ateos practicantes. En realidad, no se pretende tratar a los animales como si fueran humanos, se pretende tratar a los humanos como si fueran animales. Lo primero es casi siempre una aberración, lo segundo es siempre criminal.

Lo que resulta incontrovertible es que las religiones que consideran al hombre como «hijo de Dios» o «criatura de Dios» que piensan que el hombre está «hecho a imagen y semejanza de Dios» y que usted y yo fuimos «creados deliberadamente por Dios» —sea todo ello cierto o no— tienen necesariamente que dar más dignidad al ser humano y, por tanto, protegerlo más que si se piensa que no hay nada singular en nuestra especie. Se dirá que hay ejemplos en la

5. Tom Bethell, cit. por Berlinski, *op. cit.*, p. 8.

historia de personas que se manifestaban como religiosas que no exhibieron ese respeto por sus congéneres. Cierto. Se nos ocurren varios... la incoherencia es un rasgo humano universal. También habrá habido algún gobernante ateo militante que haya sido modelo de virtudes... (Tras haber llegado al momento de la edición de este libro no hemos podido encontrar ninguno, pero lo aceptamos como posibilidad teórica).

Iván Karamázov proclama que, si Dios no existe, entonces todo está permitido,[6] y vemos que en las modernas sociedades sin Dios no solo todo está permitido, sino que se ha hecho ley. Al precepto religioso «No matarás», que no excluye a nadie, y que protege a ancianos, enfermos, niños y bebés, se opone la ideología atea que promueve el infanticidio, aborto, eutanasia, hibridación humana y algunas otras prácticas propias del doctor Mengele. Como dice el señor Dawkins hablando de un embrión humano: «No importa si es humano (¿qué quiere decir eso cuando hablamos de un pequeño grumo de células?): la pregunta es a qué edad es capaz de sufrir un embrión en desarrollo, sea de la especie que sea».[7]

Este comentario del señor Dawkins nos proporciona la oportunidad de hacer dos observaciones. La primera es que el señor Dawkins demuestra una ignorancia considerable en lo que debería ser su área de experiencia. No hay ningún momento en la evolución de ningún ser vivo en que este sea «un grumo de células», término que esperaríamos de un político o de un periodista, pero no de un científico. De hecho, la ciencia actual nos permite tener la certeza de que eso que él llama despectivamente «un grumo de células» es un embrión y en el caso de nuestra especie es un ser humano desde

6. En *Los hermanos Karamázov*, de Fiódor Dostoievski.
7. Dawkins, *El espejismo de Dios*, *op. cit.*, pp. 297-298.

el momento de la fecundación.[8] Y es que «la vida tiene una historia muy muy larga. Ha sido transmitida desde hace milenios en el género humano. Pero cada uno de nosotros tiene un momento de iniciación preciso, que es aquel en el cual toda la información genética necesaria y suficiente se reúne dentro de una célula —el óvulo fecundado—, y este momento es cuando acontece la fecundación. No existe la más mínima duda sobre esto».[9]

Inevitablemente, llegados a este punto, nos topamos con el tema del aborto. Sin embargo, no es objeto de este libro debatir sobre el derecho a la vida de un ser humano no nacido y cuáles sean los derechos que la sociedad quiere otorgar a ese ser humano no es tampoco algo que corresponda discutir aquí (por mucho que usted o yo tengamos una opinión muy firme y muy nítida al respecto),[10] pero sí cabe recordar el comentario del presidente norteamericano Ronald Reagan cuando fue preguntado sobre el aborto:

8. Como dijo Jerome Lejeune: «En la fecundación, los 23 cromosomas provenientes del padre se unirán a los 23 cromosomas de la madre. En ese momento se constituye toda la información genética necesaria y suficiente para expresar todas las características futuras del nuevo individuo». El embrión puede ser definido como un «jovencísimo ser humano». Cit. en las *Actas del Congreso Internacional de Bioética 1999*: «Bioética y dignidad en una sociedad plural», Universidad de Navarra.

9. Lejeune, J. «Moral natural y experimentación fetal», 1989. Cit. por Guerra Sierra, *op. cit.*, p. 105.

10. Distintas «civilizaciones» a lo largo de la historia han negado la cualidad de «persona» a algún grupo de seres humanos: en muchas se esclavizaba a las personas de raza u origen diferente; en otras se consideraba que las personas de diferente sexo tenían derechos distintos... Ahora nos avergonzamos de aquello y lo consideramos bárbaro. Sin embargo, me parece que nuestra sociedad sufre algo que podríamos llamar «presbicia moral». Al igual que los ojos al envejecer pierden gradualmente la capacidad para ver objetos de cerca, parte de nuestra sociedad (la que es moralmente más vieja) se indigna con las faltas lejanas y del pasado y no ve las aberraciones presentes y cercanas.

«He observado que todos los que están a favor del aborto ya han nacido».

Este es un libro de divulgación científica y lo que es indudablemente científico es que un embrión es un ser humano, que es distinto de la madre y del padre desde el momento de la concepción. Sin ninguna duda. Veamos: en el *Glossary of Genetics and Cytogenetics*, de Rigomar Rieger, define el embrión de los animales como «el organismo joven que surge de la célula huevo fecundada»;[11] en *Essentials of Embriology* se dice que «el zigoto formado por la unión del ovocito y el esperma es el principio de la vida humana»;[12] el tratado de biología de Eldra Solomon dice que el embrión «es el organismo multicelular en la fase inicial de la vida, antes de que salga del huevo, semilla, cuerpo materno, definición que aplicada a la especie humana se extiende hasta el término del segundo mes de desarrollo, después de lo cual se denomina "feto"»;[13] el Colegio Estadounidense de Pediatras dice que «la investigación biológica predominante confirma que la vida humana empieza con la concepción-fertilización. Con la fertilización el ser humano emerge como un completo, distinto, individualizado organismo humano»;[14] el tratado de embriología *Langman's Medical Embriology* dice que «el desarrollo comienza con la fertilización, el proceso con el que el gameto masculino, el esperma y el gameto femenino, el ovocito se unen para dar lugar al zigoto».[15] Y una última referencia que creemos particularmente inspirada.

11. Rieger, R. y otros, *Glossary of Genetics and Cytogenetics*, Springer Verlag, Berlin 1976.
12. Moore, K., *Essentials of Embriology*, Saunders, Filadelfia, 2008.
13. Solomon, E. P., *Biology*, Saunders College, Pub, Filadelfia, 1985.
14. American College of Pediatricians, «Position paper». Véase en <https://acpeds.org/position-statements/when-human-life-begins>.
15. T. W. Sadler, *Langman's Medical Embriology*, Filadelfia, Lippincott Williams & Wilkins, 2006 (10.ª ed.).

Está en un artículo publicado por Dianne N. Irving en la Universidad de Princeton, titulado «When do human beings begin? "Scientific" myths and scientific facts» (las comillas en el primer «científicos» son originales),[16] en cuya introducción se dice que «la cuestión de cuándo empieza la dimensión física material de un ser humano es estrictamente una cuestión científica y debe ser respondida por embriólogos humanos, no por filósofos, bioéticos, teólogos, políticos, técnicos de rayos X, estrellas de cine o ginecólogos y obstetras», y continúa para afirmar de forma categórica «científicamente algo radical ocurre [...] en la fertilización: el cambio de una simple parte de un ser humano (i. e. esperma) y una simple parte de otro ser humano (i. e. ovocito, usualmente llamado "óvulo") que simplemente poseen "vida humana", a un nuevo y completo ser humano, genéticamente único, individual y que existe por primera vez (un zigoto embrionario humano de célula única). Esto es, que desde la fertilización partes del ser humano se han transformado en algo muy diferente de lo que eran, han sido transformadas en un singular y completo ser humano».[17]

No hay genetista o biólogo que ignore —salvo el señor Dawkins, según parece— que el embrión humano, desde el momento de la concepción, tiene un ADN único e irrepetible, una identidad, una individualidad y proseguirá un propio ciclo vital bajo el control autónomo del propio sujeto.

La segunda observación que hay que hacer al comentario del señor Dawkins, y que quizá explique el desprecio de muchos ateos hacia el ser humano, es que para él y los de su

---

16. «When do human beings begin? "Scientific" myths and scientific facts», Dianne N. Irving, M.A., Ph. D., *International Journal of Sociology and Social Policy*, febrero de 1999. Se puede encontrar en <https://www.princeton.edu/~prolife/articles/wdhbb.html>.
17. Irving, *op. cit.* Las comillas y las cursivas son originales.

religión no hay diferencia entre el embrión humano y el de cualquier otro animal... Lo que a ojos de los ateos nos acerca mucho —a usted y a mí, pero sobre todo al señor Dawkins, nos gustaría añadir— a las cucarachas, como ya dijimos.

Una confirmación de que una consecuencia lógica del evolucionismo y del ateísmo en general es que usted no tiene mayor valor que un cerdo, un carnero o una rata nos lo propone el filósofo ateo australiano Peter Singer,[18] muy elogiado por el propio señor Dawkins. El señor Singer, en su primer ensayo, *Liberación animal*, consideraba que los humanos no tienen ninguna razón moral para «discriminar» contra los animales y siguiendo ese razonamiento consideraba iguales los intereses de los niños que habitaban en chabolas en los suburbios de las grandes ciudades con el de las ratas que les mordían y a veces mataban. «¿Qué vamos a hacer con el legítimo conflicto de intereses de las ratas que muerden los niños en las chabolas?», se preguntaba con toda naturalidad.[19]

«Para Singer todas las especies que posean una "potencia cerebral significativa" deberían recibir el mismo trato moral». Singer confesaba alegremente que «no todo lo que hicieron los nazis fue horroroso; no podemos condenar la eutanasia solo porque los nazis la practicasen».[20] Este comentario aparecía en la primera edición de su obra *Practical Ethics*, y el señor Singer nos proporcionó un ejemplo

---

18. Profesor de Bioética, locuaz intercesor a favor de la eutanasia, el infanticidio y el aborto (de seres humanos), defensor de derechos (de los animales) y del bestialismo y también del veganismo y actualmente se manifiesta como «utilitarista hedonista» .
19. Cit. por Xenia Cherkaev en «Zoo-Fascism, Russia: To Hell with Equality and Ownerless Dogs». Society for Cultural Anthropology. *Hot Spots, Fieldsights*. 15 de abril de 2021.
20. Cit. por Hahn y Wiker, *op. cit.*, p. 174.

práctico de su voluble ética eliminando ese comentario en la segunda edición, algo que no creemos que ocurriera por un súbito cambio de opinión. Alguien podría considerar hipócrita esa duplicidad, pero para eso habría que considerar que existe lo correcto y lo incorrecto, algo que no es aceptado por la mayoría de los autores apologistas ateos.

Otra deducción lógica de esta forma de razonar es que las distintas vidas humanas tienen distinto valor, en la misma obra el señor Singer nos ilustra al respecto: «Cuando la muerte de un niño minusválido lleve al nacimiento de otro niño con mayores perspectivas de una vida feliz, la cantidad total de felicidad será mayor si el niño minusválido es asesinado. La pérdida de una vida feliz para el primer niño está compensada por la ganancia de una vida más feliz para el segundo niño. Por lo tanto, si asesinar a un niño hemofílico no tiene efectos adversos en otros, de acuerdo con la visión total, sería correcto asesinarlo».[21] Lo anterior no fue pronunciado al final de una fiesta, tras mucho trasegar y reproducido por un periodista sin autorización del autor —lo que incluso en ese caso sería indefendible—, sino que fue escrito, revisado, revisado otra vez —al menos—, publicado y no enmendado.

En realidad, el señor Singer (y los señores Hitchens, Dawkins, Harris y compañía) nos proporciona con esta forma de razonar —que, por otro lado, es lógica ateniéndonos a sus premisas— otro argumento adicional de la existencia necesaria de Dios. No es un argumento científico y, por tanto, no corresponde a este volumen desarrollarlo, pero ya que nos lo han puesto para solo rematar, lo hacemos: «La obligación moral real es un hecho. Estamos realmente, en verdad, obje-

21. Cit. en P. Madrid y K. Hensley, *Godless Delusion* («El espejismo de los sin-Dios»), traduciéndolo con título similar a la obra del señor Dawkins en español), *Our Sunday Visitor*, 2010.

tivamente obligados a hacer el bien y evitar el mal. O bien la visión atea de la realidad es correcta o bien lo es la "religiosa". Pero la visión atea es incompatible con la existencia de obligaciones morales. Por lo tanto, la visión "religiosa" de la realidad es la correcta».[22]

Incoherencias

Me parece que Richard Dawkins constantemente pasa por alto que el mismo Darwin, en el capítulo decimocuarto de *El origen de las especies*, señaló que todo su argumento empezó con un ser que ya poseía poderes reproductivos. Esta es la criatura de la que una completa teoría de la evolución debe dar una cierta cuenta. El mismo Darwin estaba bien consciente que él no había dado razón de ello. Ahora parece que los hallazgos de más de cincuenta años de investigación del ADN han provisto materiales para un nuevo y enormemente poderoso argumento a favor del diseño.

ANTONY FLEW[23]

En 2009 la comediante y periodista Ariane Sherine, el señor Dawkins y otros ateos pusieron un anuncio en los laterales de los autobuses de Londres y luego en otros trece países, que pretendía ser gracioso pero que resulto risible, quería ser provocador, pero resultó patético (hay una delgada línea que separa lo gracioso de lo risible y lo provocador

---

22. Kreeft, P. y Tacelli, R. SJ «Handbook of Christian Apologetics», Downers Grove: InterVarsity Press, 1994, p. 72.
23. Antony Flew en una entrevista con Gary Habermas.

de lo patético. Si uno no sabe dónde está, es aconsejable no acercarse a la linde). Decía la publicidad: «Probablemente no hay Dios. Ahora deja de preocuparte y disfruta de la vida». Considero que hay que ser muy ignorante sobre la naturaleza humana para pensar algo así, y estar pletórico de tanta ignorancia para anunciarlo. La experiencia nos enseña que, cuando se tiene esperanza, la preocupación es infinitamente menor que cuando no se tiene y nada que tenga significado se disfruta menos que aquello que no lo tiene. Y eso incluye la vida. Piénselo usted, ¿prefiere un amor con esperanza o sin ella?; ¿una vida con significado o sin él? Lo que es indudable es que la creencia en la existencia de Dios provee de significado y de esperanza. Reconozco que proporcionar ese significado y esa esperanza no es una prueba sólida en favor de la existencia de Dios, pero suponer que nuestra vida iba a ser mejor sin tener esperanza o careciendo de significado sí constituye una prueba de irracionalidad.

Recuerdo una anécdota referida en un programa de la cadena de televisión católica EWTN España en que se trataba el tema de la eutanasia.[24] El entrevistado era el director técnico de uno de los hospitales de cuidados paliativos más importantes de Europa. No llegaba a los cuarenta años de edad y era teísta y cristiano, pero narró que durante la mayor parte de su vida había sido ateo militante y recalcitrante. El primer golpe que resquebrajó la cárcel ideológica en que vivía fue el darse cuenta de que en el hospital en que trabajaba las personas religiosas «vivían mejor, sufrían mejor y morían mejor» que las personas ateas.

24. Programa *Encuentros* EWTN de EWTN España dedicado a «Eutanasia y cuidados paliativos», emitido en noviembre de 2022 con Alonso Carlos García de la Puente. Se puede ver en la web de EWTN España en la TV a la carta <https://ewtn.es/tv/tv-a-la-carta/>.

La mayoría de los ateos reconoce que en eso de «vivir, sufrir y morir» las personas religiosas tienen una ventaja, pero al mismo tiempo consideran que el mero utilitarismo de «vivir mejor» no debe ser razón para que ellos dejen la fe atea. Mi punto de vista es que tener una vida mejor es un argumento poderoso para cambiar casi cualquier cosa. Ventajas de ser un hombre práctico.

19

Teoría del diseño inteligente. Confusión

> Puedes preguntar: ¿dónde entra Dios en todo esto?
> Quizá mi experiencia pueda darte algunas respuestas...
> Si crees en Dios, no hay un «dónde» particular. Él está
> siempre ahí, en todas partes. Él está en todas esas cosas.
> Para mí Dios es personal y omnipresente. Una gran
> fuente de fuerza. Él me ha cambiado la vida.
>
> CHARLES TOWNES[1]

La confusión es el estanque donde medra la falsedad, y en lo que se refiere a la teoría del diseño inteligente (también llamada ID, por sus siglas en inglés), hay una gran confusión procurada desde fuera por quienes no quieren discutir o siquiera considerar una teoría que cuestiona el siempre cómodo *statu quo* y también desde dentro por la inepcia e inconsistencia de algunos de sus defensores.

1. Charles Townes, fallecido en 2015. Inventor del láser, fue premio Nobel de Física en 1964. Teísta y cristiano. La cita en su libro autobiográfico *Making Waves*, American Institute of Physics Press, 1995.

La teoría del diseño inteligente se suele asociar y confundir —interesadamente o no— con el creacionismo (que ya hemos mencionado anteriormente), pero lo cierto es que ambas teorías difieren esencialmente en las asunciones de las que parten. El creacionismo parte de los textos bíblicos, en particular del Génesis, e intenta reconciliar los descubrimientos de la ciencia con la literalidad de esos textos incluso si para ello tiene que retorcer los unos o los otros. Por otro lado, el ID parte de principios científicos e intenta demostrar que esos principios necesariamente obligan a atribuir la vida a un «diseñador» al que por cierto no suelen llamar «Dios». El creacionismo no pretende ser científico, el ID sí. Por otro lado, los autores del ID no suelen distinguir entre «evolucionismo» —materialista y ateo— y «teoría de la evolución» —compatible con el teísmo—, distinción que sí hemos hecho aquí y que evita confusiones: «Tanto nuestros profundos conocimientos sobre la evolución como la cosmovisión científica actual no son incompatibles con la existencia de un Creador y Diseñador Inefable de todos los mecanismos y dinamismos naturales. Incluso esta concepción de Dios es más compatible con el Dios de los cristianos que con el Primer Motor de Aristóteles, o el Dios lejano y ajeno al mundo de los mecanicistas».[2]

El ID descansa en varias propuestas:[3] a) la teoría de la evolución promueve una concepción atea del mundo; b) la teoría de la evolución está errada, puesto que no puede explicar la complejidad de la naturaleza; c) existe un diseñador inteligente responsable de esa complejidad. d) el ID es la úni-

2. Guerra Sierra, *op. cit.*, p. 199.
3. Seguimos aquí a Francis Collins en «¿Cómo habla Dios?», *op. cit.*, pp. 197 y ss., y también a Collado González, S., «Teoría del diseño inteligente (Intelligent Design)», en F. Fernández Labastida y J. A. Mercado, eds., *Philosophica: Enciclopedia filosófica online*.

ca alternativa plausible a la teoría de la evolución. Como hemos dicho, el neodarwinismo ateo parasitó durante décadas la teoría de la evolución, imponiendo una visión de la naturaleza fundamentalmente materialista y excluyendo e incluso persiguiendo a quien no comulgara con el credo evolucionista, algo profundamente anticientífico que provocó la reacción no solo de creacionistas, sino también de asociaciones y publicaciones científicas que desde la misma ciencia —y con argumentos que no provenían en absoluto de la Biblia— mostraban las lagunas y las contradicciones del evolucionismo. Dos libros tuvieron particular éxito: *The Mystery of Life's Origin*,[4] de Charles Thaxton, Walter Bradley y Roger Olsen, publicado en 1984 (que muchos consideran el texto que inicia el ID), y *Evolution: A Theory in Crisis*,[5] de Michael Denton, publicado en 1986. En este último, el señor Denton —que se describe a sí mismo como agnóstico y evolucionista— refuta el creacionismo y en un libro posterior[6] propone una teoría de la «evolución dirigida» no darwinista.

El ID tiene la misión de liberar a la ciencia del materialismo ateo que actúa como una sanguijuela aprovechándose del prestigio de la ciencia en la mente de nuestro siglo a fin de avanzar sus postulados acientíficos, y ello es legítimo; sin embargo, algunos autores que postulan el ID son parcialmente culpables de la confusión en torno al ID porque parecen tener una «agenda» creacionista y no reconocen que la

---

4. *The Mystery of Life's Origin*, 1984. Charles Thaxton, nacido en 1939 es doctor en Física y Química en la Universidad Iowa State y en Historia de la ciencia en la Universidad de Harvard; Walter Bradley, nacido en 1943, es ingeniero y profesor de Ingeniería en la Universidad de Texas y en la Universidad de Baylor, y Roger Olsen es doctor en Geoquímica por la Universidad Colorado School of Mines. Los tres teístas y cristianos.
5. *Evolution: A Theory in Crisis*, 1986. Michael Denton, nacido en 1943, es británico-australiano, doctor en Bioquímica por el King's College de Londres. Se considera agnóstico.
6. «Nature's Destiny», 1998.

teoría de la evolución ha evolucionado y que actualmente ninguno de sus postulados desmiente el teísmo, así Phillip Johnson escribió otro libro de gran éxito, *Darwin on Trial*,[7] en 1991, en el que criticaba tanto el evolucionismo como la(s) teoría(s) de la evolución. «Johnson agrupa todos los evolucionistas juntos como darwinistas […] pero Johnson no entiende que incluso la "teoría" original de Darwin contiene al menos cinco conceptos separados que pueden ser sostenidos independientemente», dirá un crítico.[8]

Los científicos que más han contribuido a la divulgación de la teoría del diseño inteligente han sido por separado Stephen Meyer,[9] Michael Behe[10] y William Dembski.[11] El señor Meyer ha intentado dotar al ID del estatuto científico con que presentarlo como la única alternativa al evolucionismo y a la teoría de la evolución. El señor Behe escribió un libro de gran éxito *Darwin's Black Box* en 1996, que sirvió de gran difusión para el ID dentro y fuera del ámbito científico. Presentaba entonces el nuevo concepto de «complejidad irreductible». Según él, la teoría de la evolución es incapaz de explicar cierta complejidad que encontramos en los seres vivos y que solo el diseño es capaz de explicar; sostiene el señor

---

7. *Darwin on Trial* fue escrito en 1991 por el profesor de Derecho de la Universidad de Berkeley Phillip Johnson, fallecido en 2019.
8. Henry Bauer, profesor de Química y Estudios científicos en la Universidad Politécnica de Virginia. Cit. en la voz «Darwin on Trial» en la Wikipedia.
9. Stephen Meyer, nacido en 1958 en Estados Unidos, es doctor en Filosofía de la historia y en Filosofía de la ciencia por la Universidad de Cambridge, fue profesor en la Universidad de Whitworth y en la Universidad de Palm Beach Atlantic. Es teísta y cristiano.
10. Michael Behe, nacido en 1952 en Estados Unidos, es doctor en Bioquímica por la Universidad de Pensilvania y es profesor de Bioquímica en la Universidad de Leigh. Es teísta y cristiano.
11. William Dembski, nacido en 1960 en Estados Unidos, es doctor en Matemáticas y doctor en Filosofía por universidades en Chicago y máster en Teología por el Seminario Teológico de Princeton. Es teísta y cristiano.

Behe que algunas estructuras, como por ejemplo el ojo, son tan complejas que no pueden ser el resultado de mecanismos evolutivos. Finalmente, el señor Dembski afirma que el estudio de la naturaleza revela pruebas de diseño y se opone a lo que considera una imposición del materialismo, por la cual se descarta *a priori* el estudio de las causas finales dentro de la ciencia y considera que hay una exclusión de la teoría del diseño inteligente sin ni siquiera estudiar sus postulados y que tal exclusión viene impuesta por el materialismo dominante en parte de la ciencia.

Esta multiplicidad de autores considerados «padres del ID» también ha contribuido a la confusión en todo lo que respecta al ID, puesto que no todos sostienen exactamente lo mismo,[12] ni siempre han sido consistentes en sus postulados: por ejemplo, el señor Dembski —como la mayor parte de los autores que apoyan el ID— habla de un genérico diseñador (y no de Dios) cuando se refieren a la inteligencia ordenadora con la pretensión de permanecer en el ámbito de lo puramente científico, y así en ocasiones asegura que el «diseñador inteligente» no es necesariamente Dios («podrían ser extraterrestres. Hay muchas posibilidades»),[13] no obstante, en otras ocasiones contradice lo anterior y sí equipara el «diseñador» al Dios cristiano («las bases conceptuales de la teoría —del ID— al final solo pueden ser encontradas en Cristo»).[14] Más confusión.

12. Por ejemplo, el señor Dembski habla de «complejidad especificada» como un concepto distinto y más general que el de «complejidad irreductible» del señor Behe. Pretende con ello dar una definición formal de patrones que son a la vez complejos y especificados y que considera una prueba de la existencia de un diseño que solo pudo ser ideado por un agente inteligente.
13. Cit. en la voz «William Dembski» en la Wikipedia en inglés. En general Wikipedia resulta un buen sitio para encontrar críticas al ID o sus autores, es un medio claramente contrario al ID y partidario del evolucionismo.
14. En «The bridge between science and theology», cit. en *ibidem*.

Por nuestra parte hacemos al menos tres críticas que nos apartan de la teoría del ID: a) lo que hoy podría parecer «complejidad irreductible» puede no necesariamente serlo mañana, por lo que la teoría descansa en la posible insuficiencia del conocimiento presente. Esta es una de las razones por las que a veces se critica al ID por proponer «el Dios de los agujeros»,[15] lo que se ha usado para intentar desprestigiar esa teoría. Y es que ciertamente algunas estructuras que se consideraban de «complejidad irreductible» hace años, han resultado posiblemente producidas por evolución;[16] b) la teoría del ID no es «falsable» es decir que no se puede demostrar falsa y, por tanto, no es propiamente científica, como ha explicado Fernando Sols.[17] El argumento del señor Sols sugiere que para refutar la teoría del ID —y cualquier teoría que invoque una finalidad— habría que demostrar que es aleatoria, ya que lo contrario de «finalidad» —en este

15. «Dios de los agujeros» o «God of the Gaps» en inglés, es otro concepto que provoca confusión. Autores ateos acusan a los teístas de proponer la existencia de «agujeros» en la ciencia como argumento de la existencia de Dios; sin embargo, el concepto fue inventado por un autor ateo —Nietzsche en *Así habló Zaratustra*, segunda parte, en el capítulo «Sobre los sacerdotes»— con la intención de crear un «hombre de paja» con el que atacar a los teístas. Siguiendo ese ejemplo se atacó al padre Lemaître de proponer un «Dios de los agujeros» cuando propuso la teoría del Big Bang. El desconocimiento presente —científico o de otro tipo— no es la base de la creencia en Dios de ningún pensador o apologista religioso o teísta, ha sido más bien una figuración de autores ateos con la que atacar a los creyentes en Dios. De hecho, la carencia de conocimiento presente nunca puede ser el fundamento de creencia alguna (ni por supuesto de la fe atea), puesto que la ignorancia siempre es contingente y, por tanto, también lo serían necesariamente aquellas creencias.

16. Como «la cascada de coagulación de la sangre humana» con más de una docena de proteínas. Ejemplo mencionado por Collins, *op. cit.*, p. 203.

17. Fernando Sols en «Poincaré, Heisenberg, Gödel. Algunos límites del conocimiento humano», 2010. Se puede leer en <https://www.unav.edu/web/ciencia-razon-y-fe/puede-la-ciencia-ofrecer-una-explicacion-ultima-de-la-realidad>.

sentido— es aleatoriedad, y si demostramos que el diseño es aleatorio entonces no sería «inteligente» —se demostraría que no tiene una finalidad—. El problema es que es imposible demostrar esa aleatoriedad[18] y, por tanto, es imposible demostrar que esa teoría es falsa, consecuentemente no es propiamente científica,[19] y c) finalmente otra crítica fundamental es que la teoría del diseño inteligente carece de algo que demandamos a toda teoría científica. El ID no predice nada. Estamos de acuerdo con que existe diseño en la naturaleza y que ello nos lleva ineludiblemente a creer en un Diseñador, y, tal como hemos visto, este Diseñador además fue Creador... pero que una realidad sea verdad, no la convierte en teoría científica. Esa verdad no revela nada sobre el futuro de la biología, ni el ID provee herramientas para que se pueda «operar» con ella. Que Dios exista —que existe— no predice cómo ni cuándo ni si actuará en la naturaleza, por lo que a nuestro juicio el ID queda reservado como teoría para explicar el pasado, pero inútil para predecir o imaginar el futuro.

A pesar de las objeciones anteriores, estamos de acuerdo con el señor Collins, que afirma «desde mi perspectiva como genetista, como biólogo y como creyente en Dios, este movimiento merece una seria consideración»[20] y, además, el ver la persecución violenta e injusta contra el ID y sus proponentes por parte de biólogos darwinistas ateos que dominan la

---

18. Gregory Chaitin, científico matemático argentino-norteamericano nacido en 1947, demostró que el carácter aleatorio de una secuencia matemática es indecidible, indemostrable.
19. Otra interesante conclusión de ese argumento es que «es una mala noticia para los talibanes del azar», ya que si la aleatoriedad no se puede demostrar, entonces también desacredita a quienes sostienen que el azar es la causa final de la realidad (puesto que el azar es aleatorio y, por tanto, indecidible).
20. F. Collins, ¿Cómo habla Dios?: La evidencia científica de la fe, Ariel, 2016. p. 197.

academia y sus publicistas en las revistas científicas nos provoca que emocionalmente «nos pongamos de su lado»; como cuando cuatro abusones están golpeando a un niño en el patio de un colegio, nuestra simpatía —y nuestros puños— apoyan al niño.

Este hostigamiento recuerda al que sometieron a los pioneros del Big Bang los físicos ateos favorables a la teoría del «estado estacionario». De hecho, en un irónico guiño de la Providencia, el término de *intelligent design* («diseño inteligente») fue usado por primera vez por el físico —entonces ateo— Fred Hoyle, quien, como recordamos, fue quien acuñó el término «Big Bang» con la intención de burlarse de la teoría del padre Lemaître. En 1982 el señor Hoyle escribió que «si uno procede directa y honestamente en este asunto, sin ser desviado por el miedo a incurrir en la ira de la opinión científica, uno llega a la conclusión que los biomateriales con su extraordinaria medida de orden deben ser el resultado de un *diseño inteligente*»[21] (cursiva añadida). Desde entonces la asentada casta académica que ramonea en los pastos del darwinismo han pretendido la «cancelación» del ID —usando un término al uso— porque lo consideran «herejía». Sus declaraciones rezuman el odio o la indignación del exaltado y sus acciones les presentan como los doctrinarios y sectarios que siempre fueron. Declaraciones y acciones poco acordes con el ideal científico. Veamos:

Emile Zuckerkandl en la revista *Gene*: «El virus intelectual llamado "diseño inteligente" [...] este virus es ciertamente un problema en el país [...] los "creacionistas" [...] han decidido hace algunos años [...] vestir con ropajes académicos para presentarse como eruditos [...] nos reímos ante su disfraz. Sus [...] creencias erróneas son potentes razones

21. F. Hoyle, *Evolution from Space*, Enslow Publishers, 1982, p. 28. El señor Hoyle no formó parte del movimiento ID.

para mantenerlos vigilados [...] Una condición intelectualmente peligrosa [...]. La humanidad se hundió en la "fe" como una sanguijuela ciega en la carne y no se la puede arrancar [...] alimentándose como sanguijuelas de creencias irracionales [...] repugnantes como pequeñas plagas de insectos [...] se les tiene que tratar rociando conocimiento biológico».[22] Cada vez que leemos esta cita no podemos sino imaginar al señor Zuckerkandl espumajeando con indignación mal contenida.

Expelled: No intelligence allowed es un documental escrito por Ben Stein[23] y estrenado en 2008 en Estados Unidos que narra numerosos casos de persecución contra científicos y educadores que apoyan el ID. El propio señor Stein fue despedido del periódico *The New York Times* después de escribir el guion y presentar el documental debido a la presión de periodistas ateos y pseudocientíficos darwinistas como él mismo explica: «Esta idea de que la libertad de discusión académica sobre un tema en el que hay discrepancias científicas tiene valor, me parece obvia. Pero vuelve locos a los ateos y neodarwinistas que respondieron violentamente».[24] El señor Stein entrevistó en ese documental a Richard Sternberg, un biólogo que perdió su puesto en la Institución Smithsonian después de publicar un artículo —revisado y evaluado por pares expertos— en que mencionaba el ID;

---

22. Emile Zuckerkandl, cit. por Berlinski, *op. cit.*, p. 185. El señor Zuckerkandl fue un biólogo austriaco-francés ateo, se encontró con su Creador en 2013.
23. Ben Stein, escritor y actor norteamericano nacido en 1944. Teísta y judío. Película documental dirigida por Nathan Frankowski y escrita por Ben Stein. El documental se puede ver entero en YouTube, en <https://www.youtube.com/watch?v=V5EpymcWp-g>. Las escenas iniciales muestran la construcción del Muro de Berlín, creemos que apropiadamente.
24. Explicado en detalle en un artículo en *The American Spectator* del 10 de agosto de 2009. Consultar en <https://spectator.org/41111_expelled-new-york-times/>.

también presenta el caso del astrofísico Guillermo González[25] expulsado de la Universidad de Iowa State por su apoyo al ID, el de Caroline Crocker, quien perdió la cátedra en la Universidad George Mason, el de Michael Egnor, conocido neurocirujano y profesor universitario que fue acosado vilmente por su adscripción al ID y también el de otros científicos «represaliados» por apoyar o simplemente considerar esa teoría. El documental tiene momentos cómicos como el procurado —suponemos que involuntariamente— por Richard Dawkins, entrevistado junto con otros zelotes evolucionistas. Dejemos que el señor Dawkins hable:

> BEN STEIN, EL ENTREVISTADOR: ¿Cuál cree que es la posibilidad de que el diseño inteligente resultara ser la respuesta de algunos problemas en genética o evolución indirecta?
>
> RICHARD DAWKINS (mirando al techo): Podría ser de la siguiente manera, podría ser que, en algún tiempo anterior, en algún lugar del universo, una civilización evolucionó probablemente gracias a algún tipo de medio darwiniano a un nivel muy muy alto de tecnología y diseñaron un tipo de

25. El caso del señor González resulta prototípico: El señor González es doctor en Astronomía por la Universidad de Washington. Descubridor de varios planetas, recibió premios de la NASA, de la Universidad de Washington y de la Fundación Nacional de Ciencia. Profesor en la Universidad de Iowa State, publicó en 2004 «The Priviledged Planet», en que propone que la Tierra fue diseñada inteligentemente. Entonces un grupo de profesores y colaboradores de aquella universidad —mayoritariamente no científicos—, liderados por el conocido activista ateo Héctor Avalos, a la sazón profesor de Estudios religiosos en esa universidad y fallecido en 2021, escribió un manifiesto oponiéndose a «cualquier representación del ID» y comenzaron una campaña de «cancelación». Consecuencia: el señor González tuvo que abandonar esa universidad. Por supuesto, la universidad —y el señor Avalos— negaron cualquier relación entre el manifiesto, las intimidaciones y la salida del profesor González.

vida que sembraron en, quizá este planeta. Esa es una posibilidad intrigante y es posible que pudiera encontrar evidencia de ello, si mira a, al detalle, a los detalles de la bioquímica y biología molecular pudiera ser que encuentre la firma de algún tipo de diseñador.

Se interrumpe y el narrador recalca las últimas palabras del señor Dawkins:

> NARRADOR (BEN STEIN): Un momento, ¿Richard Dawkins piensa que el diseño inteligente podría ser una teoría legítima?
> R. D.: Y ese diseñador podría muy bien ser una inteligencia superior de algún otro lugar del universo, pero esa inteligencia superior también ella habría tenido que aparecer por un explicable o en último término explicable proceso. No podría simplemente haber saltado a la existencia espontáneamente, ese es el punto.
> NARRADOR: Por lo tanto, el profesor Dawkins no está en contra del diseño inteligente, sino en contra de ciertos diseñadores, como Dios.

Y, añadimos nosotros, con tal de no aceptar la posibilidad de que tal diseñador sea Dios, el señor Dawkins acepta la posibilidad de que sean extraterrestres. El señor Dawkins enseñaba en Oxford Conocimiento Público de la Ciencia, y después de oír su entrevista alguien podría sugerirle primero tener cierto conocimiento privado.

Otro ejemplo de parcialidad aparece en fuentes que se suponen neutrales. Si usted busca en Wikipedia (en inglés) cualquier voz relacionada con el diseño inteligente, observará que inmediatamente la define como «pseudocientífica» y que luego dedica más del 80 por ciento del espacio a criticar la teoría o a denostar a los autores que la apoyan sin explicar, en muchos casos, la teoría o lo que sostiene que es lo que usted presumiblemente buscaba cuando realizó esa consulta. Un caso paradigmático es en la voz Stephen Meyer[26] —uno de los fundadores del ID— y en el capítulo dedicado a su libro *Darwin's Doubt* dedica cuarenta palabras (menos de dos líneas) a presentar el contenido del libro y las siguientes 722 palabras (18 veces más) a criticarlo. Irónicamente, un poco más arriba en esa misma voz, se nos asegura que las afirmaciones del señor Meyer en que se queja de un sesgo en contra el ID son falsas. Leer en muchas fuentes pretendidamente neutrales sobre el diseño inteligente resulta como recibir una explicación de qué es la Coca-Cola proporcionada por un directivo de Pepsi.

Y es que los biólogos evolucionistas y los altavoces en los medios científicos o generalistas parecen dedicar sus mejores esfuerzos a presentar la evolución como única teoría científica digna de no ser contrastada. Actúan como si esa teoría debiera ser la única teoría científica al margen del método científico. En palabras del señor Dawkins: «Es absolutamente seguro decir que, si alguien declara que no cree en la evolución, esa persona es ignorante, estúpida o loca».[27] Ningún sacerdote, muftí, pope, rabino o pastor tonsurado o no de ninguna religión —que no sea la atea— suscribiría una afirmación similar en favor de su propia fe.

El ID tiene considerables deficiencias y limitaciones, pero tiene el mérito de impugnar el materialismo científico y de demostrar que la observación objetiva de la naturaleza indica necesariamente la existencia de un Creador. Como dice

26. Véase en <https://en.wikipedia.org/wiki/Stephen_C._Meyer#Darwin's_Doubt>.
27. La presencia reiterada del señor Dawkins en varios capítulos de este libro solo tiene un responsable y es el propio señor Dawkins y su inveterada verbosidad que le ha convertido para el pensamiento ateo en lo que mi abuela llamaba «el perejil de todas las salsas».

el doctor Guerra Sierra: «Si estos personajes [los fundadores del ID] se hubiesen quedado en la exposición de que existe un diseño inteligente en todo el universo, no habría mucho que objetar».[28] Eso es exactamente lo que proponemos aquí, que la ciencia —y también la biología— impone la idea de Dios.

28. Guerra Sierra, *op. cit.*, p. 198.

20

La aparición de la vida

> El material de ADN ha mostrado, por la casi increíble complejidad de las disposiciones que son necesarias para producir la vida, que una Inteligencia ha tenido que estar involucrada [...] la única explicación satisfactoria para el origen de esa vida «dirigida y autorreplicante» que vemos en la tierra es una Mente infinitamente inteligente.
>
> ANTONY FLEW[1]

No tenemos ni idea...

Un científico evolucionista ateo entabla una conversación con Dios y le dice:

—Eres un ser superfluo. Tu existencia no solo es molesta, sino que no es necesaria.

—Ah, ¿sí? —pregunta Dios con algo de socarronería.

—¡Sí, absolutamente! —contesta irritado el evolucionista mientras vierte el contenido de unos vasos en una probeta de laboratorio—. Mira, cojo un poco de agua y un poco de polvo y con ello hago todo lo demás.

---

1. La cita en *There is a God*, con Roy Abraham Varghese, 2007.

—Ya, ya... pero ¿por qué no coges tu propio polvo y agua? —le dice Dios al tiempo que retira la probeta y se la guarda.

Chanza oída a SCOTT HAHN

Como dice el biólogo molecular Douglas Axe: «La cuestión mayor en la mente de todos nunca ha sido el asunto de la supervivencia, sino más bien el asunto del origen, nuestro origen en particular. ¿Cómo llegamos aquí?»,[2] y lo cierto es que de esa cuestión mayor sabemos poco. De hecho, y para no parecer inmodestos, reconocemos que NINGUNA (en mayúsculas) hipótesis actual explica ni se aproxima a explicar cómo surgió la vida. La ciencia NO (en mayúsculas) sabe cómo surgió la vida y ni siquiera tiene una hipótesis plausible. Es una ignorancia que desafía al ateísmo de forma tan palmaria y tan elocuente que en ocasiones se intenta ocultar con palabrería, regurgitando términos pretendidamente científicos de teorías que, o bien ya se han probado falsas, o bien son hilarantes lucubraciones propias de la ciencia ficción.[3]

2. Axe, D., *Undeniable*, Harper One, 2016, p. 3.
3. Por ejemplo, si usted consulta el término «abiogénesis» en la *Enciclopedia Britanica* o en Wikipedia —la «abiogénesis» propone que la vida surgió de la materia inanimada—, obtendrá largos y farragosos artículos que parecen intentar ocultar lo importante: no hay ninguna prueba de la abiogénesis ni nada que pueda pretender serlo. Esa voz en la Wikipedia (en inglés) resulta todavía más doctrinaria: la primera línea advierte que «para visiones no científicas sobre el origen de la vida ver "Mito de la creación"» y luego entreveradas en un larguísimo artículo nos expone las teorías que considera científicas: a) la generación espontánea (¿de verdad, a estas alturas?); b) la panspermia: nombre pretendidamente respetable que propone que la vida en la Tierra la trajeron los extraterrestres (¿y esto lo consideran "ciencia"?); c) un «pequeño estanque caliente» (¿y esto no es un mito?). Véase <https://en.wikipedia.org/wiki/Abiogenesis> y <https://www.britannica.com/science/abiogenesis>.

Pero lo cierto es que la ciencia ignora cómo surgió la vida, y esto lo reconoce hasta el archiateo señor Dawkins en la entrevista que concedió para el documental *Expelled*... a que nos hemos referido más arriba:

BEN STEIN, EL ENTREVISTADOR: ¿Cómo se creó? [la vida].

RICHARD DAWKINS: Ejem (apartando la mirada), bien, hummm, por un proceso muy lento.

B. S.: Y bien, ¿cómo empezó?

R. D.: Nadie sabe cómo empezó. Sabemos el tipo de evento que tuvo que ser, sabemos el tipo de suceso que ha tenido que ocurrir para el origen de la vida.

B. S.: ¿Y cuál fue?

R. D.: Fue el origen de la primera molécula autorreplicante.

B. S.: Ya, ¿y cómo pasó eso?

R. D. (molesto): Ya le he dicho, no lo sabemos.

B. S.: O sea que usted no tiene ni idea de cómo empezó.

R. D.: No, no, no, nadie sabe nada más.

Es posible que tenga usted entre sus recuerdos una imagen de una caricatura con una serie de viñetas, en la primera muestra un charco o un fango; la segunda algo parecido a una ameba; la siguiente un reptil que de algún modo se convierte en mamífero, este se transforma en un mono que camina a cuatro patas, quien a su vez se convierte en «algún-alguien-prehistórico» que anda erguido y que lleva una porra sobre sus hombros... desde ahí todo parece más fácil y el hombre primitivo acaba transformándose en alguien parecido a un profesor de «ciencias» políticas de casi cualquier universidad. En realidad, no existe ninguna prueba fehaciente de que ninguna de esas transformaciones se haya producido realmente, pero lo que es el poder de las imágenes, el concepto de «sopa primordial» —aquel cieno que produce la primera célula—, ha arraigado en algunas mentes hasta el extremo de pensar que ciertamente la vida surgió de algún tipo de limo o mezcla química que —generalmente— se activó con la concurrencia de electricidad, lo que posiblemente haga que algunos consideren *Frankenstein o el moderno Prometeo* como un libro científico y que propongan a Mary Shelley para una cátedra en Oxford.

Algo admirable en el ser humano es que tiene una instintiva y arraigada pulsión por la verdad y algo admirable en la ciencia es que promueve esa tendencia y ayuda a satisfacerla; así se explica que en 1953 un químico norteamericano, Stanley Miller, se lanzó a intentar producir vida a partir de elementos inorgánicos recreando en el laboratorio una atmósfera similar a la que había en la Tierra cuando la vida apareció sobre nuestro planeta.[4] Mezcló metano, amoniaco e hidrógeno y sometió la mezcla a un continuo chorro de vapor y a descargas eléctricas. Como consecuencia se formaron algunos aminoácidos, pero no se creó nada parecido a la vida. A raíz del experimento del señor Miller, se realizaron otros intentos de producir vida a partir de elementos inorgánicos durante los años sesenta y setenta del siglo pasado con similares resultados. El propio señor Miller repitió el experimento en 1972 con nuevos aparatos de medición. Se produjeron otros aminoácidos, pero no vida. La falta de progreso en esta línea de investigación ha hecho que no haya habido experimentos adicionales durante los últimos cincuenta años.

En 1984 Harold Morowitz propuso el estudio de los micoplasmas como modelos para entender los principios de la vida. Los micoplasmas son las células capaces de crecimiento autónomo más simples que existen en la naturaleza. El *Mycoplasma genitalium*, una bacteria patógena, tiene 525 ge-

4. Los detalles del experimento Miller-Urey se publicaron en la revista *Science* el 15 de mayo de 1953.

nes (y 580.070 pares de bases o 580 kbp),[5] mientras que otras bacterias bien conocidas y estudiadas, como la *Escherichia coli* o el *Bacillus subtilis* (que se pueden encontrar en el tracto intestinal de los humanos o de algún rumiante), tienen entre cuatro mil y cinco mil genes. En 1996 se compararon genomas bacterianos completos y se reveló que había un núcleo común de 256 genes y 318 kbp, lo que era una cantidad mucho menor que la de cualquiera de los genomas comparados. Esta cantidad de genes se propuso entonces como la mínima cantidad génica para la vida. Finalmente, en 2016 un grupo de científicos se puso como meta definir el mínimo genoma celular posible de forma experimental, diseñando y construyendo uno y luego testándolo para comprobar su viabilidad. Los resultados mostraron que «era posible producir un genoma mínimo que fuera menor a cualquiera encontrado en la naturaleza, pero ese genoma era mayor que aquel conjunto común de 256 genes».[6] El resultado, llamado JCVI-syn3.0, tenía 473 genes y 531 kbp.

De esta forma la ciencia ha encontrado el menor ser vivo posible que exista o pueda existir de forma autónoma. Y, sin embargo, esa célula —la más sencilla posible— tiene tal complejidad que resulta inconcebible que haya sido producida por azar. Esa célula tiene[7] más de 250 genes; más de 300.000 pares de bases; una maquinaria completa de repli-

5. En genética el par de bases es una unidad fundamental que forma los bloques de construcción del ADN. El tamaño de un gen individual o del genoma entero de un organismo se mide usualmente en pares de bases. El número de pares de bases es igual al número de nucleótidos de una de las hebras del ADN. El ADN es generalmente de doble hebra.
6. Clyve Hutchinson y veintidós autores, «Design and synthesis of a minimal bacterial genome», publicado en la revista *Science* el 25 Marzo de 2016. DOI: 10.1126/science. Aad 625.
7. *Ibidem* y también A. R. Mushegian, E. V. Koonin, «A minimal gene set for celular life derived by comparison of complete bacterial genomes», *Proc. Natl. Acad. Sci. U.S.A.* 93, 10268-10273 (1996).

cación del ADN; un casi completo sistema de traducción; un sistema de recombinación y reparación; un sistema de transcripción que consiste en cuatro subunidades de ARN-polimerasas; «una sorprendentemente gran cantidad de proteínas chaperonas» (de casi doscientos tipos); un metabolismo anaeróbico intermediario; capacidad para la biosíntesis de aminoácidos y de lípidos y de nucleótidos; decenas de enzimas; una maquinaria para exportar proteínas; un repertorio de sistemas de transporte de metabolitos.

Fred Hoyle, en su libro *The Intelligent Universe*,[8] concluye algo que todos los científicos mencionados en este capítulo han experimentado y es que «a medida que los bioquímicos descubren más y más acerca de la impresionante complejidad de la vida, es evidente que las posibilidades de que se haya originado por accidente son tan mínimas que deben ser completamente descartadas. La vida no apareció por casualidad».

... pero seguro no fue por azar...

Charles Darwin habló especulativamente de la vida emergiendo de un pequeño estanque caliente. El estanque ya no está. Tenemos muy poca idea de cómo la vida emergió y no podemos decir con seguridad que lo hizo.

DAVID BERLINSKI[9]

8. Ya hemos hablado anteriormente de Fred Hoyle, quien fue un ateo convencido... hasta que dejó de serlo, y ello gracias al avance de las evidencias científicas. El señor Hoyle fue el astrónomo inglés que formuló por primera vez la teoría de la «nucleosíntesis estelar», que es la creación de elementos químicos por fusión nuclear en las estrellas. Por ese descubrimiento le dieron el premio Nobel... a William Fowler (cosas de los Nobel). *The Intelligent Universe*, publicado en 1983. Michael Joseph, p. 256.
9. La cita en *The Devil's Delusion*, *op. cit.*, p. xv.

Es ahora cuando tenemos que hacer una pequeña introducción para explicar algún concepto que vamos a utilizar más adelante. Si es usted versado en biología le ruego paciencia. El ADN (ácido desoxirribonucleico) es el material que almacena la información genética de la célula. La información en el ADN se guarda como un código compuesto por cuatro bases nitrogenadas: Adenina (A), guanina (G), citosina (C), timina (T), cuyas permutaciones resultan en algo como un lenguaje o un código, lo que permitió a Francis Collins llamarlo «el lenguaje de Dios».[10]

Es posible que usted tenga en su mente alguna imagen del ADN que recuerda a una escalera de caracol, pues cada uno de los peldaños de esa escalera es lo que se llama «un par de bases» que está formado por dos de aquellas bases nitrogenadas que se emparejan entre sí. La escalera se conoce como «doble hélice» y cada una de las guías o «pasamanos» son «las hebras». Cada hebra tiene una estructura compuesta de grupos alternados de azúcar y fosfato y unida a cada azúcar hay una de las cuatro bases (A, C, G o T). La molécula de azúcar unida al fosfato y a una de las bases nitrogenadas es lo que se llama nucleótido y es la estructura fundamental del ADN (y del ARN también). Así cada molécula de ADN está formada por dos hebras y hay cuatro nucleótidos presentes en el ADN (A, C, G, T). Cada uno de los nucleótidos de una hebra es complementario e interactúa con otro nucleótido específico de la otra hebra y así se forman los peldaños y se mantiene unido el ADN. El orden de las bases es fundamental, ya que la G interactúa con la C y la T con la A. No puede ser de otro modo.

Teniendo todo lo anterior en cuenta, la probabilidad de obtener una combinación concreta de ADN resulta sencilla de calcular, pero increíblemente improbable si quisiéramos

10. Véase notas 8 y 9 del cap. 15.

obtenerla por azar. Como vimos en el capítulo anterior, la célula menor posible tiene más de 300.000 pares de bases. Más de 300.000 peldaños que tuvieron que ensamblarse de un modo determinado. La probabilidad de obtener una combinación concreta de letras por azar es de una entre $4^{300.000}$. Y eso para la célula más pequeña existente y teóricamente posible. Es una probabilidad en contra tan enorme que es difícil de entender. Baste decir que es más probable que usted tire todas las letras al aire y que caigan en el orden preciso y necesario para escribir el *Quijote*. Parece que una vez más nos ha tocado la lotería...

Pero «no se vayan todavía, que aún hay más»: el ADN es solo un componente de una célula viva. La célula, incluso la menor de ellas —como vimos en el capítulo anterior— consta de muchos más componentes, sistemas, maquinarias... y proteínas. Sin aquellos la célula no tendría vida, no «funcionaría» y sin las proteínas el ADN no «despertaría». Pero es que cada proteína está constituida por una secuencia específica y genéticamente determinada de aminoácidos, la cual le otorga sus principales características. Estos aminoácidos también tienen que unirse de acuerdo con una secuencia determinada.[11] Si consideramos una proteína pequeña, que tenga mil aminoácidos,[12] la probabilidad de dar con la combinación correcta por mero azar es de una entre $20^{1.000}$. (En el cuerpo humano hay veinte aminoácidos). Esta infinitésima probabilidad hay que acumularla a la anterior infinitésima probabilidad y elevarla al número de proteínas (hay aproxi-

---

11. La estructura básica de los aminoácidos comprende una molécula de carbono con cuatro posibilidades de enlaces. Los dos enlaces principales son un grupo amino (-NH2) y un grupo carboxilo o ácido carboxílico (-COOH); los dos enlaces restantes poseen un grupo de hidrógeno y una cadena que es variable.
12. Las proteínas más largas que se conocen son las titinas y tienen unos 27.000 aminoácidos.

madamente 42 millones de moléculas de proteína en cada célula). La probabilidad de obtener eso por azar es tan cercana a cero como usted pueda imaginar.

Pero todavía hay más... las estructuras proteicas de una célula no pueden replicarse sin ayuda del ADN, y como hemos visto el ADN no puede «funcionar» sin las proteínas. Y como para vivir una célula necesita tanto de las proteínas como del ADN, podemos decir que estamos en un bucle-círculo vicioso-huevo y gallina que precisa para su resolución que ambos (huevo y gallina, proteína y ADN) surjan a la vez, lo que hace que aquellas infinitésimas posibilidades que teníamos sean todavía más infinitesimales. Para entendernos, las posibilidades de que una sola célula —una sola célula— haya sido ensamblada por azar son tan cercanas a 0 como nadie o nada (persona u ordenador) puedan concebir o calcular.

Y estamos hablando de una sola célula. La menor posible.

Un intento de soslayar este problema lo propone el señor Dawkins en su obra *El espejismo de Dios*, para ello primero inventa el dato de que en el universo hay «un trillón de planetas» que podrían sustentar la vida en el universo (un cálculo que se inventa y que no tiene ninguna base real) y luego crea la estadística de que la vida aparece por azar en uno entre mil millones de posibilidades (algo que también se inventa y que además de falso es inverosímil, como acabamos de ver). Como consecuencia de tanta creación estadística, la vida habría tenido lugar en mil millones de planetas, lo que haría que la existencia de vida no tuviera nada de extraordinaria.

He observado que esa forma de razonar —indiferente a la realidad— produce grandes decepciones y finalmente una profunda melancolía. Aplicando la «lógica» del señor Dawkins podemos proponer lo siguiente: ya que hay más de ocho mil millones de ratas y ratones en el mundo, mil quinientos millones de vacas, mil quinientos millones de ovejas y más de mil millones de cerdos, digamos que uno entre mil millones es susceptible de tener alas (elijo el mismo porcentaje que el señor Dawkins amparado por los mismos profundos y científicos motivos, es decir, porque quiero, pero además hay que aceptar que soy generoso en la comparación, puesto que siempre será más fácil desarrollar alas en un ser que ya está vivo que la aparición de vida de la nada). Concluyo, por tanto, que hay unos veinte cerdos, vacas, ovejas y ratones voladores en algún lugar. Razonando así, no es extraño que el señor Dawkins mire al cielo con desencanto.

La realidad, sin embargo, es menos dúctil que las estadísticas amañadas:

> Las posibilidades de que se forme un organismo vivo accidentalmente son considerablemente menores que las posibilidades de solucionar un cubo de Rubik con los ojos vendados, lo cual fue estimado por [Fred] Hoyle en 1 entre 50.000 millones de billones. El problema es que un simple protozoo o bacteria precisa de la formación previa de cerca de dos mil enzimas [...]. Las posibilidades a favor de la formación accidental de las dos mil —sin las que ese organismo no habría podido llegar a la vida— se acerca a un verdadero número infinitesimal [...] las posibilidades serían similares a que dos mil personas con los ojos vendados resolvieran el cubo de Rubik al mismo tiempo, de acuerdo con Hoyle aproximadamente 1 de $10^{40.000}$. O para darnos una noción más inteligible de la improbabilidad, dice Hoyle, sería comparable a tirar los dados y sacar dobles seises cincuenta mil veces seguidas.[13]

13. John W. Oller, Jr., Ph. D., 1984, «Not According to Hoyle», *Acts & Facts*, 13 (12) ICR.

... y además no ha habido tiempo

> Las células más primitivas requerirían al menos varios
> cientos de diferentes macromoléculas específicas.
> Cómo se han juntado esas ya muy complejas estructuras,
> es un misterio para mí. La posibilidad de la existencia
> de un Creador, de Dios, representa para mí una
> solución satisfactoria para este problema.
>
> WERNER ARBER[14]

Empecemos haciendo una cronología para situarnos: como ya vimos en la parte dedicada a la física y la cosmología, el universo no es eterno, sino que tiene una edad estimada de unos 13.700 millones de años. Hace 5.000 millones de años se empezó a formar el Sol. La Tierra, por su parte, tiene una edad de 4.540 millones de años.[15] La primera vida unicelular con ADN apareció —no sabemos cómo— hace unos 3.800 millones de años, justo cuando la Tierra se había enfriado lo suficiente para albergar seres vivos, alguien podría pensar que fue una feliz coincidencia. Supuestamente, esos organismos unicelulares eran autorreplicantes, es decir, se copiaban a sí mismos como forma de reproducción, pero, inesperadamente, hace 530 millones de años ocurrió —tam-

14. Werner Arber microbiólogo y genetista suizo nacido en 1929. Premio Nobel de Fisiología y Medicina en 1978 por trabajos que llevaron a la tecnología de recombinación de ADN. Fue nombrado presidente de la Pontificia Academia de las Ciencias por el papa Benedicto XVI. Cit. en Margenau y Varghese, *op. cit.*, p. 143.
15. +/− un 1 por ciento de acuerdo con las estimaciones de Clair Cameron Patterson usando datación con isótopos de uranio en un meteorito en 1956, posteriormente esta estimación ha sido corroborada por otras mediciones.

poco sabemos cómo— la explosión cámbrica,[16] una diversificación repentina de la vida por la que aparecen casi todos los tipos (filos) de animales actuales y también de forma imprevista hace unos 300.000 años aparece el *Homo sapiens sapiens*, otro hecho del que también ignoramos el cómo. Es decir, que en poco más de 500 millones de años se pasó de los vertebrados más sencillos hasta algo con la capacidad de escribir el *Quijote*, componer *El Mesías* o diseñar San Pedro en el Vaticano. Sencillamente, no hay suficiente tiempo para una evolución que fuera gradual.

Fred Hoyle señala en *The Intelligent Universe*[17] que hay 200.000 proteínas en el ser humano y que la posibilidad de que aparezcan esas 200.000 por casualidad son minúsculas —como ya hemos visto—, pero es que, además —señala—, no ha habido tiempo bastante para que esas mínimas posibilidades hayan podido ocurrir. Incluso si aquella «sopa primordial» no fuera un mito y de verdad hubiera existido, e incluso si hubiera sido repetida y constantemente sacudida por descargas eléctricas como en el experimento de Miller-Urey —lo que sería la tormenta eléctrica mayor de la historia del universo—, el tiempo necesario para la formación de cualquiera de esas 200.000 proteínas sería equivalente —*grosso modo*— a 293,5 veces la edad de la Tierra.

El hecho de que el universo tenga un comienzo y que haya, por tanto, un límite de tiempo siempre ha supuesto un problema mayor para los autores escépticos: «Solo tenemos el tiempo que nos permite la barrera de los 3.500 millones de

---

16. La explosión cámbrica fue considerada por el propio señor Darwin como un hecho inexplicable y una objeción mayor a su teoría de la evolución. Se han postulado varias posibilidades sobre cómo se produjo esa explosión de vida, pero hasta la fecha ninguna explicación desde la teoría de la evolución ha proporcionado una respuesta satisfactoria.
17. *The Intelligent Universe, op. cit.*

años, con la aparición de la primera célula. El único modo de acortar el tiempo es acelerar la evolución, de modo que funcione a saltos. Esto no constituye ningún problema para algunas explicaciones teístas de la evolución, pero sí que es un problema para la explicación atea».[18]

Y Kurt Gödel —de quien hemos hablado extensamente en la parte dedicada a las matemáticas— pensaba que el darwinismo era «mecanicismo en biología» y consideraba que «el mecanicismo en biología es un prejuicio de nuestro tiempo que será refutado. A mi juicio, la refutación tomará la forma de un teorema matemático mostrando que la formación a lo largo del tiempo geológico de un cuerpo humano por las leyes de la física (u otras leyes naturales) a partir de una distribución aleatoria de partículas elementales es tan poco probable como la separación por azar de la atmósfera en sus diferentes compuestos».[19]

Es decir, consideraba al igual que el señor Hoyle que ni era probable ni había habido suficiente tiempo para que la vida o los seres humanos hubieran aparecido por mero azar.

Francis Crick[20] fue un biólogo molecular británico codescubridor[21] de la estructura del ADN, por lo que recibió el

---

18. Hahn y Wiker, *op. cit.*, p. 67.
19. Hao Wang, *Kurt Gödel*, Armand Collin, 1990, p. 192. Cit. por Bolloré y Bonnassies, *op. cit.*, p. 312.
20. Francis Crick, junto con James Watson, Maurice Wilkins, Rosalind Franklin y Raymond Gosling, descubrió la estructura helicoidal del ADN. El señor Crick recibió el Premio Nobel de Fisiología y Medicina en 1962 junto con el señor Watson y el señor Wilkins. (La señora Franklin y el señor Gosling no lo recibieron. Cosas del Nobel y de los manejos del señor Crick y el señor Watson, véase la siguiente cita). El señor Crick, ateo militante, falleció en 2004.
21. James Watson, biólogo británico nacido en 1928, fue coautor con el señor Crick del estudio que propuso la estructura de doble hélice. De acuerdo con la investigación de Howard Markel en *The secret of life*, corroborada luego por testigos, fueron los datos y una de las fotografías tomados por

Premio Nobel de Fisiología y Medicina en 1962. El señor Crick era ateo militante, cristianófobo[22] y favorable a la eugenesia,[23] idea que creía postergada por culpa de la religión, algo en lo que posiblemente tuviera razón. Reconoció la imposibilidad de que el ADN fuera producido por azar, y puesto que consideraba necesaria alguna causa inteligente para ello, propuso su famosa hipótesis de la «panspermia», que viene a decir que la vida en la Tierra fue sembrada por extraterrestres inteligentes. Sí, ha leído usted bien, por los

---

Rosalind Franklin y su estudiante Raymond Gosling los que demostraban la estructura del ADN. Esa foto fue «distraída» por los señores Wilkins, Watson y Crick. «Con manipulaciones siniestras, Crick y Watson maniobraron para omitir la cita formal de la señora Franklin» en el estudio que publicaron en 1953 y que les proporcionó el Premio Nobel. Tampoco hicieron mención en sus discursos de aceptación del premio. Esto ha sido considerado «uno de los mayores robos en la historia de la ciencia». El señor Watson ha manifestado públicamente ideas racistas por las que ha sido privado de algunos honores recientemente. El señor Watson es ateo. Valga esta nota como pequeño reconocimiento a la señora Franklin y al señor Gosling.
22. «No respeto las creencias cristianas. Creo que son ridículas. Si pudiéramos deshacernos de ellas podríamos enfocarnos en el serio problema de intentar saber de qué va el mundo», Francis Crick en una carta al editor del periódico de la Universidad de Cambridge, 1966. «El cristianismo puede ser aceptable entre adultos que consienten, pero no debería ser enseñado a niños jóvenes», recogido en un artículo del periódico The Guardian, 17 de septiembre de 2006.
23. Francis Crick estaba a favor de la inseminación artificial para producir niños con genes específicos; apoyaba que se controlara qué tipo de niños podían nacer y cuáles no; sugirió que a las personas debería exigírseles una licencia que les permitiera tener hijos; propuso que se introdujera un impuesto por hijo a fin de evitar que las parejas pobres o humildes tuvieran muchos; abogó para que los hijos solo tuvieran derecho a la vida si cumplían unos específicos criterios genéticos. En cartas privadas el señor Crick explicaba que tales ideas deberían esperar hasta que hubiera menos personas religiosas: «a largo plazo es inevitable que la sociedad se preocupe por el carácter de la próxima generación [...] no es algo que podamos abordar ahora fácilmente porque la gente tiene tantas creencias religiosas y hasta que tengamos

extraterrestres. En su libro *Life Itself*[24] escribió que la vida fue enviada a la Tierra hace miles de millones de años en naves espaciales por seres extraterrestres más evolucionados. No tuvo a bien explicarnos quién creó a esos seres más evolucionados; de momento se empujó el problema de la existencia de un Creador, suponemos que con la esperanza de que lo perdamos de vista. Cada vez que se menciona esta teoría no tengo por menos que recordar la frase de Chesterton: «El problema de la increencia en Dios no es que el hombre termine no creyendo en nada. Es mucho peor. Acaba creyendo en cualquier cosa».

¿De verdad?
Otra vez los multiversos

> La teoría del «multiverso» libera a los ateos de la necesidad de ciencia real, y esa es la única condición en que puede sobrevivir el ateísmo.
>
> MICHAEL EGNOR[25]

---

una visión más uniforme creo que sería arriesgado hacer algo en favor de la eugenesia»; ver Ball, N. (12 de marzo de 2014). Crick, Francis. Consultado el 2 de febrero de 2023, en https://eugenicsarchive. Ca/discover/tree/532089 d5132156674b000214 y en Francis Crick en Wikipedia.

24. *Life Itself*, Simon & Schuster, 1981.

25. Michael Egnor en «Multivers myth frees atheists from real science», publicado el 2 de marzo de 2021 en *Evolution news and science today*. Se puede leer en inglés en <https://evolutionnews.org/2021/03/multiverse-myth-frees-atheists-from-real-science/>. Michael Egnor es profesor de Neurocirugía en la Universidad Estatal de Nueva York. Fue nombrado el mejor doctor de Nueva York en 2005 por la *New York Magazine*.

En 2007 Eugene Koonin, un biólogo evolucionista ruso-norteamericano, reconocía que el origen de la primera célula portadora de información genética para producir proteínas «es un acertijo que hace fracasar el pensamiento evolucionista convencional».[26] Confrontado con mismo problema que el señor Crick, es decir, que resulta imposible que el ADN haya aparecido por puro azar, propuso otra nueva teoría... bueno, no tan nueva pero sí en su aplicación a la biología: el multiverso. O, dicho de otro modo, si es imposible en este universo, multipliquemos los universos y de ese modo pretenderemos que sea posible.

Ya hemos hablado de la teoría de los multiversos en la parte dedicada a la física y cosmología. Parece ser el comodín del ateísmo cuando esa ideología es confrontada con la realidad científica que impone la existencia de un Creador. Es un buen momento para hacer tres consideraciones:

La teoría del multiverso no es propiamente científica, puesto que ni es verificable ni es falsable. Karl Popper —como ya señalamos— propuso unos criterios que son universalmente aceptados a fin de considerar una teoría como científica; decía el filósofo austriaco que una teoría científica debería en todo caso añadir conocimiento racional acerca del mundo empírico. Por tanto, no podría ser tautológica, es decir, repetitiva o que no añadiera conocimiento ni podría ser metafísica, es decir, que no se pueda comprobar experimentalmente ni que se pueda demostrar su falsedad. Por ejemplo, ningún teísta pretende que la creencia en la inmortalidad del alma sea una teoría científica, puesto que ni se puede comprobar ni se puede demostrar falsa; del mismo modo, la teoría de los multiversos no es científica. Es una creencia y además una creencia «poco seria»: «Esta

26. Cit. por Axe, *op. cit.*, p. 227.

tesis no es tomada en serio, por mucho que la idea de universos paralelos haya florecido en el campo de la ciencia ficción».[27]

Un concepto que parece escapárseles a muchos científicos escépticos es el de «imposibilidad». Parecen creer —o al menos pretenden hacernos creer— que cualquier cosa es posible con tal de repetirlo muchas veces o siempre que se pueda acumular tiempo. Paradójicamente, los mayores descreídos resultan ser puerilmente crédulos, porque incluso si hubiera un multibillón de universos, lo que es imposible nunca será. Ese recurso a las inmensas magnitudes no parece sino un recurso de trilero, una distracción para que dejemos de fijarnos en dónde está la bola. Cuando algo es imposible, no deja de serlo por mucho que se repita. Usted puede arrojar un dado de seis lados miles, millones, billones y multibillones de veces en este u otro o muchos otros universos y nunca tendrá como resultado un siete. Es imposible. Cualquier ateo debería darse cuenta de que la creencia de que nada es imposible cuando se repite suficientemente está mucho más alejada de la realidad empírica que la creencia en los milagros aducidos por las gentes religiosas. La imposibilidad que tiene la vida para haber surgido de la nada en este universo es idéntica en cualquier otro universo que se pudiera ensoñar, por lo que la idea de «multiverso» es —en el mejor de los casos— una cortina de humo que solo retrasa la consecuencia inevitable.

En cualquier caso, la teoría de los multiversos no es un problema para los teístas ni cambia en nada las consecuencias científicas que hemos estudiado: «Los teístas no tienen nada que temer de la cosmología inflacionaria o del teórico multiverso o teoría de cuerdas. De hecho, todas las versiones

27. Bolloré y Bonnassies, *op. cit.*, p. 164.

conocidas de estos modelos requieren que el universo/multiverso empiece a existir, y por tanto requieren una causa trascendente».[28]

Francis Collins, director del Proyecto Genoma Humano.

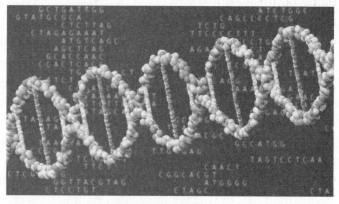

Ilustración de la doble hélice del ADN.

28. Bruce L. Gordon «Inflationary Cosmology and the String Multiverse», incluido en Spitzer, *op. cit.*, p. 83.

Detalle de la pantalla 32813 de la secuencia del genoma humano.

Theodosius Dobzhansky fue un destacado genetista y biólogo evolutivo ucraniano-estadounidense.

21

El genoma humano

El proyecto del estudio del genoma humano se gestó en 1984 en Estados Unidos y los trabajos experimentales del proyecto empezaron en 1990. Una década más tarde, a mediados del año 2000, se publicó el primer borrador y el director del proyecto, Francis Collins, declaró en esa ocasión: «Es aleccionador para mí y me sobrecoge darme cuenta de que hemos alcanzado el primer atisbo de nuestro propio manual de instrucciones, conocido antes solo para Dios».

El 13 de abril de 2003, el señor Collins anunció la culminación del proyecto. Entonces se alcanzaba el conocimiento de un 99 por ciento del genoma con un índice de exactitud de menos de un error por cada diez mil pares de bases.

Las moléculas de ADN se encuentran empaquetadas, asociadas a proteínas, en unos cuerpos densos que se llaman cromosomas. Cada especie tiene un número determinado de cromosomas. La especie humana tiene concretamente 46. En este caso, que es de reproducción sexuada, 23 cromosomas corresponden al padre y los otros 23 a la madre. Tenemos 23 parejas de cromosomas homólogos. «El ADN contenido en el juego básico de 23 cromosomas abarca unos 3.175 millones de pares de bases nucleotídicas. En esta ingente cantidad de ADN se encierra la información de un total de unos 21.000 genes y muchas regiones no codificantes [...] del total del ADN humano el 99,9 por ciento es idéntico, común a todas las personas».[1]

«El genoma humano consiste en todo el ADN de nuestra especie, el código hereditario de la vida [...] tiene una longitud de tres mil millones de letras y está escrito en un extraño y criptográfico código de cuatro letras. Tal es la sorprendente complejidad de la información contenida dentro de cada célula del cuerpo humano que la lectura de ese código a una velocidad de una letra por segundo llevaría treinta y un años, aun leyendo de día y de noche. Si se imprimieran todas esas letras en tamaño normal, en papel de carta normal y se encuadernara todo, resultaría una torre de la altura del monumento a Washington».[2] (El monumento a Washington en la

1. Jouvé de la Barreda, N., *El mensaje de la vida. Credo de un genetista*, Ed. Encuentro, 2020, p. 127. El señor Jouvé de la Barreda es doctor en Ciencias biológicas y catedrático de Genética por la Universidad Complutense y Politécnica de Madrid, de Alcalá y de Bilbao. Consultor del Consejo Pontificio para la Familia. Es teísta y cristiano.
2. Collins, Francis S., *¿Cómo habla Dios? La evidencia científica de la Fe*, Ed Arie, 2016, p. 9. Francis Collins fue el descubridor de varios genes asociados con numerosas enfermedades y fue el director del Proyecto Genoma Humano durante diez años. Posiblemente el mejor genetista vivo. Premio Príncipe de Asturias en 2003, miembro de la Academia Pontificia de Ciencias y Medalla Presidencial de la Libertad en 2009. Premio Templeton en 2020. Es teísta y cristiano.

capital de Estados Unidos es uno de los obeliscos más altos del mundo con más de 169 metros de altura).

El señor Collins había él mismo transitado del ateísmo al teísmo y al cristianismo. En sus propias palabras: «Empecé un viaje intentando entender por qué personas intelectualmente sofisticadas podían creer en Dios. Para mi consternación encontré que el ateísmo resultó ser la menos racional de todas las posibles elecciones», y terminó por darse cuenta de que la creencia en Dios «era la elección disponible más racional. Vi en cada ciencia que tanto amaba algo que se me había escapado. La evidencia que parecía pedir a gritos un Creador... hay algo en lugar de nada. El universo tuvo un principio; sigue elegantes leyes matemáticas... Dios tiene que ser un asombroso físico y matemático». Y concluía: «El Dios de la Biblia es también el Dios del genoma. Se le puede adorar en la catedral o en el laboratorio».[3]

3. Francis Collins, discurso de aceptación del Premio Templeton, septiembre de 2020.

QUINTA PARTE

Cuestiones pendientes.
Fe, ateísmo y alguna otra observación

Si no hubiera Dios, no habría ateos.

GILBERT K. CHESTERTON

22

Tener fe

Donde no quedan ideales rectores que apunten al camino,
la escala de valores desaparece y con ella el significado
de nuestras acciones y sufrimientos y al final solo se
extiende negación y desesperación... La religión es por eso
la base de la ética y la ética la presuposición de la vida.

WERNER HEISENBERG[1]

Este no es un tema que sea central a este libro, de hecho, la tesis que postulamos es que para creer en la existencia de un Ser Creador y Personal no es necesario tener fe religiosa, sino que solo hace falta pensar... y para quienes no tengan mucha confianza en su razón —con o sin motivos— y para quienes no deberían tenerla, los descubrimientos científicos también ayudan. Por ello, si usted está solo interesado en los argumentos científicos sobre la existencia de Dios, este capítulo es perfectamente prescindible y no me sentiré ofendido

1. Werner Heisenberg en un artículo titulado «Scientific and Religious Truth», de 1973. Cit. en «Nobel laureate Werner Heisenberg: GOD is waiting at the bottom of the glass», 23 de marzo de 2011. Consultado el 18 de mayo de 2023 en <https://2012daily.com/?q=node/52>.

si lo ignora. Por otro lado, si está usted siquiera levemente interesado en eso que llamamos fe, permítame dedicarle unas líneas para comentar tres asuntos y de paso exponerle por qué creo que sería bueno tenerla.

Primera consideración: contrariamente a lo que muchas personas no religiosas creen y —lo que es más preocupante— a lo que muchas personas religiosas sostienen, para tener fe es necesario previamente «pensar», para tener fe es necesario usar la razón. Esta simbiosis de razón y fe es prácticamente permanente y universal en el pensamiento cristiano, muy prominente en el judío y mucho menos en el islam, que tiende a un persistente fideísmo. San Agustín sostiene que «¿quién no se da cuenta de que el pensar [*cogitare*] es anterior al creer?» y define la fe como «pensar con asentimiento»,[2] y en toda la tradición del cristianismo se ha predicado *crede ut intelligas* («cree para comprender») balanceado con el *intellige ut credas* («comprende para creer»), es decir, que hay que preparar el intelecto para sostener la fe.[3] Algo de eso pretendemos con este libro, dicho sea de paso.

Sin embargo, es necesario comprender que el conocimiento «por fe» no es igual que el «conocimiento por evidencias» (del que forma parte el conocimiento científico) y que ello no desmerece ni uno ni otro. Santo Tomás distingue *cogitatio* como «movimiento de la mente que delibera cuando todavía no ha llegado a la perfección por la visión plena de la verdad»[4]

2. «Cum assentione cogitare», en *De praedestinatione sanctorum*, II, 5.
3. Véase «Santo Tomás y las razones de la fe», de Oscar Horacio Beltrán de la Pontificia Universidad Católica Argentina, ponencia de la XXXVIII Semana Tomista, Congreso Internacional, 2013.
4. Santo Tomás, *Summa Theologica*, parte II-IIae, cuestión 2, artículo 1. Para todas las obras de santo Tomás seguimos las versiones y traducciones de <https://tomasdeaquino.org/>. Un recurso magnífico, una excepcional recopilación.

de *visio*, que se produce cuando se asiente a una verdad inmediata o demostrada y que es más propia del saber científico. Y dice que «el acto de fe entraña una adhesión firme y en esto conviene el que cree, el que conoce y el que entiende»,[5] es decir, que el conocimiento por fe y el conocimiento científico se parecen en esa adhesión firme a lo que se conoce. Pero el conocimiento por fe «no ha llegado al estado perfecto, efecto de la visión clara del objeto, y en esto coincide con el que duda, sospecha y opina»,[6] así que para alivio de aquellos que tienen fe y que observan que tal conocimiento no es tan rotundo como el que se adquiere por evidencias, resulta natural que existan dudas y opiniones. Si usted es una persona religiosa —algo posiblemente redundante, puesto que todos lo somos naturalmente— la buena noticia es que es lógico que tenga usted «dudas y sospechas»; si no las tiene le sugiero que no las busque, pero quizá sea un síntoma de que debería usted discurrir algo más. Y, finalmente, santo Tomás añade que «por eso, lo propio del que cree es pensar con asentimiento, y de esta manera se distingue el acto de creer de los demás actos del entendimiento, que versan sobre lo verdadero o lo falso».[7]

Segunda consideración: espero no escandalizar a muchos (mejor a ninguno), pero hay que desafiar una creencia demasiado arraigada y no poco dañina de que la fe es (solo) un don de Dios. Esa creencia es muy perniciosa por varios motivos:

a) Si usted tiene fe en Dios, es muy posible que piense que es algo positivo y deseable. Incluso —si es usted reli-

5. *Ibidem.*
6. *Ibidem.*
7. *Ibidem.*

gioso— piense que esa fe es el fundamento para obtener la felicidad en —al menos— este mundo y, sin embargo, si usted creyera que la fe es (solo) un don o un regalo de Dios entonces siguiendo esa lógica no se dedicará a propagar esa fe (al fin y al cabo, no es «su» regalo) e incluso podría pensar que tal propagación no es posible (ya que ello solo le compete a Dios, que lo hará si lo cree conveniente), y como consecuencia usted no comunicará su fe incluso aunque usted crea que es bueno para otros tener esa fe. Es decir, que creer que la fe (solo) es un don prevendrá que usted haga algo que usted cree bueno.

b) Si la fe fuera (solo) un don, entonces no tendríamos ningún mérito en tenerla ni consecuentemente tampoco ninguna culpa perderla, pero —como nos recuerda santo Tomás— «nuestros actos son meritorios en cuanto que proceden del libre albedrío»[8] y como la fe «es un acto sometido al libre albedrío [...] sí puede ser meritorio». Y en eso se distingue del asentimiento del conocimiento científico: «El asentimiento de la ciencia no está sometido al libre albedrío. El sabio, efectivamente, se ve obligado a asentir por la fuerza de la demostración; por eso no es meritorio el asentimiento de la ciencia»;[9] es decir, que, por ejemplo, asentir a la existencia del Big Bang —algo que ya está probado— no tiene gran mérito, pero continuando con la reflexión: «Sí está, en cambio, sometida al libre albedrío la consideración actual de la cosa conocida, ya que el hombre puede o no considerarla. Por eso la consideración científica puede ser meritoria»;[10] es de-

8. *Summa Theologica*, parte II-IIae, cuestión 2, artículo 9.
9. *Ibidem.*
10. *Ibidem.*

cir, que, siguiendo nuestro ejemplo, considerar el Big Bang como una evidencia de la existencia de Dios sí es meritorio, puesto que esa consideración podría no ser hecha. En definitiva, que si usted tiene fe, son buenas noticias, porque lo más probable es que tenga usted algún merito en ello; si usted tuvo fe y la ha perdido no son tan buenas las noticias y le remito a la tercera consideración un poco más abajo.

c) Si la fe fuera (solo) un don entonces no tendríamos necesidad de cultivarla, ni afianzarla ni discurrir sobre ella. Ello haría que este libro fuera en gran medida innecesario, lo que es algo que no estoy inclinado a aceptar ni usted debería, puesto que ya hemos llegado —usted y yo— a la parte quinta y última.

Tercera consideración: abundando sobre el punto anterior (la fe no es —solo— un don de Dios), creo que la definición de fe de santo Tomás es sencillamente genial —valga la redundancia—. Fe es «un acto del entendimiento que asiente a la verdad divina bajo el imperio de la voluntad movida por la gracia de Dios».[11] Si falta alguno de los ingredientes, falta la fe. Por lo tanto, se carece de fe, o bien por falta de entendimiento, o bien por falta de voluntad, o bien por falta de gracia divina. Pero es que la carencia de la gracia divina suele deberse también a la falta de entendimiento (se cree que la gracia no es necesaria) o por falta de voluntad (no se pide o no se demanda suficientemente)... por lo que si usted es incrédulo y querría tener fe (algo que cualquiera con fe le diría que es muy recomendable), le sugiero que empiece por ahí: pídala. Usted dirá con cierta razón que no puede usted pedir algo a Alguien en quien no cree, pero mi consejo —el mejor que va a encontrar en este

11. *Summa Theologica*, parte II-IIae, cuestión 2, artículo 9.

libro y posiblemente en otros muchos— es que le pida a ese Dios en quien no cree que le de la fe que no tiene. Coincido con William Lane Craig[12] cuando dice: «Si usted está buscando sinceramente a Dios, Dios le hará Su existencia evidente».

En cualquier caso, no tiene nada que perder.

12. Véase la nota 8 del cap. 8.

23

El ateísmo, una fe en negativo

> Para mí es impensable que un ateo real pueda ser
> un científico [...]. Nunca he conocido ningún hombre
> inteligente que no creyera en Dios.
>
> ROBERT MILLIKAN[1]

¿Qué es ser ateo?

> El insensato dice en su corazón:
> «No hay Dios» [...].
>
> Libro de los Salmos 14, 1 (la Biblia)

A la pregunta «¿a qué debemos nuestra existencia?», el ateo contesta que nuestra existencia no se la debemos a un Creador, sino que el universo se puede explicar por sí mismo. Por tanto, detrás del ateísmo siempre está el materialismo. El

---

1. Robert Millikan fue un físico norteamericano, fallecido en 1953. Premio Nobel de Física en 1923, profesor en la Universidad de Chicago y en el Caltech. Cit. en *Scientific God Journal*, vol. I, n.º 3, p. 153, marzo de 2010.

ateo —dice el señor Dawkins, ateo acérrimo él mismo— «es alguien que cree que no hay nada más allá del mundo natural y físico».[2]

Los ateos sí creen. De igual modo que los teístas creen que existe un Dios-Creador, los ateos creen que ese Creador no existe. El ateísmo es una fe y se practica como una religión. Como admite el filósofo ateo André Comte-Sponville[3] en *El alma del ateísmo*, el ateísmo es una creencia, si bien negativa. Una creencia que tiene dogmas que se aceptan como firmes y verídicos y que no se pueden poner en discusión; de hecho, hay quien piensa que todo el ateísmo es un solo dogma, una afirmación que se pretende irrefutable ante la cual no hay espacio para réplica alguna. Por eso el ateísmo produce fanáticos (como, por otra parte, le pasa al resto de las religiones) y tiene también sus «excomulgados» —antiguos ateos, ateos tibios o ateos que han puesto en cuestión algún dogma— y sus «endemoniados» hoy más comúnmente llamados «cancelados» a quienes no se reconoce y con quienes ni siquiera se dialoga —como las gentes religiosas hacen con el demonio—. El ateísmo tiene liturgia y tiene sacerdotes que se postulan como prelados, y disputan por ser Pontífices.

Reconocemos que es muy difícil ser ateo y que, por tanto, la perseverancia en el ateísmo demuestra una especial disposición anímica o intelectual y ello por varias razones: en primer lugar, es imposible probar la no existencia de Dios, como reconoce el propio Comte-Sponville en la obra citada, y en eso —como en casi todo lo demás— los teístas tenemos una ventaja. Por ello, los ateos fundan sus creencias en algo que es indemostrable, ahora y en el futuro. Y es que

2. Dawkins, *El espejismo de Dios*, p. 23.
3. Filósofo francés nacido en 1952. Materialista y ateo. Cit. por Francisco Conesa en «El nuevo ateísmo: exposición y análisis», Centro Superior de Estudios Teológicos, *Scripta Theologica*, vol. 43, septiembre de 2011, p. 558.

los ateos suelen ser hombres de fe. El señor Dawkins titula un capítulo de una de sus obras «Un incrédulo profundamente religioso»[4] y dice de él mismo —un tema muy de su gusto— que «se me describe frecuentemente como un hombre profundamente religioso», le damos la razón, profesa una religión y secunda sus dogmas, ideología y credo. En segundo lugar, resulta casi universal que la persona que se declara atea inmediatamente reemplaza al Creador (o aquello que él considera Dios) por otra «divinidad». El biólogo británico ateo Francis Crick postuló la existencia de extraterrestres que «sembraron» la Tierra[5] en un intento un tanto patético de evitar tener que aceptar la idea de un Dios-Creador; el señor Dawkins, arrinconado durante una entrevista, también sugirió a ET como sustituto de Dios.[6] El filósofo francés Fabrice Hadjadj,[7] exateo, reconoce que «es muy difícil definirse ateo. Pero si alguno se definiera así, para ser coherente no debería divinizar nada en lugar de Dios, ningún otro ídolo: dinero, técnica, comunismo...».[8]

Finalmente, es muy difícil ser ateo porque todo lo que nos rodea, todo lo que captamos por nuestros sentidos, todo lo bello, bueno y verdadero que percibimos nos habla de un Creador. Como el señor Dawkins admite: «En nuestro planeta vivimos rodeados por unos diez millones de especies, cada una de las cuales da la fuerte impresión de haber sido diseñada».[9] Pero no es solo que «lo de fuera» nos recuerde

4. Capítulo primero de *El espejismo de Dios*.
5. Teoría de la panspermia. Nos hemos hecho eco de ella en la parte dedicada a la química y la biología.
6. En el documental *Expelled: No Intelligence Allowed*, de 2008. Nos hemos referido ya a este documental.
7. Filósofo francés nacido en 1971, de origen judío. Fue ateo practicante y anarquista activista (o viceversa). En 1998 se convirtió al catolicismo.
8. A. Giuliano, entrevista a F. Hadjadj en *Huellas, La Bussola Quotidiana* el 15 de marzo de 2011.
9. Dawkins, *El espejismo de Dios*, p. 139.

a su Creador, sino que también dentro del ser humano hay un «teísmo intuitivo» (parte de lo que los clásicos llamaban la «ley natural») y el ser humano de todas las razas y todos los tiempos está «programado» para ser teísta, algo que no pueden evitar ni los ateos —y no por falta de deseo—. En 2015 se publicaron los resultados de tres estudios diferentes en la revista científica *Cognition*,[10] el primero se realizó entre una muestra genérica de adultos norteamericanos, el segundo entre adultos también norteamericanos que se manifestaban ateos convencidos y eran personas reclutadas entre organizaciones activistas ateas y el tercero —como para evitar los prejuicios antiamericanos de buena parte de los biempensantes europeos— con personas ateas finlandesas —uno de los países más secularizados del mundo—. Los tres estudios tuvieron similares resultados y las conclusiones fueron contundentes: «La tendencia a pensar que los seres vivos y no vivos de la naturaleza han sido creados intencionadamente se deriva de procesos cognitivos automáticos, y no simplemente de creencias explícitas practicadas», o sea que creemos que hay un Creador de forma natural, seamos o no teístas. «Las intuiciones de que [el mundo] ha sido diseñado son profundas y persisten incluso en aquellos que no son religiosos y de hecho incluso en aquellos que tienen aversión a la religión». Pero es que, además, esas investigaciones tenían una peculiaridad que los hacía particularmente interesantes. A la mitad de los participantes se les sometía a «test rápidos», es decir, que debían contestar cada pregunta en menos de un segundo y ello con el objetivo de evitar que esas mis-

10. Järnefelt, E., Canfield, C., Kelemen D., «The divided mind of a disbeliever: Intuitive beliefs about nature as purposefully created among different groups of non-religious adults», *Cognition*, julio de 2015. Un resumen se puede leer en el artículo de Tom Jacobs, «Even atheists intuitively believe in a creator», *Pacific Standard*, actualizado el 14 de junio de 2017.

mas personas corrigieran o suprimieran sus verdaderas creencias espontáneas. La conclusión fue que las personas ateas también «optaban por que los fenómenos naturales habían sido creados con un propósito» —es decir, que había un Creador— cuando «no habían tenido tiempo de censurar su pensamiento», y es que parece que la tendencia a censurar que tiene el ateísmo empieza por uno mismo.

Por ello —y por muchas otras razones—, es arduo y poco práctico ser ateo, una persona atea tiene que estar en constante lucha para que lo que ve y oye y siente no provoquen en él la respuesta racional lógica. Se me antoja agotador. El ateo tiene que hacerse violencia intelectual casi constante, practicar las actitudes de «los tres monos místicos» japoneses, sin ver, sin oír, sin hablar... aunque los autores del nuevo ateísmo —como veremos en el siguiente capítulo— practican solo dos de esas disposiciones. (Hablan demasiado).

Esto es algo que admiten —a regañadientes— muchos escritores ateos (que existe un «teísmo natural», no que ellos sean del tipo parlanchín). Christopher Hitchens[11] escribió: «Sigmund Freud estuvo en lo cierto al describir el impulso religioso [...] como esencialmente imborrable a menos que la especie humana pueda conquistar su temor a la muerte y su tendencia a la fantasía»;[12] Sam Harris —otro violento exponente del nuevo ateísmo— se vio forzado a admitir que «varios experimentos sugieren que los niños están predispuestos a suponer diseño o propósito detrás de los eventos naturales, dejando a muchos psicólogos y antropólogos con la impresión de que los niños,

11. Christopher Hitchens, de quien ya hemos hablado, es considerado uno de los adalides del nuevo ateísmo, al que nos referiremos en el siguiente capítulo.
12. Hitchens, C., *God is not great*, Twelve, 2007, p. 247. [Hay trad. cast.: *Dios no es bueno: alegato contra la religión*, Barcelona, Debate, 2017].

dejados sin guía, inventarán algún concepto de Dios»;[13] de este entendimiento proviene —nos parece— la obsesión de los neoateos por hacer que el Estado fuerce la ideologización escéptica en los niños desde temprana edad. Finalmente, Paul Bloom —un profesor de Psicología en la Universidad de Yale que se declara ateo— acepta que «ahora hay un gran conjunto de investigaciones que sugiere que los humanos son creacionistas naturales de nacimiento. Cuando vemos estructuras y diseño intencionado, suponemos que un ser inteligente lo creó».[14]

Hay en todo esto una prueba lógica contra el ateísmo. Que el ser humano sea «naturalmente teísta» contradice en sí mismo y lógicamente el ateísmo y, sin embargo, es consistente con el teísmo. Veamos: si aquel Algo/Alguien-Dios de quien hablamos existiese —un Dios con las características que vimos en el capítulo anterior de esta parte, un Dios que se manifiesta, pero que no se fuerza y al que se puede rechazar—, ese Dios habría «dejado» la intuición de Él mismo en su mejor creación —nosotros— a fin de que pudiéramos descubrirle. Como cualquiera de nosotros firma su obra y yo mismo este libro, aquel Creador dejaría su firma en la Creación. Sin embargo, si Dios no existiese —tal y como propugna el ateísmo— y el teísmo y la religión fueran una lacra, «un virus»,[15] fueran nocivos para las personas; si ser creyente fuera «una perversión»[16] y los teístas fueran seres inferiores con el «cálculo racional» silenciado,[17] entonces no se

---

13. Harris, S. *The Moral Landscape*, Free Press, 2010. p. 151. Sam Harris es otro de los líderes del nuevo ateísmo. Nos referiremos a él en el próximo capítulo.
14. P. Bloom, «In Science we trust», *Natural History Magazine*, 2009, 118:3.
15. Según el autor ateo Darrell Ray, autor de *The God Virus: How Religion Infects Our Lives and Culture*.
16. Según el autor ateo Michel Onfray en *Tratado de ateología*.
17. Según el autor ateo Richard Dawkins en *El espejismo de Dios*.

entiende que ese «teísmo natural» haya aparecido en la evolución del ser humano[18] y, además, permanezca arraigado.

Para esta disyuntiva, las tres únicas posibles soluciones son que a) en realidad un Creador exista y ese «teísmo natural» sea su firma —como ya avanzamos—, o bien b) que el teísmo y la religión representen una ventaja evolutiva para el ser humano —lo que situaría a los ateos entre los humanos menos evolucionados y siguiendo a Darwin, en vías de extinción—, o finalmente c) la combinación de ambas alternativas anteriores, nuestra opción favorita. La demografía y la estadística apoya este hallazgo: actualmente solo el 2,4 por ciento[19] de la población mundial es atea (es decir, unos ciento ochenta millones de un total de casi ocho mil millones de personas). Eso sí, algunos hacen mucho ruido.

Otra consideración de gran peso —a nuestro juicio— en contra del ateísmo es que produce infelicidad: crea personas infelices y engendra poblaciones tristes. Reconocemos que ello no es una prueba científica en contra de la ideología escéptica, pero se nos ocurre que salvo que usted considere que el destino del hombre es la infelicidad, no parece lógico imaginar que la ideología que la provoca sea la más apropiada para dirigir su propia vida.

Ipsos[20] es una de las mayores compañías del mundo de investigación de mercados y *big data*. Periódicamente publi-

18. Creemos muy apropiado sacar a colación el argumento de la evolución, puesto que la práctica totalidad de los apologistas ateos son evolucionistas.
19. De acuerdo con el *World Factbook* de la CIA, en 2006. Y el 2,3 por ciento de la población global de acuerdo con la *Enciclopedia Británica*, en 2007.
20. Ipsos tiene origen francés, se considera la tercera mayor compañía del sector y tiene una excelente reputación. Declaración personal: he utilizado los datos de Ipsos en los cinco continentes en que he desarrollado mi experiencia profesional —Ipsos está presente en casi noventa países— y he sido el presidente de una de las compañías globales que compite con Ipsos en Europa, Asia, África y Oceanía.

ca el «Sondeo de felicidad global», y en los resultados de la encuesta publicados en agosto de 2019[21] se constata que las «fuentes de la felicidad» son comunes a todos los países —con pequeñas variaciones— y las más importantes de entre ellas son la salud, la familia (hijos y cónyuge) y tener sentido en la vida (Dios, en gran medida). Sin salud, sin familia y sin Dios parece que el hombre es infeliz. No es un descubrimiento que rete al sentido común, pero es bueno refrendarlo cuantitativamente. Quizá no sea entonces sorprendente observar que España —que era uno de los países del mundo en que tradicionalmente la población era más feliz— ha pasado a tener el segundo menor «índice de felicidad» (solo después de Argentina),[22] al tiempo que la descreencia ha aumentado en esta nación hasta estar muy por encima de la media global:[23] según el Pew Research Center, en España hay un 8 por ciento de personas ateas.[24]

---

21. Ipsos «Global Happiness Survey». Usamos los datos de 2019 a fin de evitar posibles distorsiones debido a la pandemia del COVID-19. No obstante, las «razones para la felicidad» permanecen inalteradas en estudios posteriores. Véase <https://www.ipsos.com/es-cl/la-felicidad-esta-retrocediendo-en-el-mundo>.

22. Otro dato que corrobora estas conclusiones: España ha pasado de una de las menores tasas de suicidio del mundo a una de las mayores: de 0,70 por 100.000 habitantes en 1975 a 8,45 personas por 100.000 habitantes en 2021.

23. Sin duda las leyes de desprotección de la familia también tienen su influencia. España tiene el mayor índice de divorcios de Europa desde 2009 y aumentando. En España se rompe un matrimonio cada cinco minutos y por cada cien matrimonios hay más de sesenta divorcios.

24. Pew Research Center, 6 de diciembre de 2019, <https://www.pewresearch.org/short-reads/2019/12/06/10-facts-about-atheists/>. Según el Centro de Investigaciones Sociológicas, España ha pasado de tener un 3,5 por ciento de población atea en 1998 (y suponemos que mucho menor en los años setenta y ochenta) a tener un 13,6 por ciento en 2012 (sin embargo, es preciso apuntar que el CIS está desacreditado desde hace varios años por su politización y sus datos carecen de credibilidad).

Y es que el ateísmo cuando nos quita a Dios nos deja sin padre... y por mucho que algunos se empeñen, para tener una vida feliz siempre es mejor tener un padre.

El «nuevo ateísmo». Juzguen ustedes

Están los ateos fanáticos cuya intolerancia es del mismo tipo que la de los fanáticos religiosos y proviene de la misma fuente. Son como esclavos que todavía sienten el peso de sus cadenas que se han quitado con gran dificultad. Son criaturas que no pueden soportar la música de las esferas.

ALBERT EINSTEIN[25]

Durante más de dos décadas trabajé en la empresa que más publicidad hace del mundo. Posiblemente, la compañía que tiene más conocimientos de marketing que ninguna otra en el mundo, se estudiaba cada uno de los detalles del comportamiento del posible usuario para ver qué productos fabricar y cómo venderlos mejor. «El consumidor es el jefe» era, y sigue siendo, el mantra de esa empresa y el conocimiento profundo del potencial consumidor —usted y yo— y de cómo influir en él para que probara nuestros productos era la base de su éxito, que era mucho. Una de las cosas que aprendí es que las dos palabras que mejor venden un producto son «nuevo» y «gratis». A mi juicio lo que es gratis no se vende, por lo que solo nos queda «nuevo» como la palabra mágica para conseguir que nos compren una mercancía.

25. Albert Einstein, cit. en *Einstein and Religion: Physics and Theology*, de Max Jammer, Princeton University Press, 2002, p. 97.

En eso me temo que queda eso que se ha hecho llamar «nuevo ateísmo».[26] Una afortunada denominación para un mal producto. En un primer momento este capítulo del libro estaba en la primera parte, con otras cuestiones previas. El objetivo era mostrar desde el principio lo que no es sino un ateísmo zafio, agresivo y muchas veces deshonesto, pero finalmente consideré que era mejor presentar las evidencias científicas primero y posteriormente exponer el falso y pretendido cientifismo del «nuevo ateísmo».

Los autores que se mencionan bajo esta designación suelen ser Richard Dawkins, Sam Harris, Christopher Hitchens, Daniel Dennett y Michel Onfray, a quienes no hemos tenido por menos que nombrar repetidas veces en los capítulos anteriores y no por sus méritos intelectuales, sino por su desmesurada presencia en los medios de comunicación.

Estos autores no solo contemplan su existencia y la del universo con escepticismo, no solo condenan la creencia en Dios, sino también a quienes creen en Dios e incluso a quienes respetan a los que creen en Dios. No piensan que creer en Dios esté equivocado, piensan que es malvado. Estos autores querrían proscribir la creencia en Dios. Me temo que en eso tampoco son muy novedosos, antes que ellos lo intentaron los partidos y regímenes socialistas, comunistas, fascistas, anarquistas y nacionalsocialistas de similar ideología atea y antirreligiosa y anteriormente desde Nerón a Robespierre con incendios o guillotinas intentaron todos ellos extirpar las creencias religiosas propugnando iguales «razones altruistas» y, ya de paso, de forma similar a lo que proponen los «neoateos», decidieron que sería una medida higiénica exterminar también a los creyentes. Nunca en la historia de

---

26. La denominación parece haber sido acuñada en 2006 por Gary Wolf en «The Church of the Non-Believers», <https://www.wired.com/2006/11/atheism/>.

la humanidad se ha asesinado a tantos en nombre de ninguna ideología o fe como en nombre del ateísmo.

Nuestros autores son más panfletarios que los pensadores ateos clásicos, con ideas que son más fáciles de refutar, pero más sencillas de recordar. Es lo que se ha llamado un «ateísmo débil»[27] o un «ateísmo vulgar».[28] Su objetivo en realidad no es intelectual, es social y político, pretenden proscribir totalmente a la religión y a las personas religiosas de la vida pública, y en ese empeño no les importa tergiversar el pensamiento teísta, inventar hechos o encubrir datos.

Resulta imposible no pensar que son deshonestos intelectualmente, en palabras de Francis Collins —director del Proyecto Genoma Humano, de quien ya hemos hablado— referidas al señor Dawkins: «De hecho, es difícil evitar la conclusión de que tan repetidas malas interpretaciones de lo que es la fe responden a una virulenta agenda personal más que a una dependencia de los argumentos racionales»,[29] juicio con el que coincidimos muchos —teístas y no teístas— cuando leemos «las falacias lógicas y errores de bulto que son cuando menos sorprendentes»[30] del señor Dawkins y otros neoateos.

Estos autores manipulan lo que las religiones proponen y lo que los teístas creen hasta el punto de que ni unos ni otros se reconocen en las creencias que ellos les atribuyen y es que son «totalmente incapaz [incapaces] de presentar la argumentación de los creyentes en un tono que no sea el de la caricatura deformada».[31] Son polemistas y provocadores e intentan llamar la atención de los medios en los que se apoyan para

27. John F. Haught, «God and the New Atheism», pp. 21-24.
28. Francisco Conesa, «El nuevo ateísmo: Exposición y análisis», *Scripta Theologica*, vol. 43 (2011), p. 550.
29. Collins, *Cómo habla Dios, op. cit.*, p. 179.
30. Hahn y Wiker, *op. cit.*, p. 17.
31. *Ibid.*, p. 18.

lanzar consignas más que pensamientos. *Dios no es bueno* es el más famoso libro de Christopher Hitchens; *Tratado de ateología* es la obra más difundida de Michel Onfray; *El fin de la fe* es una obra de Sam Harris; *El capellán del diablo* se titula una de Richard Dawkins; *The God Virus*, la prescindible obra de Darrell Ray... Son títulos que podrían darse entre las superficiales, vulgares y manoseadas novelas que los inquilinos abandonan cuando dejan algunas casas alquiladas en verano.

Los «nuevos» ateos pretenden una oposición entre ciencia y fe, con argumentos que demuestran casi tanto su ignorancia científica como sus prejuicios antirreligiosos. El señor Hitchens dirá: «A la religión se le han agotado las justificaciones. Gracias al telescopio y al microscopio, ya no ofrece ninguna explicación de nada importante»,[32] una frase que parece redactada en el siglo XVIII por alguien con dificultades cognitivas. Los escritos de los neoateos son abiertamente antisemitas y agresivamente cristianófobos. Y lo peor es que son muchos... Son como una mala cantante de ópera con un gran repertorio, y es que su soberbia es solo comparable con su verborrea. Escupen páginas repetitivas con idénticos argumentos citándose unos a otros. En pocas ocasiones hemos encontrado tanta disonancia entre la jactancia y la fatuidad de unos autores y la pobreza y el sectarismo de su pensamiento. Primero un botón de muestra: el señor Hitchens, en sus memorias, lista al papa Benedicto XVI como una de las tres personas contemporáneas que más desprecia... acompañando a Osama bin Laden.[33] Esperamos, no obstante, que el señor Hitchens y el papa católico —ambos ya fallecidos—

---

32. C. Hitchens, *Dios no es bueno*, p. 81.
33. La tercera persona es Henry Kissinger. Realmente el señor Hitchens da pruebas de una seria enajenación mental al igualar al papa Benedicto XVI —o al señor Kissinger— con el asesino y autor de uno de los crímenes terroristas más nauseabundos de la historia.

compartan morada, pero es posible que no sea así y que en justicia cada uno esté ahora donde deseaba estar cuando habitaban sobre esta tierra. Y tras el botón, toda la abotonadura. Juzguen ustedes. Las citas no están sacadas de contexto. Por una parte, no hay contexto posible que suprima la iracundia y la ferocidad de las afirmaciones que siguen y, por otra parte, el contexto de cada una de ellas en general amplía y magnifica su sentido violento y agresivo.

*   El cristianismo es «una religión para cretinos»[34] (Piergiorgio Odifredi).

*   «Está de moda hablar apocalípticamente sobre la amenaza que plantean a la humanidad el virus del sida, la enfermedad de las vacas locas y muchas otras, pero creo que se puede argumentar que la fe [religiosa] es uno de los grandes males del mundo, comparable con el virus de la viruela, pero más difícil de erradicar»[35] (Richard Dawkins).

*   «La religión es una perversión, una neurosis o psicosis, una patología personal»[36] (Michel Onfray).

*   «Dios no es bueno. La religión lo envenena todo»[37] (Christopher Hitchens).

34. Piergiorgio Odifredi, *Por qué no podemos ser cristianos y menos aún católicos*, Barcelona, RBA, 2008, p. 14. El señor Odifredi es un conocido ateo, antisemita, antinorteamericano y socialista —valgan las varias redundancias— autor de la controvertida «Entrevista a Adolf Hitler», en que da la palabra al criminal nazi para justificar el holocausto y hacer apología del ateísmo. El señor Odifredi suele olvidar mencionar en sus biografías que él mismo fue un seminarista. Véase <http://www.piergiorgioodifreddi.it/wp-content/uploads/2010/10/hitler.pdf>.
35. R. Dawkins, «Is science a religion?», *The Humanist*, n.º 57 (1997), pp. 26-29.
36. Onfray, *Tratado de ateología*. Cit. por Conesa, *op. cit.*, p. 570.
37. C. Hitchens. Del título y subtítulo de su libro en la edición estadounidense, Twelve, 2007.

- «Nuestro enemigo no es otro que la fe misma»[38] (Sam Harris).
- «Debemos abandonar el principio del respeto automático a la fe religiosa»[39] (Richard Dawkins).
- «Las religiones diversas [...] tienen similitud con los gérmenes, parásitos y virus que habitan en nuestros cuerpos»[40] (Darrell Ray).
- Hay que «cerrar las escuelas religiosas, que debería ir acompañado del cierre de iglesias, convertidas en museos que muestren los peligros de la religión»[41] (Richard Dawkins).
- «Considero que enseñar religión es como suministrar mentiras»[42] (Peter Atkins).
- «La religión es extraordinariamente delictiva»[43] (Christopher Hitchens).
- «El cristianismo es moralmente pernicioso»[44] (Richard Dawkins).
- «El judaísmo es intrínsecamente divisivo, ridículo en su interpretación literal, y tan enfrentado con los conocimientos civilizados de la modernidad como cualquier otra religión»[45] (Sam Harris).
- El Dios judío es «belicoso, militar, implacable [...] capaz de aniquilar a los enemigos sin compasión»[46] (Michel Onfray).

38. Harris, S., *El fin de la fe*, p. 130.
39. Dawkins, *El espejismo de Dios*, p. 327.
40. Ray, *The God Virus*, p. 13.
41. Dawkins, *The God Delusion*. Cit. por Hahn y Wiker en *Dawkins en observación*, p. 184.
42. Peter Atkins, cit. en <https://www.azquotes.com/author/30146-Peter_Atkins>.
43. Hitchens, *Dios no es bueno*. Cit. por Conesa, *op. cit.*, p. 556.
44. Dawkins, *The God Delusion*, p. 303.
45. Sam Harris, cit. por Berlinski, *The Devils Delusion*, p. 30.
46. Onfray, *Tratado de ateología*, p. 185.

- «No creo que haya uno [Dios] y pienso que es bastante estúpido que haya gente que crea que lo hay»[47] (Peter Atkins).

- La educación religiosa de los niños es una forma de maltrato infantil,[48] por lo que habría que «ordenar la separación, cuanto antes mejor, de los niños de sus padres»[49] (Richard Dawkins).

- «La fe es la madre del odio»[50] (Sam Harris).

- «La madre Teresa no era amiga de los pobres. Era amiga de la pobreza»[51] (Christopher Hitchens).

- «La fe religiosa es un silenciador potente del cálculo racional»[52] (Richard Dawkins).

- «La religión es una fantasía [...] completamente vacía de cualquier contenido explicativo. También es malvada»[53] (Peter Atkins).

- «El verdadero creyente es incapaz de descansar hasta que todo el mundo dobla la rodilla»[54] (Christopher Hitchens).

- «Dios es insaciable de alabanzas, de manera que al decir que creó a los seres humanos a su imagen se revela su vanidad»[55] (Daniel Dennett).

- La religión «es violenta, irracional, intolerante, aliada del racismo, del tribalismo y el fanatismo, investida de ignorancia y hostil hacia la libre indagación, despecti-

47. Peter Atkins, entrevista con Ron Liddle en la BBC, diciembre de 2006.
48. Dawkins, *The God Delusion*. Cit. por Hahn y Wiker en *Dawkins en observación*, p. 182.
49. *Ibid.*, p. 184.
50. Harris, S., *El fin de la fe*, p. 31.
51. Hitchens, revista *Slate*, octubre de 2003.
52. Dawkins, *El espejismo de Dios*, p. 327.
53. Peter Atkins, entrevista con Ben Stein en el documental *Expelled...*, de 2008.
54. Hitchens, *Dios no es bueno*, p. 46.
55. Daniel Dennett. Cit. por Conesa, *op. cit.*, p. 565.

va con las mujeres y coactiva con los niños»[56] (Christopher Hitchens). Solo falta acusarla de ser el origen de las erupciones volcánicas.

A cualquier mente equilibrada —teísta, agnóstica o atea— sorprenden estas salidas de tono virulentas e intolerantes. Estos prosistas escriben con la delicadeza de quien raya un cristal y sus pensamientos son tan sutiles como los arañazos sobre un encerado. Después de releer esta retahíla se nos hace imposible infravalorar a estos autores.

Tanta rabia destilada es posible que se explique por la torturada biografía de varios de los neoateos quienes sufrieron o siguen sufriendo problemas familiares, psicológicos o personales de importancia. Otra posible razón para la acritud de su discurso sea la frustración ocasionada por el fin del imperio soviético, la caída del Muro de Berlín y el desvelamiento del monstruo comunista en toda su fealdad. No en vano muchos de estos autores fueron devotos admiradores de la tiranía comunista antes de la caída del «Imperio del Mal» y no salieron muy bien parados, ya que lo que se conoció después de esa caída hizo evidente que nadie decente e informado podía haber defendido esos regímenes. Revolverse contra quien rompe una imagen idealizada y falsa y nos devuelve a la realidad no es una reacción extraña. En todo el mundo occidental, muchos profesionales principalmente del ámbito de la docencia estaban comprometidos personal e intelectualmente —incluso algunos de buena fe— con aquella ideología criminal. Fueron sorprendidos y digirieron mal el derrumbe del monstruo soviético. Los menos confrontaron la realidad y extrajeron aprendizajes. Los más racionalizaron sus anteriores posturas, las justificaron y destilaron un odio más o menos sordo contra quienes conside-

56. Hitchens, *Dios no es bueno*, p. 73.

raron culpables del abrupto despertar de su sueño narcotizado: «los americanos», o la Iglesia católica —con san Juan Pablo II como principal culpable—, o «los traidores» —título con que muchos ateos nostálgicos persiguieron a Mijaíl Gorbachov hasta su muerte en agosto de 2022—. La mayor parte de los autores referidos son nacidos en la década de los años cuarenta del siglo pasado (Dawkins, Hitchens, Dennett) o de los años cincuenta (Onfray, Odifredi, Ray), por lo que además de no ser precisamente «nuevos», pertenecen a la generación que se comprometió con materialismo dialéctico soviético y cuando todo el trampantojo comunista se abismaba posiblemente se aferraron a la columna del ateísmo con la esperanza de salvar algo.

Para los escritores neoateos, la religión y la creencia en Dios se opone a la ciencia no porque haya algo en esas disciplinas que se contradiga irremediablemente entre sí; de hecho, en la creencia en Dios no hay nada que objetivamente se contraponga a ninguna de las ciencias experimentales. Como dejó escrito el físico y filósofo teísta y cristiano Carl Friedrich von Weizsäcker:[57] «No es por sus conclusiones, sino por su punto de partida metodológico, que la ciencia moderna excluye directamente la creación».[58] Tampoco hay nada en las religiones reveladas que esté enfrentado a la ciencia (en esta afirmación estamos considerando las creencias judeocristianas, sobre todo). La razón que aducen los autores neoateos

57. Carl Friedrich von Weizsäcker fue un físico y filósofo alemán fallecido en 2007. Teísta y cristiano. Hizo importantes descubrimientos en física teórica y fue uno de los padres del programa atómico alemán durante la Segunda Guerra Mundial. Suegro de Konrad Raiser, secretario general del Concilio Mundial de Iglesias y hermano de Konrad, presidente de la República Federal de Alemania. Fue nominado al Premio Nobel en 1964 por Werner Heisenberg y en 1965 por Georg Süssmann.
58. C. F. von Weizsäcker, *The Relevance of Science*. Cit. por Berlinski en *The Devil's Delusion*, p. 60.

para desunir fe religiosa y ciencia es apriorística, y es que cuando se lee a estos escritores «ateos débiles» se tiene la vívida impresión de regresar a tiempos pasados —la apoteosis de los regímenes ateos nazi y comunista de hace ya un siglo— y no de estar leyendo ciencia, sino panfletos o idearios políticos y sociales en general poco lúcidos y menos rigurosos. Las personas teístas y religiosas, y también los escépticos honestos, debemos responder vigorosamente a los autores «neoateos» que pretenden la proscripción de la religión y la muerte civil de las personas creyentes. Tales pretensiones son las mismas y herederas del comunismo y del nacionalsocialismo y la sociedad entera, y más los creyentes religiosos, ya hemos experimentado la «cordialidad» de tales ideas en acción. Esto es un libro de divulgación científica y no corresponde presentar ni debatir asuntos sociales o políticos, pero no seríamos responsables si no denunciáramos que esas ideas —y los autores que las propagan— pervierten la convivencia —eso que llamamos civilización y que muchos de entre ellos no reconocen— y en último término son dañinos para la sociedad.

Escepticismo selectivo

El ateísmo es inconsistente con el método científico... ¿qué es el ateísmo?, es una declaración, una declaración categórica que expresa la creencia en la increencia; «no creo incluso si no tengo evidencia a favor o en contra, simplemente no creo». Punto. Es una declaración. Pero en ciencia realmente no hacemos declaraciones.

MARCELO GLEISER[59]

59. Marcelo Gleiser, nacido en 1959 en Brasil, es uno de los más reputados físicos y astrónomos vivos. Profesor de Física y Astronomía en el Dartmouth

Hay veces que los científicos (y los no científicos) nos ponemos exquisitos con las pruebas que exigimos para aceptar un hecho que resulta incontestable. Otras veces reconocemos y aprobamos la realidad sin demandar mayores demostraciones. El inventario de lo que a una persona le cuesta admitir y lo que consiente sin exigir verificaciones dice mucho de los prejuicios y de los complejos de esa persona. Por ejemplo, Richard Dawkins en su libro *El relojero ciego* escribe: «Un milagro es algo que sucede en realidad, pero que es extremadamente sorprendente. Si una estatua de mármol de la Virgen María nos saludase de pronto con la mano pensaríamos que se trata de un milagro porque toda nuestra experiencia previa nos dice que el mármol no se comporta así»; sin embargo, el que se llama a sí mismo «científico» no tiene pudor en continuar: «Es posible que la estatua nos salude con la mano, podría suceder. Las probabilidades en contra de semejante coincidencia son inimaginablemente altas, pero no tan grandes que no se puedan calcular [...] es teóricamente posible que un burro vuele hasta la Luna [...] la conclusión de esta parte del argumento es que, mediante cálculos matemáticos, podemos llegar a movernos en el terreno de una improbabilidad similar a la de los milagros, que resulta mucho mayor que lo que podemos imaginar como plausible»,[60] o, dicho de otro modo, el señor Dawkins no admitirá ninguna prueba a favor de la existencia de Dios o de los milagros, pero si es necesario y para evitar esas creencias será capaz de

College en Estados Unidos. Estudió en la Universidad Pontifica Católica de Río de Janeiro y obtuvo su doctorado en el King's College en Londres. Ganador del Premio Templeton en 2019. La cita en la revista *Scientific American*, 20 de marzo de 2019, artículo firmado por Lee Billings. Se puede consultar en <https://www.scientificamerican.com/article/atheism-is-inconsistent-with-the-scientific-method-prizewinning-physicist-says/>.
60. Dawkins, *El relojero ciego*. Cit. por Hahn y Wiker en *Dawkins en observación*, pp. 24-25.

creer que un burro pueda volar hasta la Luna —improbable, pero posible, dice él— o que una estatua de la Virgen nos salude. Si eso pasara, el señor Dawkins sin sorprenderse devolvería el saludo y constataría en su diario: «vaya, otro de esos improbables sucesos, completamente naturales».

Sin embargo, hay que agradecerle al señor Dawkins su candidez que nos muestra que el ateísmo es a menudo una ideología que coarta el espíritu científico y, lo que es peor, restringe el sentido común. Este ejemplo demuestra que para muchos ateos no habrá prueba suficiente para sustraerles de su ideología (espero que no sea su caso, si es usted un lector escéptico). Además, observamos que en muchas ocasiones los autores apologetas ateos padecen una mal contenida soberbia intelectual —el señor Dawkins es paradigmático en este respecto— y ello hace todavía más difícil que quien es incapaz de imaginarse errado sea capaz de reconocer su error.

Una prueba es una razón, argumento, instrumento u otro medio con que se pretende mostrar y hacer patente la verdad o falsedad de algo, dice el diccionario.[61]

Pongamos un ejemplo. Usted oye el repiqueteo sobre el tejado, algo que le recuerda el sonido de las gotas de lluvia chocando con el techo, que ya ha oído otras veces. Al tiempo siente un estruendo similar al de un trueno. Se asoma por la ventana y ve que el cielo está cubierto de nubes grises desde donde caen numerosas gotas de agua. El suelo está mojado y no tan lejos ve un relámpago. Se abre la puerta de la estancia y entra un hombre empapado de agua que deja un paraguas húmedo en el paragüero de la entrada. Usted concluye que está lloviendo. Además de lo que le dicta su experiencia, usted tiene «pruebas»: lo que ha oído, visto y sentido. Alguien podrá decir que, no habiéndose mojado usted con la

---

61. *Diccionario de la Real Academia Española de la lengua.* Edición Tricentenario. Actualización de 2021.

lluvia en primera persona, esas pruebas no son suficientes. Aquí es donde usted se tiene que plantar, porque a) siempre se pueden pedir pruebas adicionales y siempre serán insuficientes para quien no está dispuesto a aceptar que está lloviendo (piense en el señor Dawkins, que según su propia confesión no admitiría como un milagro que una estatua de mármol de la Virgen le saludara con la mano) y b) esa exigencia probatoria tan rigurosa debería aplicarse a toda la realidad, para ser coherente. Pero esto no es así ni puede serlo. Vemos que el conocimiento «de fe» es necesario y ocupa más del 90 por ciento de lo que reconocemos como real. Por ejemplo: ¿cuántos de ustedes han solicitado una prueba de paternidad a sus progenitores?, ¿y a sus abuelos?; en modo alguno sugiero que usted lo haga y reconozco que es posible que este no sea un buen ejemplo para todos... así que empecemos por algo posiblemente menos controvertido: ¿cómo sabe con seguridad que usted existió hace un minuto?, ¿qué pruebas tiene? Y si no tiene pruebas de eso... ¿con qué certeza puede usted aceptar cualquiera de las seguridades que cree usted tener? Mire usted por la ventana: ¿es de día?, demuéstrelo. Está usted en París... ¿seguro? Hubo una guerra en Ucrania. ¿Cómo puede estar seguro?, ¿ha estado usted allí últimamente?... Con esto queremos mostrar que es imposible ser un escéptico absoluto, todos tenemos conocimientos adquiridos por «fe» —conocimientos adquiridos de nuestros maestros, que no hemos contrastado personalmente, o de nuestros padres, o adquiridos de la lectura de libros, o bien a través de nuestros sentidos...— y ese conocimiento —de fe— no desmerece ni es menos cierto que el adquirido por experimentos científicos.

La honestidad intelectual nos empuja a ir hasta donde la verdad nos lleve, pero si esa verdad nos incomoda no es honesto practicar un «escepticismo selectivo» a fin de crearnos un refugio intelectual para no someternos a esa realidad. Es honesto considerar, entre otras, la posibilidad de que sea un milagro que una estatua de la Virgen le salude y le hable —aconsejo que previamente se asegure de estar despierto— y consecuentemente profundamente deshonesto, sectario, dogmático y acientífico descartar esa posibilidad *a priori*.

El ateísmo honesto: sigue la evidencia, adondequiera que te lleve

> Podría ser que nadie esté tan sorprendido como yo
> de que mi exploración de lo Divino después de todos
> estos años haya cambiado desde la negación hasta
> el descubrimiento… No, no oí ninguna Voz. Fue la
> evidencia misma la que me llevó a esta conclusión.
>
> ANTONY FLEW[62]

Contrariamente a lo que casi nos fuerzan a creer los autores del nuevo ateísmo, sí existe un escepticismo honesto que tiene dos características: el respeto hacia quienes no comparten su fe atea y la búsqueda sincera de la verdad. No es mucho ni nada que no pidiéramos a cualquiera, pero no resulta tan frecuente como sería deseable.

Antony Flew fue durante décadas «el filósofo ateo más influyente del mundo» y las ideas de su libro *The Presumption of Atheism*, publicado en 1976, fueron «unas de las más

---

62. Entrevista a Antony Flew por el doctor Benjamin Wiker, «How the World's most notorious atheist changed his mind». Se puede leer en <https://strangenotions.com/flew/>.

comunes justificaciones del ateísmo»[63] usadas por todos los apologistas ateos del momento. Profesor de Filosofía en Oxford, era considerado el heredero del también famoso filósofo ateo Bertrand Russel.

El señor Flew adoptó el credo ateo desde la edad de quince años, pero a diferencia de los «neoateos» siempre fue respetuoso con quienes no comulgaban con su religión escéptica. Mantuvo un interés intelectual por la religión y la ciencia, leyendo, discutiendo y conservando una amistad con científicos y filósofos teístas, en especial con el filósofo cristiano Gary Habermas[64] y el científico judío ortodoxo Gerald Schroeder.[65] Lideró el pensamiento escéptico durante la segunda mitad del siglo XX y era la más elevada referencia intelectual del ateísmo con influyentes libros como *Atheistic Humanism*[66] y *God and Philosophy.*[67] Todos los ateos del mundo se miraban en el señor Flew.

Y, de pronto, en 2004 anunció que se había convertido. Aceptaba y creía en la existencia de un Dios creador. Después de toda una vida arguyendo contra el teísmo el señor Flew proclamó que «el viaje de mi descubrimiento de la Divinidad ha sido hasta ahora un peregrinaje de la razón. He seguido la argumentación hasta donde me llevase. Y me ha llevado a aceptar la existencia de un Ser autoexistente, inmutable, inmaterial, omnipotente y omnisciente».[68] En 2007

63. En palabras del filósofo teísta William Lane Craig. Hablaremos de él en la sección dedicada a las matemáticas.
64. Gary Habermas, nacido en 1950. Decano de la Facultad de Filosofía de la Universidad Liberty en Estados Unidos. Teísta, cristiano.
65. Gerald Schroeder, nacido norteamericano y emigrado a Israel, es un doctor en Física nuclear, profesor en la Universidad judía Aish Ha Torah. Teísta, judío.
66. Publicado en 1993.
67. Publicado en 1966 y reeditado en 2005.
68. Flew, A. *There is a God: How the World's Most Notorious Atheist Changed His Mind*, Harper One, 2007, p. 155.

escribió un libro que representa una completa impugnación de su ateísmo anterior, *Dios existe: Cómo el más notorio ateo del mundo cambió de opinión*, y la principal razón que el señor Flew invocó para esa dramática transformación fue la ciencia, que el progreso científico había dejado al ateísmo sin explicación plausible, la que precisamente es la tesis de este libro que tiene usted entre las manos.

En una entrevista con el señor Habermas —quien había sido su contrapunto teísta en varios debates—, el señor Flew admitió: «Creo que la evidencia a favor del Dios aristotélico que tiene las características de poder y también de inteligencia es ahora mucho mayor de lo que ha sido nunca antes».[69] En *Dios existe* y otros escritos y conferencias durante esos años y hasta su fallecimiento,[70] el señor Flew mencionó varios de los últimos descubrimientos científicos como razones que le llevaron a aceptar la existencia de Dios: en primer lugar, la teoría del Big Bang sobre el origen del universo, y ello porque el Big Bang implica que el universo no es eterno y tuvo un origen, y «si el universo tuvo un principio, es completamente sensato, casi inevitable preguntarse qué produjo este principio».[71] En segundo lugar, las leyes de la naturaleza que tienen un ajuste preciso y que denotan haber sido diseñadas por una inteligencia: «Las leyes de la naturaleza parecen haber sido confeccionadas para preparar al universo para la aparición y sostenimiento de la vida».[72] En tercer lugar, la aparición de la vida, imposible de explicar por la evolución: «¿Cómo puede un universo de materia sin

---

69. Gary R. Habermas, «My Pilgrimage from Atheism to Theism: A Discussion between Antony Flew and Gary Habermas» (2004), LBTS Faculty Publications and Presentations.
70. El señor Flew falleció en 2010 como teísta. Nunca se adhirió a ninguna religión revelada.
71. Flew, *op. cit.*, p. 136.
72. *Ibidem*, p. 111.

sentido producir seres con fines intrínsecos, capacidad de autorreplicación y una química codificada?»,[73] y cuya aparición por el mero azar ha sido descartada por los avances en la biología y la química: «Pienso que lo que ha conseguido el ADN es demostrar que una Inteligencia ha tenido que estar involucrada para poner juntos todos esos elementos tan extraordinariamente diversos [...] la enorme complejidad por los que se obtuvieron los resultados parecen ser el resultado de una inteligencia».[74] Finalmente —de acuerdo con el señor Flew y con quien escribe—, lo que ha hecho la ciencia moderna es refutar las teorías puramente naturalistas: «Los esfuerzos naturalistas han fracasado en aportar una conjetura verosímil de cómo estas moléculas complejas habrían podido evolucionar desde entidades sencillas»,[75] y «ha llegado a ser desmesuradamente difícil incluso empezar a pensar cómo armar una teoría de la evolución naturalista sobre aquel primer organismo duplicativo».[76] De todas esas pruebas proporcionadas por la ciencia moderna —y alguna más— hemos hablado en las partes segunda, tercera y cuarta de este libro.

El señor Flew nunca se adhirió a ninguna religión —aunque mostró simpatía por el cristianismo y antipatía por el islam—, simplemente llegó hasta donde su razón le condujo. Tal y como postuló santo Tomás —siguiendo a Aristóteles—, a la certeza de la existencia de Dios se puede llegar simplemente por la razón. La noción de un Creador es un

73. *Ibidem*, p. 124.
74. Antony Flew, conferencia en el simposio «¿La ciencia ha descubierto a Dios?», organizado por el Instituto de Investigación Metacientífica, 2004. Cit. por Peter S. Williams en «A Change of Mind for Antony Flew», marzo de 2005. Publicado originalmente en Damaris Culturewatch.
75. Habermas, *op. cit.*
76. Antony Flew en la revista *Philosophy Now*, n.º 47, agosto-septiembre de 2004.

«prolegómeno de la fe» y no se necesita «fe» para alcanzarla. El señor Flew tuvo la honestidad de reconocer que el credo que había observado durante toda su vida era incapaz de responder las preguntas que plantea la ciencia moderna: «¿Cómo aparecieron las leyes de la naturaleza? ¿Cómo el fenómeno de la vida se originó desde la no-vida? Y finalmente ¿cómo fue que el universo —que entendemos como todo lo que es físico— llegó a existir?».[77]

Aquel cambio de posición causó gran escándalo entre los autoproclamados «intelectuales» ateos que reaccionaron con difamaciones y un intento de «asesinato de la reputación» del señor Flew. Estos autores nunca dejan que su falta de educación interfiera con su ignorancia y de este modo el señor Dawkins insinuó que ese cambio de postura fue fruto de la senilidad.[78] Kenneth Grubbs en la revista dedicada al ateísmo *Skeptic*[79] sugiere que aquellas ideas teístas no fueron realmente del señor Flew, quien no fue realmente el escritor de *Dios existe*, y también insinúa que el señor Flew padecía demencia (lo que no explica es si, en su opinión, quien supuestamente escribió el libro era quien de verdad padecía demencia o simplemente nos da dos opciones para que elijamos la que mejor nos parezca). Posteriormente el *New York Times* se adhirió a la cacería[80] contra el señor Flew de forma rabiosa —resulta un misterio que

77. Flew, *Dios existe*.
78. En *El espejismo de Dios*, cit. por Hahn y Wiker, *op. cit.*, p. 18.
79. K. Grubbs, «The remarkable story of Professor Antony Flew —The World's most notorious atheist who changed his mind». Publicado en la revista *Skeptic* el 10 de abril de 2021.
80. En la revista de *The New York Times*, firmado por Mark Oppenheimer, el 11 de abril de 2007. El NYT tiene un marcado sesgo anticristiano y antiteísta. Como ejemplo, véase el artículo en el *New York Post* donde demuestra ese sesgo: <https://nypost.com/2019/01/25/exposing-the-times-anti-christian-bias/>.

alguien considere actualmente al *NYT* como una fuente de noticias seria.

El señor Flew reiteró su posición teísta y respondió a sus antiguos camaradas en el periódico *Times* británico: «He sido acusado por mis colegas descreídos de estupidez, de traición, de senilidad y todo lo que se pueda pensar y ninguno de ellos ha leído una sola palabra de lo que he escrito».[81] En 2008 y ante otras acusaciones varias hechas por el señor Dawkins escribe:[82] «Si hubiera tenido [el señor Dawkins] interés por la verdad de una cuestión que estaba inflando tanto, seguramente me hubiera escrito una carta preguntando (he recibido un montón de ellas [...] y respondido a todas). Todo este asunto muestra claramente que Dawkins no está interesado en la verdad, sino que su primera preocupación es desacreditar al oponente intelectual por cualquier medio».[83] El señor Flew siguió recibiendo ataques de quienes veían su cambio de adscripción como una ofensa durante los siguientes años y hasta su muerte en 2010.

Y es que el ateísmo tiene alguna similitud con una mala adicción, ser ateo es estupefaciente, también es costoso, abandonarlo no es fácil y los otros adeptos suelen intentar retenerte en la común dependencia.

El 21 de julio de 2022 murió Rodney Stark, profesor de Sociología de la religión en la Universidad de Washington.

---

81. *Sunday Times*, 19 de diciembre de 2004.
82. Antony Flew, comentario sobre *El espejismo de Dios*. Consultado en bethinking.org, <https://www.bethinking.org/atheism/professor-antony-flew-reviews-the-god-delusion>.
83. Como el señor Dawkins necesariamente va a aparecer en este libro en más ocasiones —no por nuestro deseo, sino más bien por su poco ponderada verbosidad—, hemos creído conveniente incluir esta referencia escrita por quien tan bien le conoció.

Escribió *La expansión del cristianismo*,[84] por el que recibió el Premio Pulitzer, y una treintena más de libros. El señor Stark fue agnóstico durante la mayor parte de su vida, se consideraba «personalmente incapaz de tener fe religiosa»,[85] fue, sin embargo, defensor de la verdad, dondequiera que estuviera, y por ello criticó los prejuicios anticatólicos existentes en Estados Unidos —y realmente en todo el mundo occidental— y en su libro *Falso testimonio*,[86] cuyo subtítulo resulta explícito *(Denuncia de siglos de historia anticatólica)*, desmontó los mitos que siguen alimentando el sentimiento cristianófobo y anticatólico de muchos. Mitos como los referentes a las cruzadas,[87] a la Inquisición[88] o al papa Pío XII y el nazismo.[89] Entonces dijo: «Yo no soy católico y no he escrito este libro en defensa de la Iglesia. Lo he escrito en defensa de la historia».[90] El ateísmo honesto, el agnosticismo honesto, el ser humano honesto, defiende la ver-

84. *The Rise of Christianity* (1996), ganador del Premio Pulitzer. Publicado por Trotta en español en 2009.
85. Así descrito en el libro *A Theory of Religion*, de 1987. Cit. en la voz «Rodney Stark» de la Wikipedia en inglés.
86. *Bearing False Witness*, Templeton Press, 2016, publicado como *Falso testimonio* por Sal Terrae en 2017.
87. No, las cruzadas no fueron guerras de conquista. Fueron envíos de auxilio a los cristianos del este y ortodoxos —en general—, que solicitaron ayuda para defenderse de la invasión musulmana y en muy gran medida se produjeron por deseo e inspiración popular. Una magnífica serie, excelentemente documentada sobre las cruzadas se puede ver gratis en EWTN España <https://ewtn.es/2022/las-cruzadas/>.
88. No, la Inquisición no fue un instrumento de opresión ni una institución oscurantista. La Inquisición fue el tribunal más prestigioso e indulgente de su tiempo y el que otorgaba mayores garantías para sus acusados. Una magnífica serie, históricamente documentada, se puede ver en EWTN España, gratis: <https://ewtn.es/2022/ la-inquisicion/>.
89. No, el papa Pío XII no apoyó al nazismo, de hecho, fue el primer —y entonces casi único— antinazi.
90. Cit. en el periódico digital *Religion en libertad*, 7 de septiembre de 2022.

dad dondequiera que esté. El señor Stark, al final de su vida, se convirtió en teísta y falleció como «cristiano independiente».

Hay una gran cantidad de científicos ateos que en los últimos tiempos se han convertido al teísmo —y a una religión— gracias a la ciencia y a profundizar en el conocimiento científico. Muchos de ellos han aparecido en los capítulos anteriores de este libro, ya que el progreso durante los últimos cien años en la mayoría de las disciplinas científicas ha hecho inevitable confrontar con la idea de un Creador. Ejemplos como el de Francis Collins, el director del Proyecto Genoma Humano —del que hemos hablado en la parte dedicada a la biología y la química—, que pasó del ateísmo al teísmo y luego al cristianismo; como Alister McGrath, investigador en biofísica molecular en Oxford, que pasó de ser acérrimo ateo a sacerdote cristiano; como Sarah Salviander, investigadora en astrofísica de la Universidad de Texas, que transitó un largo periplo «gracias a mi trabajo científico»,[91] pasando de ferviente atea a convencida teísta, cercana al judaísmo y finalmente cristiana... No es objetivo de este libro hacer una lista de científicos conversos —tampoco habría espacio y sería aburrido porque los finales de todas esas historias suelen ser tan felices como predecibles—, pero sí lo es de este capítulo mostrar como la honestidad intelectual no es patrimonio —al menos no exclusivo— del teísmo o de la religión, por ello permítanme otros dos ejemplos de verdaderos intelectuales ateos y honestos, que además son muy peculiares por su historia.

Manuel García Morente nació en Jaén (España) en 1886, hijo de un padre ateo y anticlerical. Estudió Letras en la Universidad de Burdeos, se adhirió a la Institución Libre de

91. Del blog de Sarah Salviander, <https://sarahsalviander.com/>.

Enseñanza en España —de marcado sesgo anticatólico y promasónico— y estudió Filosofía en Alemania. A los veintiséis años obtiene la cátedra de Ética en la Universidad de Madrid, fue traductor de Kant, Husserl, Brentano o Spengler. Kantiano y ateo, el señor García Morente fue nombrado decano de la Facultad de Filosofía de la Universidad Central de Madrid, en 1932, durante el régimen de la Segunda República española de sesgo cristianófobo durante la mayor parte de su existencia. Al empezar la guerra civil española, el señor García Morente se exilió en París. En la noche del 29 al 30 de abril de 1937, en la ciudad del Sena, después de escuchar *La infancia de Jesús*, de Berlioz, en la radio, le sucedió lo que él llamó «El Hecho Extraordinario» y que explicó en una carta privada que solo se publicó tras su muerte.[92] Experimentó una sobrenatural vivencia interior que desencadenaría su conversión al catolicismo, y después su ordenación sacerdotal, todo ello para enorme sorpresa de quienes conocían a quien era hasta entonces epígono del ateísmo. En sus palabras escritas en esa carta privada: «Me pareció haber llegado por fin a la solución más clara y neta del problema de la vida en mí y fuera de mí. La vida y los hechos de la vida, que Dios providente hace y produce, Dios también nos los da y atribuye. Pero nosotros los aceptamos, los recibimos *libremente* y por eso son nuestros tanto como suyos [la cursiva en el original] [...]. El hombre ha sido creado libre por Dios [...] para ser verdaderamente hombre libre, el hombre debe aceptar la voluntad de Dios con sumisión total y a la vez libremente. ¡Querer libremente lo que Dios quiera! He aquí el ápice supremo de la condición humana».[93] Pasar de ser ateo a escribir esos párrafos es realmente un hecho extraordinario.

92. M. García Morente, *El hecho extraordinario*, Rialp, 2009.
93. *Ibidem*, pp. 40-41.

Mi familia francesa —tengo dos hijos que lo son—, y espero que ustedes también, agradecerán que incluya un caso no menos especial de otro intelectual ateo y honesto. André Frossard fue hijo de uno de los fundadores del Partido Comunista Francés, de orígenes judíos pero educado en el ateísmo «científico» en la muy laica Francia, terminará su vida como teísta y católico en 1995. Fue miembro de la Academia Francesa y uno de los intelectuales franceses más influyentes del pasado siglo. El señor Frossard pasó de creer que «Dios no existía [...] nadie nos hablaba de Él [...]. Éramos ateos perfectos, de esos que ni se preguntan por su ateísmo. Los últimos militantes anticlericales que todavía predicaban contra la religión en las reuniones públicas nos parecían patéticos y un poco ridículos, exactamente igual que lo serían unos historiadores esforzándose por refutar la fábula de la Caperucita Roja. Su celo no hacía más que prolongar en vano un debate cerrado mucho tiempo atrás por la razón. Pues el ateísmo perfecto no era ya el que negaba la existencia de Dios, sino aquel que ni siquiera se planteaba el problema»[94] a estar seguro de que «pues bien, sucede que [...] sé la verdad sobre la más disputada de las causas y el más antiguo de los procesos: Dios existe. Yo me lo encontré», y lo explicaba «habiendo entrado, a las cinco y diez de la tarde, en una capilla del Barrio Latino en busca de un amigo, salí a las cinco y cuarto en compañía de una amistad que no era de la tierra».[95] Los relatos de las conversiones de los señores García Morente y Frossard, hombres cultos, equilibrados y honestos, de entre los más inteligentes de su generación, retan cualquier preconcepción antirreligiosa de nuestro siglo. Si no lo ha hecho todavía, le aconsejo que los lea. En este momen-

94. A. Frossard, *Dios existe: Yo me lo encontré*, Rialp, 2011, pp. 23-26.
95. *Ibidem*, p. 6.

to si es posible. Yo guardo para usted el resto de este libro sin cambiar una coma.

Podría parecer que postulamos que la honestidad en los ateos se produce solo cuando estos se convierten en teístas, lo que no es exacto. Sí es cierto que los científicos e intelectuales mencionados demuestran una gran honestidad y un extraordinario coraje, puesto que renunciaron a unos postulados ateos que habían defendido durante toda su vida previa y que en muchos casos les unían a amigos y familia y además porque abrazaron una idea —teísta o religiosa— a la que habían dedicado sus mejores esfuerzos a combatir y, además, ese cambio de lealtades no les trajo ninguna ventaja, sino rechazo e incluso persecución.

Seguir la verdad hasta donde nos lleve —incluso si nos lleva a donde no deseamos y tenemos que pagar por ello— es honesto, digno y noble; y esas son cualidades que todo ser humano y en cualquier época aprecia, por mucho que los cínicos que carecen de ellas quieran menospreciarlas desde las cunetas de la historia. Pero hay otros casos de ateos o agnósticos «pertinaces en su error» —dicho con ironía y respeto— que también participan de ese «ateísmo honesto». Así el filósofo de la ciencia Michael Ruse,[96] ateo y defensor del evolucionismo, pero dispuesto a debatir sus ideas con «el otro lado» —ha tenido varios debates con el defensor de la teoría del «diseño inteligente», William Dembski, autor y teoría que hemos presentado en la cuarta parte de este libro—, mientras que otros «neoateos» como el señor Dawkins se han negado a varios debates con autores teístas, como también hemos visto. El señor Ruse, profeso ateo, es, sin embargo, muy crítico con el «nuevo ateísmo» por su sordidez intelec-

96. Michael Ruse es un profesor de Filosofía británico ateo nacido en 1940. Actualmente es profesor en la Universidad Estatal de Florida.

tual. Escribió sobre el señor Dawkins que «le hace sentir vergüenza de ser ateo»[97] y que los nuevos ateos «son un maldito desastre» en un artículo titulado precisamente así[98] en el que reconoce que fue educado como cuáquero, pero que perdió la fe en su juventud, aunque se toma muy en serio su increencia, por lo que lleva más de treinta años debatiendo con autores creacionistas y teístas a los que sin embargo no considera malvados ni perturbados ni interesados, sino solo equivocados. El no hacer la «guerra total» contra el teísmo y el haber usado solo medios intelectuales honestos en sus intercambios y publicaciones contra los creyentes le han acarreado las críticas de los nuevos ateos. El señor Dawkins le comparó con Neville Chamberlain, el pusilánime primer ministro británico que equivocadamente usó una política de apaciguamiento con Adolf Hitler, lo que supone que para el señor Dawkins los teístas y las personas religiosas pertenecemos a la misma categoría moral que el señor Hitler. El señor Dawkins una vez más nos deja con un interesante dilema: o bien ignora lo que el señor Hitler era e hizo, o bien ignora todo en absoluto.

Lamentablemente, el exabrupto del señor Dawkins no es simplemente un lapsus, sino que, como hemos visto en el capítulo dedicado al nuevo ateísmo sus autores predican la extinción de todo teísmo y de todos los teístas, y como eso me concierne a mí debo manifestar mi desacuerdo desde esta misma página —aunque me temo que no les importa la protesta de ninguna persona que no sean ellos mismos— y aprovecho para hacer ver que son las ideas del señor Dawkins y

97. M. Ruse, «Why I think the new atheists are a bloody disaster», publicado en agosto de 2009 y consultado en febrero de 2023, en <https://www.beliefnet.com/columnists/scienceandthesacred/2009/08/why-i-think-the-new-atheists-are-a-bloody-disaster.html>.
98. *Ibidem.*

compañía las que realmente se parecen a las del malhadado Adolf, no las del teísmo. El señor Ruse —y en esto estamos de acuerdo— cree que el tratamiento que los neoateos hacen de la religión es patético y que «Richard Dawkins en *El espejismo de Dios* suspendería cualquier curso de introducción a la filosofía o la religión».[99] Para que no parezca que tal opinión es solo del señor Ruse y mía, añadamos al ya citado filósofo ateo Thomas Nagel, quien dirá del señor Dawkins que «intenta derribar el pacto de respeto hacia la religión que pertenece a la etiqueta de la religión moderna»[100] o la de Allen Orr, también escéptico, profesor de Biología de la Universidad de Rochester, que escribe sobre la desorientada obra del señor Dawkins: «*El espejismo de Dios* tiene errores graves [...] lo más decepcionante es que Dawkins no sea capaz de enfrentarse seriamente al pensamiento religioso»,[101] Y sobre el cientifismo, religión de los neoateos, «el cientifismo, la visión de que todas las verdades son básicamente científicas es naíf, arrogante y simplemente equivocada».[102] Y finalmente traemos la opinión de un «compatriota», Alain de Botton, que es un filósofo y escritor ateo, nacido en Suiza de padre judío sefardí originario de la extinta villa de Botón, en Castilla, quien considera el ateísmo de Dawkins y Hitchens como «viejo», «agresivo» y «destructivo».[103]

Para que no haya confusión, creemos que los señores Ruse, Nagel, Orr, De Botton o Gould —de quien hablaremos en el siguiente párrafo— están equivocados y no en un asunto menor y no en poca medida, pero no creemos que su error sea interesado, ni ellos malvados o necesariamente estúpidos

---

99. *Ibidem.*
100. Nagel, *op. cit.*
101. H. Allen Orr, 2007. «A mission to convert», *The New York Review*, 11 de enero.
102. Citado en la voz «Allen Orr» en la Wikipedia en inglés.
103. Publicado en *Religión en libertad*, 31 de enero de 2012.

motivados por razones espurias. Tampoco los comparamos con Hitler, Stalin o Robespierre ni, por tanto, deseamos su «erradicación, ni pensamos que sean «delictivos» por sostener sus ideas y, por tanto, ni deseamos ni predicamos su destrucción física, todo lo que los neoateos proponen hacia los teístas. También creemos que les asiste el derecho a tener y manifestar su opinión y en gran medida se la agradecemos porque ella nos hace reflexionar sobre nuestras creencias y al debatir con esas ideas ser mejores.

Stephen Gould[104] fue uno de los más famosos biólogos evolucionistas de su generación (nació el mismo año que el señor Dawkins). Sobre sus teorías evolucionistas hemos hablado en la cuarta parte, en el capítulo de «La evolución de la evolución». El señor Gould era judío secular, de padres marxistas, ateo —aunque él prefería llamarse agnóstico—; sin embargo, aceptaba la idea de que la religión y la ciencia no estaban en contradicción porque pertenecían a ámbitos distintos del conocimiento y acuñó el término «NOMA» (*Non-Overlapping Magisteria*, «magisterios no superpuestos»), para apoyar esa tesis. Dirá: «La naturaleza no contiene mensajes morales encuadrados en términos humanos. La moralidad es sujeto para los filósofos, teólogos, estudiantes de humanidades, para todos los pensadores. Las respuestas [morales] no se pueden leer pasivamente desde la naturaleza, ellas no pueden y no serán producidas por los datos de la ciencia».[105] El señor Gould era un escéptico que mantuvo su escepticismo toda su vida, pero que no pretendía la aniquilación de la religión ni de las personas religiosas. Esta es

---

104. Stephen Jay Gould, nacido en 1941 y muerto en 2002. Biólogo evolucionista, historiador de la ciencia y ateo. Autor de la teoría del «equilibrio puntuado» en relación con la teoría de la evolución. Profesor en la Universidad de Harvard y en la Universidad de Nueva York.
105. S. J. Gould, «Nonmoral Nature», cit. en la voz «Jay Gould» en la Wikipedia en inglés.

una actitud «colaboracionista», «apocada», inaceptable a los ojos del «nuevo ateísmo». (Aunque sea de paso y entre paréntesis, es preciso hacer notar que no hay científico o pensador teísta que sustente la idea de la aniquilación del ateísmo y los ateos por medios legales o coercitivos, como sí sucede a la inversa con inquietante frecuencia, como ya hemos visto). Así que no sorprendentemente los autores teístas se limitaron a debatir con el señor Gould, pero fueron los neoateos quienes le atacaron personalmente y a dentelladas. El señor Dawkins le dedicó capítulos enteros en varios de sus libros[106] demostrando una manía o quizá una obsesión; también el señor Dennett[107] se unió a los ataques por lo que ya podemos hablar de jauría. Le acusaron de «fraude intelectual» y de «colaboracionista».[108] Tanta vesania contra «uno de los suyos» recuerda la «noche de los cuchillos largos» del nazismo, o el tiro a degüello de los comunistas contras sus conmilitones al final de la guerra civil española o quizá más apropiadamente las purgas contra los «comunistas tibios» que practicaba la NKVD del señor Beria en tiempos del señor Stalin y que solían terminar en el gulag. (Podrá parecer una hipérbole o figura de estilo solamente, pero en la sección dedicada a la física y cosmología hemos visto el destino nada halagüeño de científicos que en la Unión Soviética apoyaron el Big Bang sin atender a los dogmas del ateísmo «científico»).

Ellos también fueron llamados «colaboracionistas». Nosotros preferimos llamarlos «científicos honestos».

---

106. En *El relojero ciego*, en *Unweavering the Rainbow*, y en *El espejismo de Dios*.
107. En *Darwin Dangerous idea*.
108. Robert Trivers y Richard Dawkins.

¿Qué es ser agnóstico?

La duda no es lo opuesto a la fe, es una parte de ella.

PAUL TILLICH[109]

Según algunos, «agnosticismo» es un término acuñado en el siglo XIX por el científico Thomas Henry Huxley,[110] pero la actitud que describe nos ha acompañado desde la aparición del hombre sobre la Tierra: el agnosticismo es la actitud filosófica que niega que el entendimiento humano sea capaz de llegar a cualquier conocimiento de lo divino o de lo trascendente.

Una pregunta fundamental, que vimos al principio de la primera parte del libro, es ¿a qué debemos nuestra existencia? Es una pregunta que todo hombre se hace y necesariamente responde, a veces la contestación cambia durante la vida, pero solo caben tres posibles respuestas:

- Nuestra existencia se la debemos a Dios (teísmo).
- Nuestra existencia no se la debemos a Dios (ateísmo).
- No lo sé (agnosticismo).

109. Paul Tillich, fallecido en 1965, fue un filósofo, pastor luterano y teólogo germano-norteamericano. Fue profesor en las universidades de Marburgo, Dresden, Leipzig, Frankfurt en Alemania y las universidades de Harvard, Columbia y Chicago en Estados Unidos.
110. Thomas Henry Huxley, biólogo inglés (aunque sin estudios formales), muerto en 1895, fue conocido en el siglo XIX como el Bulldog de Darwin por su agresiva defensa del darwinismo. Como muchos de los darwinistas del momento —o casi todos ellos—, fue un profesor racista y favorable a la eugenesia. Escribió un documento pseudocientífico, «Emancipation-Black and White», en que apoyaba la idea de una jerarquía de la inteligencia basada en la raza. No sorprendentemente la raza del señor Huxley era considerada en su estudio como la más eximia.

Si un agnóstico está en búsqueda, si «no encuentra la paz por la cuestión de Dios», entonces creo, al igual que el papa Benedicto XVI, que esa persona «puede estar más cerca de Dios que un creyente rutinario»,[111] y es que ese agnóstico tiene un corazón más puro que un «creyente rutinario», concepto que es casi una contradicción en los términos. Pero el agnosticismo es necesariamente un apeadero temporal, o al menos debería serlo, puesto que cuando una persona ignora algo y ese algo es importante, y ese algo puede ser averiguado, entonces debe aplicarse a ello y debe averiguarlo.

Por lo tanto, los motivos racionales para permanecer agnóstico a largo plazo solo pueden ser dos: a) que no se considera el tema de la existencia de Dios un asunto importante, o bien b) que se considere que no puede ser averiguado.

En primer lugar, saber si Dios existe es fundamental. Toda nuestra vida tendrá un sentido distinto si creemos que debemos nuestra existencia a un Dios que deliberadamente decidió crearnos a nosotros —a usted y a mí—, o bien si hemos llegado aquí por mero azar. También nuestra forma de relacionarnos con el resto de lo creado será muy distinta si pensamos que los otros y el mundo han sido creados por Dios y, por tanto, por una decisión deliberada de un ser omnisciente, o bien si pensamos que los otros y el resto del mundo son producto de la casualidad. Para un teísta, la creación tiene por sí una dignidad de cosa creada por Dios que un ateo necesariamente ignora.

En segundo lugar, es posible que al principio del camino en que la persona se cuestiona sobre la existencia de un Creador se ignore o se dude sobre si se podrá llegar a una conclusión, pero eso es común o al menos muy frecuente en

111. Benedicto XVI, discurso en Friburgo, septiembre de 2011. Se puede ver en la noticia de *Infocatólica* en <https://www.infocatolica.com/?t=noticia &cod=10126>.

cualquier estado de ignorancia sobre cualquier tema y nunca debería ser disuasión suficiente para emprender la tarea. Dicho esto, es sabido que se puede llegar a ese conocimiento cierto sobre la existencia de un Dios creador (que tuviera las características que las que hemos hablado) sin necesidad de conocimientos científicos o de otro tipo, sino simplemente pensando. Reconocemos que es una actividad que puede ser dolorosa para algunos, pero desde Aristóteles para acá —por lo menos— la certeza de un Creador (no decimos de una religión determinada) se puede alcanzar por la razón. Aristóteles, en *Metafísica*, expone que «es preciso que exista una esencia eterna, causa primera de todas las cosas»,[112] y un poco más adelante concluye: «Es evidente, conforme con lo que acabamos de decir, que hay una esencia eterna, inmóvil y distinta de los objetos sensibles. Queda demostrado igualmente que esta esencia no puede tener ninguna extensión, que no tiene partes y es indivisible. [...] Además, finalmente, ella no admite modificación ni alteración».[113] Eso es el «Algo/Alguien-Dios» de quien hablábamos en el capítulo anterior. Y si a esta conclusión pudo llegar, solo con su razonamiento (sin internet y sin IA), un hombre en el siglo IV a. C., que vivía en una sociedad pagana y politeísta (como ahora, pero oficialmente), y sin haber acudido a ningún campus de ninguna universidad de prestigio (solo a una academia), no se debe pedir menos del hombre contemporáneo, tan orgulloso de donde ha llegado.

Pero es que, además, el hombre contemporáneo cuenta con indicios, datos y evidencias adicionales que se le priva-

112. Aristóteles, *Metafísica*, lib. XII, VI. Para las obras de Aristóteles hemos usado las *Obras de Aristóteles puestas en lengua castellana por D. Patricio de Azcárate*, Imprenta en la Biblioteca de Instrucción y Recreo Rubio de Madrid, 1873-1875. Se pueden consultar en internet en <https://www.filosofia.org/cla/ari/azcarate.htm>.
113. *Ibidem*, lib. XII, VII.

ron al estagirita, y entre ellos los procurados por la ciencia que apoyan y confirman lo que, como hemos visto, se puede concluir de forma meramente racional. Por todo ello, creemos que las razones para permanecer agnóstico a largo plazo tienden a ser finalmente de índole psicológica. Hemos observado que cuando el agnóstico contesta «no lo sé», muchas veces le acompaña un «no me importa, déjame en paz», y es que en muchos casos la declaración de agnosticismo se usa como un trastero a fin de posponer o finalmente evitar la gran cuestión. No en vano la constatación de la existencia de un Creador tiene consecuencias vitales profundas —como hemos experimentado en primera persona— y en ocasiones no se está dispuesto o preparado para sobrellevarlas.

El agnosticismo a veces proporciona un falso confort intelectual, puesto que no se niega a Dios —lo que en general repugna al ser humano— y pospone la respuesta, pero se puede convertir en un mar de los Sargazos donde se estanca la nave que es cada vida y evita llegar a puerto. Esta no es solo una imagen literaria, recordemos que ese mar es el único que no tiene costas, no tiene vientos, carece de corrientes y las aguas se mueven lentamente en forma circular concéntrica. Un mar casi sin vida animal, pero con grandes campos de algas enmarañadas…, un sitio del que cuesta salir y por el que es trabajoso avanzar.

En cualquier caso, puesto que la existencia de Dios es posiblemente la cuestión más trascendental en la vida del ser humano, declarar que no se ha llegado a ninguna conclusión —siquiera provisional— resulta poco halagador para uno mismo.

Ahora bien, una vez que se llega a la seguridad de la existencia de un Dios Creador y Personal, es inmediato y universal que surjan preguntas y se tengan dudas sobre las implicaciones de esa existencia. No tener todas las respuestas acerca de la naturaleza de Dios, así como tener dudas sobre sus propiedades, no disminuye en nada la certeza de su existencia. A veces los creyentes teístas desfallecen de esa certeza porque no «comprenden» a Dios y todos sus designios (la existencia del mal en el mundo es a mi juicio la mayor de las dificultades y una que frecuentemente los escépticos oponen contra el teísmo), y eso los lleva a cuestionarse si porque no entienden todo de Él, es posible que Él no sea en realidad sino nada. Pero la argumentación lógica debería ir exactamente en el sentido inverso. Graham Greene, escéptico convencido, argumentó decididamente en favor del ateísmo y sobre la dificultad de aceptar lo que llamaba las grandes «y si», las grandes «incógnitas»[114] que rodeaban la existencia de Dios. Después de meses de largas conversaciones con un sacerdote católico, el padre Trollope, reconoció que esos «y si» se iban convirtiendo en cada vez menos improbables. Así, el que ha sido considerado mejor novelista inglés del siglo XX acabó convirtiéndose en teísta (y católico), pero eso no le impidió reconocer que «nunca podría creer en un Dios a quien pudiera completamente comprender». Una admisión que le honra por su humildad y brilla por su lógica —ya que, si nuestra inteligencia limitada fuera capaz de abarcar a Dios, ese no sería sino otro ser limitado y, por tanto, no Dios—. Lógica y humildad son dos cualidades que encontramos en muchos conversos y en muchos teístas.

Una paradoja similar fue propuesta por el astrofísico inglés y teísta John Barrow: «Un universo suficientemente simple para ser entendido es un universo demasiado simple para producir una mente capaz de entenderlo».[115]

---

114. Graham Greene los llamaba los grandes «*if*» en relación con la existencia de Dios.
115. Barrow. John D., *The World within the World*, Oxford University Press, 1990. pp. 342-343. El señor Barrow fue un astrofísico inglés, fallecido en 2020. Profesor en las universidades de Oxford, de Berkeley, de Sussex y de Cambridge. Fue el acuñador del concepto «principio antrópico cosmológico». Premio Templeton en 2006.

No conocer todo de Todo demuestra que nosotros no somos Dios, no que Dios no existe, de tal forma que no creer en Dios porque no conocemos todo de Todo demuestra —al menos— falta de lógica.

Rodney Stark señaló, ya con setenta y tres años, que había descubierto que «era cristiano; supongo que "cristiano independiente" es la mejor definición de mi postura actual».

André Frossard escribió tras su conversión un libro que fue un best seller mundial, *Dios existe: Yo me lo encontré.*

El filósofo inglés Antony Flew fue uno de los más vehementes ateos del mundo, hasta que anunció en 2004, ante la sorpresa de todos, que aceptaba la existencia de Dios.

Manuel García Morente se ordenó sacerdote tras su fulminante conversión que dejó escrita en *El hecho extraordinario*.

24

Pusilánimes

El único camino para conocer a Dios es a través
de la ciencia, y por esa razón la Biblia empieza
con una descripción de la Creación.

MOSHE BEN MAIMON, llamado MAIMÓNIDES
o RAMBAM (1138-1204)[1]

Nunca como en esta primera mitad del siglo XXI ha habido
tantas pruebas científicas de la existencia de un Creador. La
Providencia parece haber pensado que nuestra época precisa de mayores evidencias que otras anteriores y en un breve
espacio de tiempo y en muy diversos campos de la ciencia
se han desplegado descubrimientos científicos que apuntan
incontestablemente en la misma dirección: un Dios Creador
existe. Primero fue la demostración de la entropía y la segunda ley de la termodinámica, luego la teoría del Big Bang,
más tarde las evidencias a favor del Big Bang, posterior-

---

1. Moshe ben Maimon fue un filósofo, médico, astrónomo y rabino sefardí,
nacido en Córdoba (España). Posiblemente el filósofo judío más relevante de
la historia. Perseguido por los fanáticos musulmanes almohades, se exilió en
Egipto. Nunca dejó de llamarse a sí mismo «sefardí» —español.

mente las constataciones de un universo inesperadamente afinado, recientemente el teorema de Borde, Vilenkin y Guth, sobre el límite del tiempo pasado, por otro lado los teoremas de incompletitud de Gödel, la negación de los infinitos actuales de Hilbert, el principio de incertidumbre de Heisenberg, los descubrimientos sobre el genoma humano... La lista podría seguir.

Si la aceptación de que la ciencia lleva a Dios fue difícil (y en ocasiones imposible) para los científicos que se profesaban ateos, no habría de haberlo sido para los teístas que deberían haberse sentido reivindicados por la catarata de descubrimientos científicos que confirmaban sus creencias. Sin embargo, eso no fue así en la mayoría de los casos.

Tantas pruebas de la existencia de un Creador cogieron con el paso cambiado a la comunidad científica y también a muchos científicos teístas que de pronto vieron sus creencias refrendadas por la ciencia, algo que no entraba entre sus previsiones y para lo que no estaban preparados. De hecho, muchos todavía hoy esconden esas creencias sobre todo si son cristianos[2] en parte con razón, puesto que han visto que científicos manifiestamente teístas han sufrido la persecución de los talibanes ateos (repitamos que no todos los ateos son talibanes, pero pareciera que la correlación de ambas características aumenta en el mundo académico).[3] Algunos científicos teístas inspirados por una mala interpretación de

2. Barnes, M. E., Maas, S. A., Roberts, J. A., Brownell, S. E., «Christianity as a Concealable Stigmatized Identity (CSI) among Biology Graduate Students», 15 de septiembre de 2020.
3. Scheitle, Ch., Ecklund, E. H., «Perceptions of Religious Discrimination Among U.S Scientists», *Journal for the Scientific Study of Religion*, 2018. Un estudio entre 879 biólogos y 903 físicos de instituciones de investigación en Estados Unidos. El 40,3 por ciento de los cristianos protestantes y el 33,8 por ciento de los cristianos católicos declaran haber sido víctimas de acciones discriminatorias en su trabajo debido a su religión.

la «caridad cristiana» —algo que sería incongruente pedir a los no cristianos—, o bien de la «etiqueta científica» —algo que sí se debería exigir a todos, pero de lo que los autores neoateos han dado sobradas muestras de carecer— no se deciden a postular la necesidad de Dios que predica la ciencia moderna con la misma firmeza que sí postulan otras teorías que cuentan con menores evidencias. Además, los mismos científicos teístas, u otros —afectados de algo que podría asimilarse al síndrome de Estocolmo— manifiestan una incomodidad diríase que impostada cuando otros colegas menos pusilánimes manifiestan la conclusión evidente de tantos descubrimientos científicos: existe necesariamente un ser Creador.

Cuando el tsunami de evidencias de la existencia de un Creador anega ya cualquier campo científico los pontífices del ateísmo, no sorprendentemente, predican que no se deben usar las evidencias que la ciencia nos ha ofrecido en las últimas décadas para llegar a las conclusiones que natural y racionalmente exigen. Es ahora cuando protestan que la ciencia y la religión son ámbitos separados, que ninguna conclusión científica debe influir en las creencias teístas o ateas, y ahora postulan que Dios no es objeto de estudio de la ciencia. Pareciera, sin embargo, que esto solo es así cuando ellos no pueden usar la ciencia contra Dios. Uno no puede por menos que sospechar que ese ofrecimiento de tregua esconde la admisión de una derrota.

Nosotros creemos que debemos seguir la ciencia donde nos lleve, incluso si nos lleva a Dios. Esa, nos parece, es la única forma honesta de hacer ciencia.

Sí, pero...

> El ateísmo científico es un ejercicio frívolo
> de desdén intelectual.
>
> DAVID BERLINSKI[4]

Sí, la ciencia es incompleta y provisional. Por un lado, sabemos —sin ningún género de duda— que la ciencia no puede dar una explicación completa de la realidad y ello ha sido probado por la misma ciencia. Demostrado por Gödel y Heisenberg (incompletitud e indeterminación). Es decir, la ciencia declara: «Señores, no busquen aquí todas las respuestas porque no podemos dárselas, y nunca podremos». Por otro lado, las verdades científicas tienen siempre un componente provisional, siempre están sujetas a poder ser matizadas o modificadas completamente por descubrimientos y desarrollos posteriores.

Sin embargo, «cuando la capacidad predictiva de una teoría cosecha numerosos éxitos a lo largo de décadas, sin que encuentre un solo experimento que obligue a revisarla sustancialmente, podemos llegar a alcanzar una certeza prácticamente total sobre dicha teoría».[5] Es decir, es cierto que los descubrimientos científicos se tienen que tomar *cum grano salis*, pero dudar de todo y todo el tiempo implicaría justamente el fin de la ciencia. La ciencia «se construye sobre hom-

---

4. David Berlinski es un científico judío alemán, escapado a Estados Unidos durante la *Shoah*. Profesor de Matemáticas y Filosofía en la Universidad de Stanford, en la Universidad Municipal de Nueva York y en la Universidad de París, e investigador en el Departamento de Biología de la Universidad de Columbia. La cita en *The Devil's Delusion*.
5. Sols, F., «Poincaré, Heisenberg, Gödel. Algunos límites del conocimiento humano», seminario «Ciencia, razón y fe», Pamplona, 25 de mayo de 2010.

bros de gigantes», y para ello asume que la realidad existe, puede ser comprendida y que el desarrollo de la ciencia hasta ese momento es la comprensión más auténtica de esa realidad. ¿Por qué decimos todo esto? Porque poco antes de escribir este capítulo tuve una interesante discusión con un amigo, científico de notable renombre, que me hizo observar que muchos científicos teístas bien intencionados están presos del paradigma novecentista de no referirse jamás a Dios o al Creador en un documento científico (una regla a la que, por otro lado, los autores ateos no se consideran ligados; véanse Dawkins *et al.*). De hecho, «Dios» es el tabú último en los artículos científicos «serios» (insisto, salvo que sea para atacar la religión).

Es correcto advertir de la provisionalidad de los descubrimientos científicos —y valga esta frase para advertirlo a los lectores de este libro—, pero resulta sospechoso ese énfasis solo cuando los descubrimientos científicos nos fuerzan a aceptar un Creador.

Una acotación final en esta sección. Desde el campo teísta —sobre todo desde el protestantismo evangélico—, en ocasiones se ha atacado la teoría del Big Bang (de la que hemos dado cuenta en la segunda parte) porque no se conformaba exactamente a los textos bíblicos. El protestantismo evangélico es una religión más basada en el texto —Biblia— que en la Institución —Iglesia— y de tal forma, para los evangélicos es tan dogmática la Creación en sí como «el cuándo y el cómo de la Creación». Muchos creen que la Creación ocurrió hace seis mil años —algo que ellos pretenden deducir de los textos bíblicos— y que ocurrió exactamente en seis días de veinticuatro horas. Esta posición se conoce como «Young Earth Creationism» («Creacionismo de la Tierra Joven»).

También y sobre todo desde el lado protestante evangélico se ha pretendido —a nuestro juicio— ir más allá de lo que la ciencia realmente demuestra que es la existencia de un Creador. Pretenden que la ciencia también demuestra una «finalidad» en la creación.[6] No es así. La ciencia, sobre todo las demostraciones y descubrimientos científicos de los últimos decenios demuestran que el universo fue creado, pero no demuestran por qué o con qué finalidad. Podemos suponer o deducir algunas (o muchas) cualidades del Creador e inferir o colegir lo que creemos son sus intenciones, pero esas inferencias ya no son demostrables y dudosamente pertenecen a la ciencia.

Estos «excesos» del campo teísta han sido bien aprovechados por el ateísmo militante para intentar descreditar y reducir al silencio las conclusiones legítimas de lo que la ciencia enseña y para —consistentemente con la historia del ateísmo científico como hemos visto— impedir cualquier debate que cuestione algunos dogmas científicos que de forma poco racional son muy caros a los autores ateos.[7] Y es que al parecer de estos autores el sano «principio de provisionalidad» científico se debe aplicar según a qué teorías.[8]

No hay queja ninguna, solo constatamos los hechos. Nunca nadie prometió que el ateísmo fuera justo.

---

6. Algunos científicos defensores del diseño inteligente apoyan esta idea.
7. Por ejemplo, la teoría de la evolución, que de algún extraño modo ha sido apropiada por el ateísmo militante. La realidad es que esa teoría en nada desdice la necesidad de un Dios Creador.
8. «¿Darwin? Un premio Nobel de Biología me comentó una vez mirándome con sus bifocales: "Eso es solo una consigna del partido"». Cit. por Berlinski, *The Devil's Delusion*, p. 192.

25
¿Son los ateos malas personas?

En lo que Hitler *no* creía y en lo que Stalin *no* creía y en
lo que Mao *no* creía y en lo que las SS *no* creían y en lo
que la Gestapo *no* creía y en lo que la NKVD *no* creía y en
lo que los comisarios, los funcionarios, los jactanciosos
verdugos, los doctores nazis, los teóricos del Partido
Comunista, los intelectuales, los camisas pardas, los camisas
negras, los *Gauletiers* y el millar de gacetilleros del partido
no creían era que Dios estaba observando lo que estaban
haciendo. Y por lo que puedo decir tampoco muchos de
aquellos que llevaron a cabo los horrores del siglo XX
se preocupaban demasiado de que Dios estuviese
observando lo que ellos estaban haciendo.

DAVID BERLINSKI[1]

¿Son los ateos malas personas? No lo sé, no los conozco a
todos y tampoco querría tener que juzgarlos. De lo que sí
estoy cierto es que la maldad sí existe al margen de o acompañando a la estupidez. Una tentación frecuente es creer

---

1. Berlinski, *op. cit.*, p. 26. La cursiva en el original. Sobre David Berlinski
véase la nota 4 del cap. 24.

que «los malvados» son en realidad solo personas equivocadas. Supongo que eso nos reconcilia con el género humano. Pensar que «no hay nadie malo» es más llevadero que pensar lo contrario. Sin embargo, la historia —y la observación cotidiana— atestigua lamentablemente lo opuesto: Hay personas equivocadas y personas malvadas (por mucho que ser malvado siempre sea un error, de lo que los malvados se dan cuenta demasiado tarde en muchas ocasiones), por supuesto que hay grados y matices, pero es aconsejable tener presente que existe el mal y personas eminentemente perversas.

Veamos un ejemplo al caso. Le propongo presentarle algunos aspectos poco conocidos de un pensador «científico» célebre y le invito a averiguar de quién escribo. De momento le llamaremos señor X y revelaremos su identidad al final, como en toda buena obra de suspense.

Primera pista, sobre su carácter: «Cuatro aspectos fundamentales de su carácter: el gusto por la violencia, el apetito por el poder, la incapacidad para administrar el dinero y, por encima de todo, su tendencia a explotar a aquellos que le rodeaban».[2] «Era una violento racista y antisemita con un temperamento rabioso [...] le gustaba amenazar a aquellos que discrepaban de él espetando: "Te voy a aniquilar" [...]. Era cruelmente desalmado con su familia y cualquiera que le contradijera».[3]

Segunda pista, sobre su familia: tuvo siete hijos con su mujer y también otro con su criada, a quien nunca permitió entrar por la puerta principal de la casa y cuyo hijo nunca reconoció e intentó «endosar» a un amigo. «Él quería hijos varones [...] las niñas carecían de importancia para él, sal-

---

2. P. Johnson, *Intelectuales*, Homo Legens, 2009, p. 127.
3. L. Reed, «Paul Johnson on Why We Should 'Beware Intellectuals'», 9 de octubre de 2018.

vo como asistentes personales»;[4] «dejó morir de hambre a tres de sus hijos, cinco de sus hijos murieron prematuramente. Su hija Eleanor se casó con un conocido satanista. Y las dos hijas que le sobrevivieron cometieron suicidio».[5] Algunos datos más sobre sus relaciones familiares: «Era un parásito que se gastó las herencias que su esposa recibió de su madre y de su tío [...] en comilonas y borracheras con amigos [...] y se negaba a pagar sus deudas, el alquiler o comprar comida para su familia muerta de hambre [...] cuando su mujer murió ni siquiera asistió al funeral».[6] «En la última carta de su padre [...] cuando ya se estaba muriendo, este reiteraba sus quejas de que el señor X se mostraba indiferente ante la familia salvo para obtener su ayuda o su piedad: "Estás en el cuarto mes de tu curso de leyes y has gastado 280 táleros. No he ganado tanto en todo el invierno"». Tres meses más tarde el padre moría. El señor X no se molestó en asistir a su funeral».[7] Cuando falleció su madre escribió a un amigo: «Hace dos horas recibí un telegrama comunicándome la muerte de mi madre. El destino tenía que llevarse a un miembro de mi familia. Yo ya tenía un pie en la tumba. Bajo las circunstancias, soy más necesario que la vieja. Tengo que ir a [su ciudad] a lo de la herencia».[8] Ese fue todo su comentario sobre la muerte de su madre.

4. Johnson, *op. cit.*, p. 141.
5. *Ibid.*
6. Brannon Howse en Worldwiewpedia, 27 de agosto de 2015 (para evitar desvelar el nombre del autor de quien escribimos esta cita no contiene el título de la obra).
7. Johnson, *op. cit.*, p. 135.
8. Cit. por Richard Wurmbrand en «La otra cara de X. ¿Fue X un satanista?». Originalmente titulado «X y Satan», se puede leer en Opensource en inglés. Richard Wurmbrand fue un escritor judío converso al cristianismo y sacerdote luterano de origen rumano, fallecido en 2001. Luchador antinazi durante la Segunda Guerra Mundial y anticomunista durante la

Tercera pista, sobre su (falta de) laboriosidad: «El señor X nunca intentó seriamente conseguir empleo»... «Jamás pisó un molino, una fábrica, una mina o cualquier centro industrial en toda su vida».[9] Fue un esnob intelectual y un aprovechado que vivió toda su vida de parasitar amigos y familia y que desdeñaba a las personas trabajadoras y laboriosas. Escribió: «Todo lo que existe merece ser destruido. Todo, incluyendo el proletariado y los camaradas».[10]

Cuarta pista, sobre su «ciencia»: «"Científico" siempre fue la expresión más relevante para el señor X y a menudo la utilizaba para diferenciarse de sus enemigos»;[11] sin embargo, sus críticos le consideran «acientífico» o «anticientífico». Un biógrafo dirá de él: «Tiene la misma proyección científica que el almanaque de un astrólogo».[12]

Y finalmente una quinta pista sobre su fe: El señor X se manifestó como virulento ateo —tras una juventud cristiana protestante— y varios biógrafos le consideran además satánico basándose en algunas de sus obras menos conocidas. El señor X dirá en una carta a su padre sobre la pérdida de su fe religiosa: «Ha caído el velo. Mi Lugar Santísimo se ha dividido en pedazos, y nuevos dioses han tenido que ser instalados».[13] El señor X escribió: «Deseo vengarme de Aquel que gobierna en lo alto»,[14] y en un drama de corte

---

Guerra Fría, como consecuencia, pasó gran parte de su vida en campos de concentración.
9. Johnson, *op. cit.*, p. 112.
10. X en *Louis Bonaparte. El 18 de Brumario*.
11. Johnson, *op. cit.*, p. 99.
12. *Ibid.*, p. 118.
13. Cit. por Fonseca Mora, R., «X el satanista», publicado en *La Estrella de Panamá*, 17 de diciembre de 2019.
14. X, «Invocación de un desesperado», citado por Wurmbrand, R., *op. cit.*

demoniaco titulado *Oulanem*,[15] poco mencionado por los seguidores del señor X, escribió: «Los vapores infernales suben y llenan la mente / hasta que enloquezco y mi corazón es totalmente cambiado. / ¿Ves esta espada? / El Príncipe de las Tinieblas me la vendió. / Para mí marca el compás, y da las señales. / Cada vez con más osadía, toco el baile de la muerte».[16]

Regresando a la cuestión origen y por la que estamos hablando del señor X, este posiblemente desconocía que estuviera equivocado —aunque lo estaba como pocos lo han estado—, pero no ignoraba que estuviera haciendo el mal y aun así lo hacía, dirá: «Pronto rugiré gigantescas maldiciones sobre la humanidad», y tampoco ignoraba las consecuencias de esa maldad para sí mismo, escribirá sobre ello: «Por tanto, el cielo he perdido, / Esto yo bien lo sé. / Mi alma, otrora fiel a Dios, / Seleccionada está para el infierno»,[17] ni las consecuencias para otros: «Si existe Algo que devore, / saltaré adentro, aunque traiga el mundo a su ruina, / el mundo que se dilata entre mí y el abismo, / lo destrozaré en pedazos con mis perennes maldiciones. / Estrecharé mis brazos alrededor de su cruel realidad: / abrazándome, el mundo sucumbirá estúpidamente, / y entonces se hundirá en la nada absoluta, / fenecido, inexistente: eso sería vivir verdaderamente».[18]

15. «Oulanem» es un anagrama de un nombre bíblico y santo («Emmanuel», que significa «Dios con nosotros»), tal y como suelen hacer los satanistas. Para estas citas seguimos a Wurmbrand, *op. cit.*
16. «En los ritos de iniciación superior al culto satanista se vende una espada encantada al candidato, la cual asegura su éxito. Paga por ella firmando un pacto de sangre de sus venas, de que su alma pertenecerá a Satanás después de morir».
17. Poesía titulada «La doncella pálida».
18. Versos finales de *Oulanem*.

El señor X no ocultaba sus perversas intenciones y deseos: «Con desdeño arrojaré mi guante / en la misma cara del mundo, / y veré el colapso de este pigmeo gigante / cuya caída no ahogará mi ardor. / Entonces vagaré como un dios victorioso / entre las ruinas del mundo / y, dando a mis palabras fuerza activa, / me sentiré igual al Creador»;[19] ni era ajeno al mal que ocasionaba: «Aún tengo fuerza en mis juveniles brazos / para agarrarte fuertemente y triturarte [es decir, a la humanidad personificada] / con tempestuoso poder / mientras para ambos se abre el abismo / desmesuradamente en la oscuridad. / Te hundirás y yo te seguiré riendo a carcajadas; / murmurando en tus oídos, / desciende, amiga: ven conmigo».[20]

Como concluirá Richard Wurmbrand: «El señor X no odiaba la religión porque esta obstaculizara el camino a la felicidad de la humanidad. Al contrario, deseaba la infelicidad de la humanidad aquí y para toda la eternidad. Proclamó este como su ideal. Su meta fue la de acabar con la religión […]. El ideal del señor X fue descender él mismo al abismo del infierno, arrastrando tras él a toda la humanidad».[21]

El señor X es responsable del mayor número de muertes de toda la historia: «El total de hombres asesinados por los emperadores romanos se estima entre dos y ocho millones en un periodo de cuatrocientos años. Sin embargo, esto es solo una fracción del número de vidas perdidas por culpa de los seguidores del señor X en el último siglo… Hasta la fecha el número de bajas está entre ochenta y cinco y doscientos millones de personas».[22]

19. Poema titulado «Orgullo humano».
20. *Oulanem*, acto 1, escena 2.
21. Wurmbrand, *op. cit.*
22. Kevin Swanson, «Apostate: The Men Who Destroyed the Christian West». Cit. en *Way of Life Literature*, en la voz «X», 21 de septiembre de 2021.

Es posible que usted haya adivinado quién era el señor X. El señor X es Karl Marx.

En cualquier caso, es muy posible —y deseable— que conociendo los datos usted haya pensado que —por lo menos— el señor X no fue un buen hijo, ni un buen padre, ni un buen marido, ni un buen esposo, ni un buen amigo. Pero lo cierto es que todo lo que conocemos nos dice que el señor Marx sabía que no lo era y eso no era algo que le preocupara en exceso. Hay muchos otros ejemplos —lamentablemente—, pero el «señor X» —Karl Marx— es un paradigma de que se puede ser malvado y además estar profundamente equivocado.

Es un escándalo que en este mundo y durante esta vida no experimentemos siempre una justicia perfecta —ni para los que obran bien ni para los que lo hacen mal—. Sin embargo, y en contra de lo que podría parecer a primera vista, la no existencia de justicia perfecta en este mundo y el anhelo de ello son argumentos lógicos poderosos a favor de la existencia de Dios y de otra vida subsiguiente, y ello porque sería Él quien repone la justicia y sería en la otra vida cuando se repone. Nuestra voluntad demanda que se haga justicia y nuestra razón se ofende cuando no ocurre así. Algo en el hombre aspira a la Justicia y si no existe completa en este mundo, debe de haberla en otro. Si no hay juez justo en nuestro tiempo, deberá haber Juez Justo en otro.

No obstante, sí existe una cierta justicia en este mundo, como un reflejo de la Justicia —con mayúscula— o una aspiración que es también un elogio. Y parte de esa justicia es que quien decide separarse de Dios, sufre él mismo esa separación. Creer en la existencia de Dios no es solo acertado racionalmente —y ajustado a la ciencia como este libro expone—, es además necesario para ser feliz. Creer en Dios no es solo cierto, es también práctico. Y volviendo a la justicia, es una creencia extendida que tras la muerte todos tendremos un juicio (deseo con todas mis fuerzas que en mi caso sea muy benévolo), pero no me resisto a pensar que si esto es así, una posibilidad indudablemente justa es que el Creador nos otorgue a cada uno de nosotros aquello que queremos: de tal forma que quienes creemos y deseamos estar con el Creador lo acabemos estando y que aquellos que no lo quieren y abjuran de su existencia obtengan precisamente eso, una eternidad sin Dios. Saul Alinsky[23] fue un seguidor del señor Marx, tuvo una gran y nociva influencia en la sociedad norteamericana del siglo XX y hasta la fecha, «lobo con piel de cordero», como ha sido caracterizado. Apenas unas semanas antes de morir en una entrevista a la revista *Playboy* el señor Alinsky manifestó: «Si hay una vida después de la muerte y puedo elegir, opto sin ningún tipo de reservas por ir al infierno. El infierno será como el cielo para mí. Toda mi vida he estado con los que no tienen [...]. Una vez que llegue al infierno empezaré a organizarlos con una sonrisa. Ellos son mi tipo».[24] Es posible —aunque no lo deseo— que el señor Alinsky haya obtenido lo que deseaba y si así fuera sería difícil considerarlo injusto.

Otra afirmación que se puede hacer con seguridad es que cualquier persona religiosa es mejor que ella misma si no lo fuera. En esto no estoy comparando el señor A con la señora B, sino al señor A —ateo— con el señor A' —religioso—. Esta afirmación es posible que concite la ira de personas descreídas, que he comprobado suelen tener de sí mismas

---

23. Sociólogo norteamericano y agitador marxista, autor de *Tratado para radicales* y fallecido en 1972, tuvo gran influencia en la penetración marxista en organizaciones filantrópicas, sociales, universidades y en la Iglesia católica de Estados Unidos. Hay un magnífico documental sobre el señor Alinski titulado *Lobo con piel de cordero* en EWTN España. Véase en <https://ewtn.es/>.
24. *Ibidem.*

una mejor opinión que las personas religiosas de sí mismas
—algo que por otra parte es lógico, puesto que la persona
religiosa suele ser más exigente consigo misma por la simple
razón de que tiene las mismas exigencias que el descreído y
alguna más—, pero es una afirmación de sentido común ya
que el señor A' tiene las mismas barreras morales para no
hacer el mal que cualquier ateo (el señor A) y, además, se
añaden otras barreras religiosas que el señor A no tiene. (El
teísta sabe que «Dios está observando») y adicionalmente el
señor A' tiene otros incentivos para hacer el bien. Los señores A' suelen creer que hay una vida después de esta a la que
se accede de modos sustancialmente distintos según su comportamiento en esta.

Normalmente, cuando se hace la anterior observación,
alguien sugiere algo como: «Pues yo conozco a la señora C'
—religiosa—, que es un bicho» (o algún epíteto más rotundo), a lo que invariablemente respondo: «Y yo también, y a
varios más. Y también a la señora D —atea ella—, a la que
tengo por buena persona». Pero lo que no puedo decir porque no es cierto es que la señora D' —religiosa ella— no
fuera a ser incluso mejor persona que la señora D, y además
más feliz. Habrá excepciones para lo anterior —hay excepciones casi para todo—, pero no las conozco; es una regla
que he observado universalmente, en todos los países de los
cinco continentes en los que he vivido.

Otra realidad que se debería considerar más a menudo
es que los horrores, asesinatos, genocidios, crímenes sin
cuenta ni número, atrocidades y monstruosidades realizadas por oficiales y líderes de ideología atea son los mayores
de la historia de la humanidad y que cualquier guerra, represión o asesinato realizado por gentes religiosas es infinitesimal en número o calado. Resulta revelador que, sin embargo, sean frecuentemente los líderes religiosos quienes
consideren que deben pedir perdón por faltas a veces me-

nores cuando los herederos de aquellos genocidas continúan plácidamente infligiendo inconmensurable dolor. «¿Quién ha impuesto al sufrimiento de la raza humana el gas venenoso, los alambres de espino, explosivos de alta potencia, experimentos con eugenesia, la formula del Zyklon B, la artillería pesada, justificaciones pseudocientíficas del asesinato en masa, bombas de racimo, submarinos de guerra, napalm, misiles balísticos intercontinentales, plataformas espaciales militares y armas nucleares? Si no me falla la memoria, no fue el Vaticano».[25] Hay que hacer notar que el autor de la cita —el señor Berlinski— no es cristiano ni católico, sino teísta judío. La humanidad ha conocido sus mayores horrores desde que quienes la dirigen piensan que «Dios no está observando». Cualquiera que dude de esa sangrante realidad, debería observar la siguiente lista de muertes (solo desde el siglo XX) provocadas por las varias y muy similares ideologías que profesaban una fe atea:[26]

25. Berlinski, *ibidem*, p. 21.
26. Estimaciones más aproximadas; usamos en parte las estadísticas incluidas por Berlinski, *op. cit.*, p. 22 y ss., actualizando algunos datos. También datos de la Academia Nacional de Ciencias de Ucrania; Instituto de Demografía e Investigación Social de Ucrania; *Enciclopedia Británica*; Internet *Encyclopedia of Ukraine*; Jesús Salas Larrazabal; «Causa General-La dominación roja en España»; Pío Moa; Wikipedia en inglés; Catholicculture.org; David Bailey; Gobierno francés; International Rescue Committee; PERI-Universidad de Massachusetts Armhest; Cuba Archive Project; *El libro Negro del Comunismo*...

Revolución mexicana y guerra de la frontera (1910-1920)	1 millón
Genocidio armenio (Turquía, Jóvenes Turcos anticristianos) (1915-1923)	2 millones
Guerra civil rusa/Revolución comunista (1917-1922)	10 millones
Hambruna provocada en Ucrania por Lenin (1921-1923)	1,5 millones
Unión Soviética (régimen de Stalin) (1924-1953)	20 millones
Persecución cristera anticatólica (México, masonería) (1926-1929)	250.000
Persecución religiosa en España (Segunda República) (1931-1939)	85.000
Holodomor (genocidio ucraniano) (1932-1934)	4 millones
Holocausto (judíos, eslavos, gitanos, católicos, etc.) (hasta 1945)	17 millones
Segunda guerra cristera (México, masonería) (1932-1941)	Decenas de miles
Conquista de Abisinia (Mussolini, Italia fascista) (1935-1941)	400.000
Guerra ruso-finlandesa (Stalin, Unión Soviética) (1939-1940)	150.000
Segunda Guerra Mundial (1939-1945)	55 millones
Yugoslavia (régimen comunista de Tito) (1944-1980)	200.000
Guerra civil china (1945-1949)	2,5 millones
Europa comunista-bloque del Este (1945-1992)	1 millón
Guerra civil griega (levantamiento comunista) (1946-1949)	158.000
Guerras de Indochina (fuerzas comunistas) (1946-1991)	4 millones

Persecución comunista en Rumanía (1948-1989)	150.000
República Popular de Corea (Corea comunista) (1948-actualidad)	2 millones
República Popular China (régimen de Mao Zedong) (1949-1975)	40 millones
Persecución comunista en el Tíbet (1950-actualidad)	600.000
Guerra de Corea (1950-1953)	2,8 millones
Guerras civiles sudanesas (1955-2003)	2,5 millones
Revolución/genocidio en Ruanda/«Viento de destrucción» (1959-1995)	1,35 millones
Cuba (régimen comunista, Fidel Castro) (1959-actualidad)	89.000
Guerra y masacres en Etiopía/Eritrea (1962-actualidad)	1,5 millones
Guerra civil en Nigeria (1967-1970)	1 millón
Uganda (régimen comunista de Idi Amin) (1972-1979)	300.000
Genocidio jemer rojo (régimen comunista en Camboya) (1975-1979)	1,75 millones
Guerra de Angola (intervención de la Cuba comunista) (1975-2002)	800.000
Vietnam (tras la guerra, régimen comunista) (1975-actualidad)	430.000
Guerra civil en Mozambique (1977-1992)	1 millón
Guerra afgano-soviética (1978-1992)	1,8 millones
Guerra civil en Camboya (jemer rojo-Vietnam) (1978-1991)	225.000
Guerra civil somalí (intervención de la Etiopía comunista) (1988-actualidad)	400.000
Guerra del Congo (Kabila, marxista) (1998-2003)	5,8 millones

La lista anterior posiblemente no sea exhaustiva, pero sí aproximada de las atrocidades y del número de víctimas responsabilidad de ideologías radicalmente ateas[27] y en el mejor de los casos el número de víctimas excede en más de un 100.000 por ciento todas las muertes, de toda la historia, en todas las naciones debidas a todas las causas religiosas.

Otro cálculo, solo para la persecución contra los cristianos, fue realizado por Antonio Socci:[28] «Como veremos en la tabla estadística siguiente, si en dos milenios se han calculado alrededor de 70.000.000 cristianos asesinados por su fe, 45.500.000 (cerca del 65 por ciento del total) son mártires del siglo xx». Y es que ser teísta parece ser una actividad de riesgo cuando los ateos dirigen los destinos de las naciones.

Si usted es una persona religiosa y en algún momento algún «amigo» descreído, avinagrado, le recuerda «las cruzadas» o «la Inquisición» como argumento para hacerle sentir agraviado por sus creencias (ignoro por qué razón un movimiento eminentemente popular para la defensa contra una invasión —las Cruzadas— o el tribunal más garantista de su tiempo —la Inquisición— se usan constantemente en la propaganda antirreligiosa, pero así es), le sugiero que le facilite esa lista. Una sola línea de ese elenco es responsable de más muertes que aquellos dos eventos juntos.

27. Siempre hay controversias sobre las cifras de muertos y ello principalmente porque los criminales no suelen llevar cuenta de ellos. También algunos «historiadores» sugieren que no es la cantidad de muertos lo que cuenta, como si al asesinado le preocuparan los «ideales» o las motivaciones del asesino. Sin embargo, en ocasiones pareciera que esas controversias pretenden desviar la atención de lo que en verdad importa, que es la magnitud de la barbarie. En las cifras no están incluidas los centenares de millones de abortos e infanticidios provocados en el mundo desde el siglo xx y que en general fueron y son propiciados por ideologías ateas.
28. Socci, A. «Los nuevos perseguidos. Investigación sobre la intolerancia anticristiana en el nuevo siglo del martirio», Encuentro, Madrid, 2003, p. 24.

26

¿Por qué no todos los científicos son teístas?

A medida que aprendemos sobre nuestro mundo,
la probabilidad de que este sea el resultado de un
proceso aleatorio deviene cada vez más remota,
de tal manera que son raros los científicos actuales
que defiendan una actitud atea.

Arthur Compton[1]

Es una pregunta oportuna. Visto lo visto, las abrumadoras evidencias científicas de la existencia de un Creador en la ciencia moderna y en prácticamente todos los campos de ella... entonces ¿por qué no todos los científicos son teístas?

En primer lugar, la mayoría lo son, como asegura el señor Compton en la cita que encabeza este capítulo. Esto es posible que sea sorprendente para algunos, pero lo cierto es que

---

1. Arthur Compton fue un físico norteamericano teísta y cristiano fallecido en 1962, premio Nobel de Física en 1927. Descubrió el efecto Compton y demostró que la luz tiene a la vez propiedades de onda y de partículas. Hablamos de él en el capítulo dedicado a «Incertidumbre y libertad». Para la cita: *Scientific God Journal*. Vol. 1, Issue 3, Tihomir Dimitrov, p. 160.

el ateísmo está más extendido entre profesores «de letras», mientras que la inmensa mayoría de los científicos son teístas: en un análisis de los laureados con el Premio Nobel de los últimos cien años se concluye que solo el 10 por ciento de los premiados en materias científicas eran ateos, mientras que el 35 por ciento de los premios Nobel de Literatura se consideraban como tales.[2] En el último estudio del Pew Research Center[3] realizado en 2009 se muestra que solo una minoría de los científicos consultados no cree en la existencia de un Dios creador (41 por ciento) y a ello hay que añadir cuatro consideraciones: la primera es que cuanto «más científico» se es, más religioso; en el estudio sobre los laureados con el Premio Nobel al que nos referíamos un poco más arriba el 90 por ciento de ellos se identificaban con una religión y dos tercios de entre ellos eran cristianos, parece que tal y como afirmaban los señores Heisenberg y Pasteur «un poco de ciencia aleja de Dios y mucha nos aproxima». La segunda consideración es que el estudio del Pew Research se realizó entre todos los científicos miembros de la AAAS,[4] asociación con un sesgo anticonservador (solo el 9 por ciento de los miembros se identifican como conservadores) y ocasionalmente antirreligioso[5] y, por tanto, es lógico pensar que el por-

2. Estudio dirigido por el genetista Baruch Aba Shalev en 2003, «100 years of Nobel Prizes». Cit. por Bolloré y Bonnassies. *op. cit.* p. 283.
3. Véase en <https://www.pewresearch.org/religion/2009/11/05/scientists-and-belief/>.
4. American Association for the Advancement of Science. La asociación científica norteamericana más antigua y numerosa. No se necesitan especiales cualificaciones para ser miembro, solo pagar una cuota anual de menos de doscientos dólares.
5. De acuerdo con el análisis del propio Pew Research. Véase en <https://www.pewresearch.org/politics/2009/07/09/public-praises-science-scientists-fault-public-media/>. Alan Leshner, director de la AAAS entre 2001 y 2015, se opuso a la inclusión de la teoría del diseño inteligente en los contenidos científicos a estudiar en las escuelas.

centaje de descreídos del resultado de la encuesta es mayor que la realidad. La tercera es que la cantidad de científicos ateos parece ser una minoría que además decrece. En poco más de una decena de años el número de científicos escépticos descendió en cuatro puntos porcentuales (en otra encuesta similar realizada en 1996 se mostraba que los científicos descreídos eran el 45 por ciento).[6] Y la cuarta y última consideración está posiblemente ligada a la anterior: los científicos más jóvenes son los más creyentes teístas (el 68 por ciento de los científicos menores de treinta y dos años creen en Dios/Creador), y los de mayor edad son los más descreídos (solo el 46 por ciento de los mayores de sesenta y cinco años dicen creer en un Dios/Creador), lo que también es indicativo de que es la ciencia moderna (y no tanto la antigua) la que más evidencias ofrece de la existencia de Dios. En cualquier caso, al final, como yo le decía a mi padre con cariño: «Es posible que los dos tengamos razón, pero yo la voy a tener más tiempo». Mi padre, que era un clásico —es decir inteligente—, lo aceptaba como la verdad incontrovertible que es.

Y ya que estamos con verdades obvias, otra que a veces se olvida: los científicos son seres humanos con idénticas limitaciones, debilidades y carencias de temperamento y morales que cualquier otro: son vulnerables a la vanidad, a la codicia y a la corrupción; tienen legítimos y no tan legítimos deseos de triunfar y miedo a no conseguirlo; pueden padecer celos y envidia; pueden ser mezquinos, egoístas, mentirosos y cobardes; pueden sufrir resentimiento, ignorancia, conformismo, tozudez, indisciplina, intolerancia, prejuicios; los hay con buenas intenciones y con malas intenciones. Hemos visto a lo largo de este libro científicos soberbios que hicieron lo posible y lo imposible con tal de tener razón y otros

6. Estudio de Edward Larson, profesor de la Universidad de Georgia, 1996. Cit. en <https://www.pewresearch.org/religion/2009/11/05/scientists-and-belief/>.

más humildes que «siguieron la razón adonde los lleve». Confieso públicamente que yo peco de todo lo anterior —no todo el tiempo, a Dios gracias— y el resto de los científicos no es ajeno a ninguna de esas flaquezas, y todo ello explica en gran medida que algunos no sean o no consideren ser o no se manifiesten como teístas.

Además de la explicación anterior, vamos a sugerir otras cuatro causas que explican por qué no todos los científicos son o se manifiestan como teístas.

La psicología

> La teoría de que la vida ha sido creada por una inteligencia es tan evidente que uno se pregunta por qué no es comúnmente aceptada. Las razones son más psicológicas que científicas.
>
> FRED HOYLE[7]

«*Nosce te ipsum*» («Conócete a ti mismo») es un magnífico consejo de general aplicación. Hay varios mecanismos psicológicos que nos afectan a todos —a usted también— y que nos pasan desapercibidos muchas veces pero que, sin embargo, explican y condicionan nuestra aceptación o la manifestación de nuestro acuerdo con la verdad teísta. Hay mecanismos psicológicos que explican por qué muchos autores teístas no se manifiesten como tales y también otros que es-

---

7. Hemos hablado del señor Hoyle en la segunda parte de este libro. Véase nota 45 del cap. 4. El señor Hoyle, nominado varias veces al Premio Nobel, pasó de ser ateo declarado a teísta al observar las evidencias científicas de la existencia de un Creador. La cita recogida por Bolloré y Bonnassies, *op. cit.*, p. 246.

clarecen por qué otros científicos se presentan como agnósticos sin realmente haberlo considerado. Veamos:

En ocasiones —muchas— los científicos teístas no se manifiestan como tales (realmente esto no es exclusivo de los científicos, tampoco lo suelen hacer los empresarios ni los escritores ni los políticos —en este caso a veces es mejor así— ni casi ninguna figura pública). William Phillips, premio Nobel de Física en 1997, teísta y cristiano, decía en 2002: «Probablemente hay más premios Nobel que son gente de fe de lo que se cree generalmente. La mayoría de la gente de todas las profesiones no manifiestan sus puntos de vista religiosos, ya que son muy personales»,[8] pero, además de esta natural timidez —que no parece afectar a los ateos—, también opera el llamado «síndrome de la indefensión aprendida». La indefensión aprendida fue un término acuñado por primera vez por Martin Seligman[9] y se refiere a una condición psicológica que afecta a los humanos y a los animales que han aprendido a comportarse con impotencia y sin defenderse ante una situación particular. Un ejemplo conocido de este comportamiento es el elefante del cuento de Jorge Bucay[10] que narra que un gran elefante encadenado a una pequeña estaca de madera clavada en el suelo no pretende escapar porque lo encadenaron a ese mismo palo cuando era un pequeño elefante, entonces sí intentó arrancarlo y no fue

8. Cit. por Tihomir Dimitrov, *op. cit.*, p. 156. William Phillips es un físico norteamericano nacido en 1948. Premio Nobel de Física en 1997. Teísta y cristiano.
9. Martin Seligman es un psicólogo norteamericano nacido en 1942. Profesor en la Universidad de Pennsylvania, fue presidente de la Asociación Americana de Psicología. Es el padre de la psicología positiva, que entre otras cosas propugna que «el matrimonio y la religión contribuyen al bienestar»; desarrolló la teoría de «Learned helplessness» —indefensión aprendida— observando animales y estudiando la depresión humana.
10. Jorge Bucay es un médico psicoterapeuta y escritor argentino nacido en 1949. De origen judío y cristiano, se manifiesta como religioso y teísta.

capaz, y cuando creció y hubiera podido escapar fácilmente no procuraba hacerlo porque había «aprendido» que sus esfuerzos eran inútiles. Así les pasa a muchos escritores y científicos teístas y religiosos, han «aprendido» a no manifestarse como tal porque no es «productivo» (posiblemente no lo fue en otras épocas pasadas), pero sostengo que actualmente con las evidencias científicas a mano y con la agresividad mostrada por los neoateos, manifestarse como teísta o religioso no es solo productivo, sino un imperativo moral, además la ideología atea no parece más sólida que la pequeña estaca que amarra al elefante.

En 1951 Solomon Asch, un psicólogo polaco-norteamericano realizó unos experimentos en los que demostró la tendencia de los seres humanos a convenir con otros, acomodarse a sus pareceres («conformarse», dirá el señor Asch) y la importancia de la presión de grupo que es capaz de cambiar opiniones e incluso percepciones de la realidad. El señor Asch escogió grupos de ocho estudiantes y les dijo que iban a participar en una prueba de capacidad visual. Les enseñó a los participantes tres líneas juntas y otra como comparación, algo similar a lo que vemos aquí abajo:

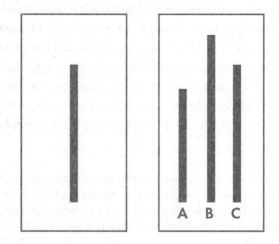

Y preguntó a los participantes cuál de las tres líneas (A, B o C) era de la misma longitud que la línea de referencia, algo que resulta evidente... incluso yo puedo apreciar que es la C. Lo que uno de los participantes no sabía es que los otros siete de su grupo estaban confabulados para la realización del experimento. Los participantes tenían que dar la respuesta en voz alta y el sujeto del experimento lo hacía en último lugar. Los siete primeros manifestaban una respuesta equivocada (la A, por ejemplo) y ello creaba una presión para el octavo, el sujeto independiente. Pues bien, lo interesante de los resultados es que solo en un 23 por ciento de las ocasiones el sujeto independiente fue capaz de resistir la presión del grupo y manifestar la opinión que era evidente para todos. Es decir que en ¾ de las veces el ser humano es capaz de mentirse a sí mismo para acomodarse a las opiniones de grupo. El ser humano necesita ser aceptado y formar parte de un colectivo, una sociedad. Los científicos también, y si consideran que en su colectivo necesitan manifestarse como descreídos para ser reconocidos o aprobados, pues lo harán. Como admitió Ralph Alpher,[11] uno de los pioneros del Big Bang, de quien ya hemos hablado: «Hay dos razones por las que se hace ciencia. Una es por el sentimiento altruista de que quizá puedes contribuir al conocimiento de la humanidad acerca del mundo. La otra y más personal es que quieres la aprobación de tus colegas. Pura y simplemente». En el caso del experimento del señor Asch los participantes fueron luego preguntados sobre por qué habían manifestado esas respuestas que veían —literalmente— incorrectas y las explicaciones nos suenan familiares: Todos los participantes temieron la desaprobación de

11. Ralph Alpher fue un cosmólogo norteamericano fallecido en 2007, alumno del señor Gamow, fue uno de los pioneros del Big Bang. Hemos hablado de él en la segunda parte de este libro. La cita en Joseph D'Agnese , «The last Big Bang Man left standing» *Discover Magazine*, julio de 1999.

los otros miembros del grupo; muchos dijeron que aunque veían que la respuesta correcta era la C, dudaron de sí mismos al ver que el resto de los participantes manifestaba consistentemente otra respuesta y algunos contestaron que aunque sabían que el grupo estaba equivocado simplemente no querían hacerse notar o sobresalir.

El experimento de conformidad del señor Asch nos recuerda el cuento del traje nuevo del emperador;[12] cuando toda la gente del pueblo alababa la belleza de las vestimentas del emperador, este en realidad se paseaba desnudo. Un chiquillo rompió el encanto colectivo diciendo la verdad. De igual modo en los experimentos del señor Asch bastaba que uno de los siete estudiantes confabulados cambiara la respuesta y dijera la verdad para que el estudiante independiente tuviera el coraje para manifestar lo que sus ojos le decían y en realidad sabía (en ese caso la conformidad se reducía en un 80 por ciento). El psicólogo cristiano y humanista Rollo May[13] sentenció que «lo opuesto a la valentía en nuestra sociedad no es la cobardía, sino la conformidad».

Si usted lo considera con atención, observará muchas situaciones en nuestro mundo actual en las que la opinión de la inmensa mayoría e incluso la realidad objetiva y demostrable está coaccionada o del todo cercenada por las opiniones repetidas y en ocasiones vociferantes de una minoría que pretende imponer sus dictámenes. La buena noticia es que siem-

12. Es un cuento escrito originalmente por Hans Christian Andersen publicado en 1837, cuya moraleja es que lo que es verdad lo es independientemente de lo que la mayoría opina.
13. Rollo Reece May fue un psicólogo, profesor y escritor norteamericano fallecido en 1994. Gran amigo del teólogo Paul Tillich —a quien ya mencionamos— y proponente de la psicología existencial junto con Victor Frankl (aprovecho para recomendar su libro *El hombre en busca de sentido*, publicado en 1946, extremadamente edificante). El señor May fue también ministro-pastor cristiano protestante.

pre habrá un inocente que nos haga ver que el emperador está desnudo.

Miedo

El 90 por ciento de los filósofos contemporáneos ven como su labor principal eliminar la religión de las mentes de los hombres.

KURT GÖDEL, carta a su madre (1961)[14]

También el miedo afecta a los científicos que se manifiestan como ateos impidiéndoles moverse hacia donde su razón les indica y a científicos teístas reprimiéndoles a manifestarse como tales. Empecemos con los descreídos:

Leonard Susskind, profesor de Física teórica de Stanford que ya mencionamos en la primera parte, admitía —suponemos que refiriéndose a él mismo y a otros que él conoce—: «Los físicos tienen aversión a mezclar religión con física. Creo que tienen miedo de que si se admitiera que la razón por la que el mundo es de la forma que es tiene que ver con nuestra propia existencia [el argumento] sería apropiado por los creacionistas, por los seguidores del diseño inteligente, y claro, lo que ellos dirían es: "Veis, siempre os lo dijimos, hay un Alguien benevolente allá arriba en el universo que creó el universo de forma exacta y precisa para que pudiéramos vivir"».[15] Y parece que esa conclusión, que es razonable —y si se me permite obvia—, es inaceptable a priori para el señor Susskind y para «algunos físicos».

14. Gödel, K., *Collected Works*, vol. 4, Oxford, Clarendon Press, 2003, pp. 436-437.
15. «What we still don't know about the cosmos», se puede ver en el vídeo: <https://www.youtube.com/watch?v=TMzzYeqmKgw>.

Creo que la cita anterior dice mucho del miedo que tienen científicos antiteístas de que la realidad que vamos conociendo está precisamente «imponiendo la idea de Dios» y que perdiendo la batalla de las evidencias se refugian en «hagamos todo lo que sea necesario para que no se note demasiado que no tenemos razón».

El filósofo ateo Thomas Nagel,[16] a quien ya mencionamos, reconocía que existía un «miedo a la religión» por parte del campo ateo (llamémosle así) y afirmaba que «al hablar del miedo a la religión, no me refiero a la hostilidad enteramente razonable hacia ciertas religiones establecidas e instituciones religiosas en virtud de sus objetables doctrinas morales, principios sociales o influencia política [...] estoy hablando de algo mucho más profundo, específicamente al miedo a la religión misma. Hablo desde la experiencia, ya que estoy fuertemente sujeto a este miedo yo mismo: quiero que el ateísmo sea verdad y me inquieta el hecho de que algunas de las personas más inteligentes y más instruidas que conozco son religiosas creyentes. No es solo que no creo en Dios, y naturalmente, espero tener razón en mi creencia. Es que ¡deseo que no haya Dios! No quiero que exista Dios; no quiero que el universo sea así».[17] Debo confesar que en mi caso, como en el del señor Nagel, no haber obtenido en ocasiones aquello que deseaba ha sido a la larga una bendición.

Por otra parte, también el miedo explica por qué muchos científicos teístas no se manifiestan como tales. También a

16. Ya hemos mencionado al señor Nagel en la primera parte de este libro refiriéndonos a un artículo suyo que precisamente se titulaba «El miedo a la religión» (véase nota 7 del cap. 1). Norteamericano, nacido en 1937 y profesor emérito de Filosofía en la Universidad de Nueva York. Ateo y antimaterialista, escribió contra el neodarwinismo demostrando que es «casi seguramente falso».
17. Nagel, T., *The Last Word*, Oxford University Press, 1997. Cit. en «Scientific and Anecdotal Evidence for the Beginning of the Universe», publicado en *Religio-Political Talk*, 12 de diciembre de 2015.

usted —si es usted religioso— le cuesta manifestarlo en su lugar de trabajo. Durante varios años estuve en el consejo ejecutivo de una multinacional conocida porque muchos de sus directivos eran activos masones anticristianos y cuyo consejero delegado —mi superior directo— era uno de ellos, y además furibundo ateo. Entiendo, por tanto la aprensión a manifestarse como religioso en un ambiente hostil y los científicos no están exentos de esos recelos que además son justificados en demasiadas ocasiones.

En una sociedad donde está presente la «cancelación» y el «wokismo»,[18] no es extraño que «talibanes» ateos procuren expulsar de la Academia a quienes no participan de ese «credo». Un notorio ejemplo se refiere al doctor Richard Sternberg[19] —a quien mencionamos en la cuarta parte de este libro—, cuyo caso de discriminación llegó a ser revisado por el Congreso de Estados Unidos. El señor Sternberg no es un defensor de la teoría del diseño inteligente,[20] pero tuvo la osadía de permitir la publicación de un documento científico que sí lo defendía. Ese documento fue previamente revisado y aprobado por otros tres doctores biólogos moleculares, pero a los ideólogos ateos eso poco les importó. Organizaron una cace-

18. Me disculpo por el barbarismo, pero afortunadamente no hay palabra en español que describa esa enfermedad intelectual. La cultura *woke* o *wokeism* consiste en la promoción por medios violentos o coercitivos de la agenda política y cultural de partidos de izquierda o radicales. Se presentan con un impostado victimismo que les justifica para «cancelar» cualquier oposición o discusión de sus postulados. Impiden, expulsan, erradican y atacan a todos los críticos y cualquier crítica. Es una manifestación totalitaria más de ideologías que consistentemente producen esas bajezas en los seres humanos.
19. Richard Sternberg es un científico norteamericano con doble doctorado en Biología molecular y en sistemas de la ciencia (biología teórica). En 2004 era el editor de *The Proceedings of the Biological Society* e investigador asociado del Smithsonian National Museum of National History, en Washington.
20. Hablamos del diseño inteligente en la cuarta parte de este libro. Tampoco nosotros concurrimos con dicha teoría, pero muy cualificados biólogos la proponen y merece ser considerada y evaluada al margen de las ideologías.

ría contra el señor Sternberg que le obligó a abandonar la Institución Smithsonian donde era investigador.[21] En palabras del señor Sternberg: «Sufrí represalias, difamaciones, acoso, y un ambiente de trabajo hostil en el Museo Nacional Smithsonian de Historia Natural que estaba diseñado a forzarme a dejar mi puesto como investigador asociado allí [...] también se intentó que me despidieran de mi trabajo como científico del Centro Nacional de Información Biotecnológica. Después, hubo dos investigaciones federales sobre mi maltrato [...] ambas investigaciones descubrieron claras evidencias de que mis derechos fueron repetidamente violados».[22] Tras revisar el caso el Comité del Congreso de Estados Unidos publicó un reporte con el nada ambiguo título de «Intolerancia y politización de la ciencia en el Smithsonian»,[23] que incluía muchas evidencias de «acoso y hostilidad en el lugar de trabajo», de «discriminación», de «hostilidad basada en motivaciones políticas y antirreligiosas», y de «una campaña para calumniar

21. Sobre la persecución contra el señor Sternberg se puede leer en «Faith, Science and the Persecution of Richard Sternberg», por Benjamin Wiker en el periódico *National Catholic Register* en 2005 (<https://staycatholic.com/faith-science-and-the-persecution-of-richard-sternberg/>); en el propio sitio web del señor Sternberg (<https://richardsternberg.com/smithsonian/>); en la web del Discovery Institute (<https://www.discovery.org/a/3835/>); los documentos originales del Congreso de Estados Unidos y algunos e-mails del personal del Smithsonian se pueden leer en el archivo de internet *Wayback Machine*, en <http://www.souder.house.gov/sitedirector/~files/Appendixto-ReportIntoleranceandthePoliticizationofScienceattheSmithsonian.pdf>. Tras leer todo ello resulta incomprensible —y revelador— que la referencia en Wikipedia adopte la opinión negacionista del caso y afirme «el suceso ha sido usado para apoyar la narrativa común pero no confirmada de persecución» (véase en la Wikipedia en inglés, en <https://en.wikipedia.org/wiki/Sternberg_peer_review_controversy>).
22. En el sitio web del señor Sternberg, <https://richardsternberg.com/smithsonian/>.
23. Documento del Congreso de Estados Unidos publicado el 11 de diciembre de 2006. Se puede leer entero en <https://www.discovery.org/m/2008/02/IntoleranceandthePoliticizationofScienceattheSmithsonian.pdf>.

y difamar», y entre las conclusiones: «Funcionarios del NMNH —Smithsonian— conspiraron con otro grupo para calumniar públicamente al doctor Sternberg y para monitorizar sus actividades externas a fin de encontrar una forma de despedirle», y también «la hostilidad hacia el doctor Sternberg en el NMNH vino reforzada por motivaciones políticas y antirreligiosas» los científicos del NMNH solicitaron saber si el señor Sternberg «era religioso» o «conservador» o votaba por «el Partido Republicano». La investigación reveló correos electrónicos cruzados entre los directivos del Smithsonian. Alguno particularmente revelador decía: «Los científicos [se refiere a los científicos ateos, para el autor del correo electrónico los otros científicos no tienen esa calificación] hemos permitido y dejado en paz a esta gente en sus iglesias [parece que para el autor el hecho de que las personas religiosas acudan a sus iglesias es un privilegio otorgado por la magnanimidad de los ateos] pero ahora parece que esa gente están saliendo e invadiendo nuestras escuelas, nuestras clases de biología, museos y ahora nuestras revistas profesionales»[24] [el autor considera que las escuelas, museos, revistas son «suyas» y en modo alguno de las personas religiosas. Al menos manifiesta cierta defensa del derecho de propiedad]. Unas cuantas líneas que describen perfectamente el estado mental de quien las escribe y lo enormemente anticientífico de tal estado.

Lamentablemente, existen otros ejemplos similares que explican el miedo de algunos científicos teístas a manifestarse como tales:[25] Scott Minnich, biólogo de la Universidad de Idaho, Estados Unidos; Günter Bechly, entomólogo que trabajaba para el Museo Estatal de Historia Natural de Stutt-

24. *Ibidem.*
25. Los casos mencionados se pueden encontrar en detalle en el sitio web *Free Science*, <https://freescience.today/>, que depende del Centro de Ciencia y Cultura (CSC).

gart, en Alemania; Eric Hedin, profesor de Física en la Universidad Estatal Ball, Estados Unidos; Don McDonald profesor de Sociología en la Universidad de Texas; David Coppedge, del Jet Propulsion Laboratory en California; Caroline Crocker, profesora de Biología en la Universidad George Mason en Estados Unidos, ya mencionada; Bryan Leonard, profesor de Biología en institutos públicos en Ohio (Estados Unidos), o Roger DeHart, también profesor de Biología en institutos de Washington; Martin Gaskell, profesor de Astrofísica en la Universidad de Kentucky (Estados Unidos); Dean Kenyon, profesor de Biología de la Universidad Estatal de San Francisco; Granville Sewell, profesor de Matemáticas en la Universidad de Texas, El Paso... tuvieron que sufrir censura o persecución en diferentes grados por no adherirse a la ideología antiteísta de sus censores. Es posible que casos inversos se hayan dado (ateos silenciados por personas religiosas en el mundo científico contemporáneo), pero no los hemos encontrado —y los hemos buscado— más allá de alguna ficción novelesca o hollywoodense.

En junio de 2022 se hacía público un exhaustivo estudio conjunto del Instituto Internacional para la Libertad Religiosa (IIRF), el Observatorio para la Libertad Religiosa en Latinoamérica (OLIRE) y el Observatorio sobre la Intolerancia y Discriminación contra los Cristianos en Europa (OIDAC Europe)[26] titulado «Percepciones sobre la autocensura: confirmación y comprensión del efecto intimidatorio», y se estudiaron específicamente las condiciones de los cristianos en Francia, Alemania, Colombia y México. La conclusión es que la autocensura entre las personas teístas (cristianas en este caso) va en aumento debido al «efecto intimidatorio» contra sus creencias. También revela el estudio que muchas personas religio-

---

26. El estudio se puede ver en <https://www.intoleranceagainstchristians.eu/publications/perceptions-on-self-censorship>.

sas reprochan a sus líderes su falta de valentía, su «timidez» y el «silencio de las conferencias episcopales»[27] que provocan esa autocensura. Finalmente, el estudio concluye que es en las instituciones académicas donde se practica la autocensura en mayor medida: «las universidades son el entorno más hostil»,[28] y sigue: «Nuestro análisis revela que… la mayor parte de los incidentes y la mayor extensión de la autocensura se encuentra entre los académicos».

Soberbia

> La incredulidad tiene su origen en la soberbia, que hace que el hombre no quiera someter su entendimiento a las reglas […] la incredulidad reside en el entendimiento, pero la causa es la voluntad.

Santo Tomás de Aquino[29]

Los seres humanos manifestamos frecuentemente una incapacidad para abandonar una opinión que hemos adoptado conscientemente y que hemos manifestado de forma consis-

27. En el capítulo de Francia en el estudio, pero extensivo a tantos otros países. Otras personas, extrañadas del silencio de los líderes religiosos no pueden sino concluir que esa reserva quizá tenga que ver con «problemas del propio cristianismo», por lo que esa actitud por parte de la jerarquía religiosa —que posiblemente ellos pretenden presentar como «prudencia»— es responsable no solo de la pusilanimidad de los laicos, sino también de alguna apostasía. Por otro lado, es interesante notar que parece haber más autocensura entre el clero que entre los laicos.
28. En el capítulo dedicado a Alemania.
29. *Summa Theologica*, para la primera parte de la cita: parte II-IIae, cuestión 10, artículo 1, resp. a objeciones 3; para la segunda parte de la cita: II-IIae, cuestión 10, artículo 2, resp.

tente y pública, aunque tengamos evidencias abundantes de que esa opinión es errada. Nos «casamos» con esa opinión y nos entierran con ella. Es una forma de soberbia. Hay quien hace depender su autoestima a la consideración de otros sobre sus propias opiniones y considera que cambiarlas menoscabará esa consideración y, por tanto, debilitará su autoestima. Es una manifestación de inmadurez.

Sospecho que esas manifestaciones de soberbia y de inmadurez son en muchas ocasiones la razón para que reconocidos ateos no acepten las evidencias que la ciencia moderna ofrece a favor del teísmo. He observado a personas inteligentes ser tan necias que prefieren creer tener razón a ser felices.

Considere las siguientes declaraciones:

Richard Lewontin fue un biólogo norteamericano ateo, profesor en varias universidades de aquel país, que se encontró con su Creador en 2021 y que mencionamos en la parte de la biología. Explica que su adscripción al materialismo es previa e inmutable ante cualquier otra consideración: «Nos ponemos del lado de la ciencia [el autor se refiere a la ciencia sin Dios] a pesar del absurdo patente de alguna de sus construcciones; a pesar de su fracaso para cumplir muchas de sus extravagantes promesas de vida y de salud; a pesar de la tolerancia de la comunidad científica por historias casuales sin confirmar, porque tenemos un compromiso previo, el compromiso con el materialismo... No podemos permitir que Dios se abra paso».[30] Soberbia.

En general, esa actitud que podríamos llamar «escepticismo *a priori*» va acompañada de una alta estima de sí mismo que también impide al individuo considerar que podría estar errado. Hemos mencionado a Peter Atkins[31] en varias oca-

---

30. Richard Lewontin: «Billions and billions of demons», *New York Review of Books*, 9 de enero de 1997.
31. Sobre Peter Atkins véase nota 39 del cap. 5.

siones. El señor Atkins es un fanático ateo como demuestran sus declaraciones, algunas de las cuales están incluidas en el capítulo dedicado al nuevo ateísmo. Probablemente el señor Atkins es más verboso de lo que la prudencia aconsejaría, pero ello nos permite ahondar en la psicología de los antiteístas. En sus propias palabras —comentadas por David Berlinski—, «a lo largo de un ensayo [escrito por el señor Atkins] en que denuncia no solo la teología, sino también la poesía y la filosofía, observa favorablemente de sí mismo que los científicos "están en la cúspide del conocimiento, dechados de racionalidad e intelectualmente honestos". No hace falta decir, añade Atkins, que "no hay razón alguna para suponer que la ciencia no pueda manejar todos y cada uno de los aspectos de la existencia", ya que la ciencia es en definitiva "la apoteosis del intelecto y la consumación del Renacimiento"». Estas cómicas declaraciones pueden ser abreviadas observando que Atkins está persuadido de que no solo la ciencia es algo muy bueno, sino que además ninguna otra cosa es buena en absoluto».[32] El señor Atkins es un paradigma andante del «escepticismo *a priori*» y es el autor de una peculiar teoría diseñada para evitar tener que considerar a Dios y a la creación. Esa teoría se puede resumir en «Dios no es necesario porque realmente nada existe y nada fue creado». Resulta ingenioso —a falta de un mejor adjetivo— intentar evitar a Dios mediante el artificio de convencerse de que nada existe. No hay Creador porque no hay creación. Como lo oyen. En un debate con el filósofo teísta William Lane Craig[33] que produjo momentos hilarantes el señor Atkins aseguraba a la audiencia que ni ellos ni nada de lo existente era «nada» y que por tanto Dios no tenía por

32. David Berlinski, *op. cit.*, p. 7.
33. Debate del 3 de abril de 1998. Se puede ver en YouTube en inglés en <https://www.youtube.com/watch?v=HXke0dURBZQ>.

qué existir ya que no tuvo que crear «nada». A ello el señor Craig no pudo por menos que contestar «Él [el señor Atkins] literalmente cree que nada existe y que somos la elegante reorganización de nada», así que la conclusión es que «la alternativa a creer en la existencia de Dios es decir que nada es real». Creo que la mayoría de nuestros congéneres ante esa disyuntiva preferirán existir, aunque con ello deban creer en la existencia de Dios a no existir en absoluto. Y ya puestos en faena, el señor Atkins acabó manifestando que según la lógica atea tampoco existían obligaciones morales ni tal cosa como normas morales objetivas.[34] En otro foro el señor Craig no pudo sino observar: «Nadie en última instancia realmente deja de hacerse cristiano por falta de argumentos; deja de hacerse cristiano porque ama la oscuridad más que la luz y no quiere saber nada de Dios». (En lo que se refiere a este libro puede cambiar la palabra «cristiano» por «teísta»: «Nadie en última instancia deja de hacerse teísta por falta de argumentos», etc.).[35]

Finalmente, un ejemplo de cómo opera esa soberbia intelectual en todos nosotros, incluso en los intelectos más agudos —o quizá más en ellos— y nos impide reconocer el

34. Se puede ver todo el debate en <https://www.youtube.com/watch?v=w1Y6ev152BA>.
35. William Lane Craig, *Reasonable Faith: Christian Truth and Apologetics*, 1994. Cit. en Charlie H. Campbell en «Apologetics Quotes», 2020, p. 105. Ya hemos mencionado al señor Craig —véase nota 8 del cap. 8—, un profesor de Filosofía y apologeta que inspira pánico en los neoateos. El señor Dawkins se ha negado a debatir con el señor Craig repetidamente (también lo han hecho otros ardorosos ateos). Tanto así que otros escépticos han afeado la hipocresía y la cobardía de estos neoateos. Por ejemplo, Daniel Came en un artículo en *The Guardian* titulado «La negativa a debatir de Richard Dawkins es cínica y antiintelectual», 22 de octubre de 2011, se puede consultar en <https://www.theguardian.com/commentisfree/belief/2011/oct/22/richard-dawkins-refusal-debate-william-lane-craig>, o también Sam Harris, que describió al señor Craig como «el apologeta cristiano que parece haber introducido el miedo a Dios en muchos de mis colegas ateos».

bosque que está delante de nosotros entre tantos árboles que sí podemos ver. Hemos mencionado en varias ocasiones a Fred Hoyle,[36] que acuñó el término de «Big Bang» a modo de mofa de la teoría del padre Lemaître y resultó ser el nombre con que pasó a la posteridad. El señor Hoyle fue durante gran parte de su vida ateo, pero se convirtió en teísta debido a los descubrimientos de la ciencia que le «obligaron» a aceptar la existencia de un Creador. En su libro *The Intelligent Universe*,[37] afirma que cualquiera tan «estúpido»[38] como para creer que el comienzo de la vida fue por accidente es culpable de tener una «mentalidad de chatarrería»,[39] y luego propone una analogía que se ha repetido desde entonces, pregunta qué posibilidades hay de que un tornado que sople en una chatarrería que contenga las piezas de desguace de un avión Boeing 747 —el popular Jumbo— lo ensamble perfectamente de forma accidental y lo deje impecablemente atornillado y listo para volar en el hangar. «Las posibilidades son tan diminutas que son insignificantes», y ello «incluso si un tornado soplara en tantos desguaces como para llenar todo el universo». El señor Hoyle tenía razón y esas observaciones fueron las que le convirtieron en teísta... Sin embargo, el señor Hoyle, que fue uno de los proponentes de la teoría del «universo en estado estacionario», jamás aceptó la realidad del Big Bang que invalidaba su teoría y ello aunque las evidencias se acumularan en su favor hasta el punto de no dejar duda razonable de que el universo tuvo un comienzo hace 13.700 millones de años, tal y como calculó el padre Lemaître (como vimos en la parte de «Confirmacio-

36. Sobre Fred Hoyle, véase nota 45 del cap. 4.
37. *The Intelligent Universe. A New View of Creation and Evolution*, Michael Joseph Ltd., 1983.
38. «*Foolish*» en el original.
39. «*Junkyard mentality*» en el original.

nes» del capítulo «Y hubo un principio», en la segunda parte de este libro).

En 1965 se publicaron los hallazgos de los señores Penzias, Wilson y Dicke sobre la radiación cósmica de fondo que confirmaron el Big Bang; en 1989 se hicieron públicas las mediciones del satélite COBE, que también reafirmaron la existencia de un principio del universo y un «Big Bang»; en junio de 2001 se lanzó el satélite WMAP, que de forma más precisa volvió a ratificar la realidad del Big Bang y la edad del universo. Nada fue bastante para el señor Hoyle, que falleció en agosto de 2001 sin aceptar la objetividad que la observación y los datos mostraban con evidencia. ¿Soberbia? No sé, ya será Otro quien lo juzgue.

> Sobre Ti he predicado. Sobre Ti he enseñado.
> No he dicho nunca nada contra Ti. Si algo no ha sido
> bien dicho, se debe atribuir a mi ignorancia.

SANTO TOMÁS DE AQUINO[40]

Finalmente, una razón que suelen aducir los ateos y agnósticos para no abrazar el teísmo es que en muchas ocasiones

40. Palabras de santo Tomás de Aquino en su lecho de muerte. Santo Tomás fue un fraile, teólogo y filósofo cristiano italiano de la orden de los dominicos que vivió en el siglo XIII. A juicio de quien esto escribe el mayor filósofo y posiblemente el hombre más inteligente de todos los tiempos; sin embargo, ante una experiencia «directa con Dios» en diciembre de 1273 (llamada «visión beatífica» por los católicos) le confesó a su secretario que en comparación todos sus escritos «eran como paja», por lo que no se consideraba capaz o digno de escribir más. Falleció a principios de 1274. Para la cita Dominic Prümmer, O. P., «Fontes Vitae S. Thomas Aquinatis, notis historicis et criticis illustrate», cit. por Gerard Verschuuren en *A Catholic scientist proves God exists*, 2019, p. 179.

la vida de aquellos que somos teístas (y más si somos religiosos) no es consecuente con nuestras creencias. Y ello es cierto y por ello pedimos contrita y humildemente perdón, pero también contestamos que en muchas más ocasiones las vidas de los ateos tampoco son consecuentes con sus creencias. La diferencia es que en estos casos esa falta de coherencia es casi siempre una bendición.

La falta de «unidad de vida»[41] o de congruencia vital es una debilidad que no distingue a paganos o creyentes. Ovidio, autor pagano, escribió en las *Metamorfosis*: «*Video meliora proboque, sed deteriora sequor*»,[42] y san Pablo nos dejó escrito algo no muy diferente en su Carta a los romanos. «Puesto que no hago el bien que quiero, sino el mal que no quiero»,[43] por lo que tampoco debemos juzgar exclusivamente la veracidad de un aserto basándonos en la coherencia de quien lo afirma. Sería deseable que todos los creyentes en Dios vivieran como si esa creencia informara cada uno de los actos de su vida, y hasta los más furibundos ateos estarían de acuerdo en que el mundo sería mejor y más justo si eso fuera así (lo que por otra parte dice mucho de lo que piensan que sería el mundo si los ateos vivieran congruentemente), pero si juzgáramos la calidad de los pensamientos solo por la coherencia y la altura cordial de quien los presenta estaríamos condenados al mayor de los escepticismos.

Otra explicación de la falta de congruencia vital en el campo teísta puede proceder de algunas ideas —creemos que equivocadas— de algunas religiones. Por ejemplo, en el

41. En palabras de san Josemaría Escrivá de Balaguer. Sacerdote católico español fallecido en 1975. Doctor en Derecho por la Universidad Central de Madrid y en Teología por la Pontifica Universidad Lateranense. Fundador del Opus Dei y santo de la Iglesia católica. Autor de *Camino*, la obra de no ficción en lengua española más traducida en el mundo.
42. «Veo lo que es mejor y lo apruebo, sin embargo sigo lo que es peor».
43. San Pablo, Carta a los Romanos, capítulo 7, versículo 19.

islam existe una diferenciación práctica entre «culpa» y «vergüenza» que sorprende a todos los que hemos residido en países mayoritariamente musulmanes.[44] Lo realmente importante es la «vergüenza» de tal modo que una acción reprobable que genera «culpa» no es tan significativa como la acción reprobable y pública que genera «vergüenza». (Como me admitió un conocido musulmán: «No está mal si no te pillan»).

En el campo cristiano y en la filosofía protestante —más bien calvinista— se piensa que el hombre debe compartimentar su esfera pública y su esfera privada sin que una influya en la otra. Esto vendría a suponer que lo que el científico manifiesta en público no tiene por qué estar armonizado con las creencias privadas de ese mismo científico.

En cualquier caso, aprovecho este momento para solicitar su indulgencia por cualquier acto que haya hecho o dejado de hacer o palabra que haya pronunciado —en este libro o de otra forma— que haya alejado a alguien de la verdad incontrovertible de la existencia de un Dios Creador.

44. He tenido la oportunidad de residir y visitar asiduamente durante casi una década Arabia Saudí, Yemen, Emiratos Árabes, Pakistán, Marruecos, Siria, Líbano, Egipto y Cisjordania.

Epílogo
¿Y ahora qué?

La ciencia trata de entender cómo es nuestro universo y cómo
funciona, incluyéndonos a nosotros los humanos. La religión
busca entender el propósito y el significado del universo,
incluyendo nuestras propias vidas. Si el universo tiene un
propósito o un significado tiene que reflejarse en su estructura
y su funcionamiento, y por lo tanto en la ciencia.

CHALES TOWNES[1]

Volvemos al principio. Solo existen dos posibilidades y necesariamente una de las alternativas es cierta y la otra no lo
es. O bien Dios (Algo-Alguien-Creador) existe, o bien no
existe. No es posible —como quisieran algunos— tener
«una tercera vía», que Dios «existiese, pero poquito», o tener un «Dios a ratos». Tampoco es posible obviar el tema

---

1. Charles Townes fue un físico norteamericano fallecido en 2015. Ganador
del Premio Nobel de Física en 1964. Teísta y religioso cristiano, la cita es de
su discurso de aceptación del Premio Templeton en 2005, que le fue concedido por su contribución al entendimiento de la religión. Cit. en la Wikipedia
en inglés, <https://en.wikipedia.org/wiki/Charles_H._Townes>.

como irrelevante porque hay pocos asuntos —si alguno— más trascendentales. Dependiendo de la respuesta que demos a esa alternativa tendremos un diferente entendimiento de la realidad, de nuestra existencia y de la de los demás.

Las evidencias que hemos presentado en este libro —cualquiera de ellas individualmente y más observadas en su conjunto— deberían convencer a toda persona razonable e incluso a muchas no razonables de que la existencia del universo, de sus leyes, de la vida... la misma existencia de usted que está leyendo esto y la mía que lo escribo precisan que haya habido y que haya un Creador que tiene las características de eso que las religiones tradicionales llaman Dios.

Si usted es de los que desearía que las evidencias apuntaran en sentido contrario; si hubiera preferido que las pruebas demostraran que Dios no existe tan palmariamente como demuestran lo opuesto, le expreso desde aquí mi simpatía y le acompaño en el minuto de silencio por sus fallecidos prejuicios. Le aconsejo que no dedique más tiempo a barruntar el dolor por «lo que hubiera podido ser» al tiempo que le avanzo que «lo que es» es infinitamente mejor.

Bien, Dios, el Creador, existe... ¿Y ahora qué? Una vez que hemos llegado al convencimiento de la existencia de ese Algo-Alguien-Creador, el siguiente paso lógico es preguntarnos «¿Qué-Quién-Cómo es?» e inmediatamente después «¿qué hay de lo mío?». Y «¿en qué me concierne?» (y es que el ser humano tiene una consistente tendencia a pensar primero en sí mismo —para deleite de los cínicos— al igual que tiene una sorprendente e inesperada propensión a actuar generosamente y hasta dar la vida por los demás —para confusión de los escépticos).

La ciencia puede ayudar a dar respuestas a esas preguntas —más de lo que suele pensar—, pero esas cuestiones, como dijimos al principio, exceden el objeto de este libro. No obstante, creemos que cualquier ser humano que se precie debe cuestionarse sobre su Creador y cuáles sean sus intenciones para con nosotros, si es que las tiene. Posiblemente nos vaya en ello la vida o la felicidad en la vida, algo a lo que es digno aspirar.

Alguna cosa podemos decir aquí, sin embargo, que se deduce de todo lo anterior expuesto en este libro. Ese Creador-Algo-Alguien existe necesariamente, es decir que NO podría no existir, pero, por el contrario, el universo y usted y yo SÍ podríamos no existir. Lógicamente, se puede deducir que si el universo, usted y yo existimos es porque Él así lo ha querido deliberadamente. También hemos visto que «se ha tomado muchas molestias» para que el universo y usted y yo existamos (siempre que pienso esto me siento extrañamente importante y al tiempo enormemente agradecido) y parece que se las sigue tomando. Ese Creador parece interesado en usted y en mí y en el universo y no solo en el momento de la creación, sino a lo largo de la historia. Lo que conocemos de nuestro universo sugiere que no es un Dios-Creador que se desentienda de su obra. Parece «tímido», sin querer imponerse, pero diligente.

Si ese Dios existe y se interesa por nosotros, es razonable pensar que se manifieste. Esas manifestaciones necesariamente han de haber aparecido en el pasado —yo al menos no soy tan soberbio como para pensar que las manifestaciones de ese Alguien-Algo habrán de empezar con mi venida al mundo— y de ser así es razonable pensar que hayan sido «recogidas» por una de las llamadas «religiones reveladas». Podría no ser así, pero esa «forma de actuar» es consistente con todo lo que sabemos de Él.

Hago aquí una advertencia que me hago a mí mismo con frecuencia —en mi caso es muy necesaria—, es una advertencia contra la soberbia. Un envanecimiento que esteriliza el espíritu y perjudica el buen juicio. Soberbia es en general lo que hace que un hombre razonable sostenga la ideología atea —«simplemente no deseo que Él exista» y «no quiero necesitarle», la soberbia suele proceder de una inconfesada creencia («¿quién como yo?) y de un atávico deseo («¡nadie por encima de mí!»). Soberbia es también muy frecuentemente lo que provoca que pensemos que somos tan especiales que no necesitamos ninguna religión («si Dios existe, entonces somos Él y yo solo») porque somos más inteligentes, o menos crédulos, o más fuertes o menos gazmoños; en definitiva, porque «nosotros no somos como los demás». Podría ser cierto, pero en general no lo es y cuando lo es en general sería mejor que no lo fuera.

Por otro lado, si usted es religioso —enhorabuena— le aconsejo lo que el papa católico Benedicto XVI escribió en su testamento espiritual: «¡Manténganse firmes en la fe! ¡No se dejen confundir! A menudo parece como si la ciencia —las ciencias naturales, por un lado, y la investigación histórica… por otro— fuera capaz de ofrecer resultados irrefutables en desacuerdo con la fe católica. He vivido las transformaciones de las ciencias naturales desde hace mucho tiempo, y he visto cómo, por el contrario, las aparentes certezas contra la fe se han desvanecido, demostrando no ser ciencia, sino interpretaciones filosóficas que solo parecen ser competencia de la ciencia».[2]

Y es que la buena ciencia parece en ocasiones dedicada al descubrimiento de las migas de pan que parecen haberse dejado intencionadamente en el camino. De hecho, si lo piensa con detenimiento, una de las pruebas de la existencia de Dios es que «esas migas» pueden ser comprendidas —que la realidad puede ser conocida— y que podemos construir sobre ellas. La existencia de un orden previo que podemos descu-

2. Su Santidad Benedicto XVI, *Testamento espiritual*, redactado el 29 de agosto de 2006 y publicado tras la muerte del pontífice, el 31 de diciembre de 2022.

brir y que no necesariamente debiéramos esperar, es una prueba de la existencia de un «Ordenador». De este modo la mera existencia de la ciencia es en sí una prueba de la existencia de Dios. Un filósofo cristiano protestante solía decir: «La prueba de la existencia de Dios es que sin Él no se puede probar nada».[3] Pues bien, hemos visto que el número y tamaño de «esas migas» ha sido mucho mayor en las últimas décadas y que la ciencia actual muestra muchas y elocuentes pruebas de Dios en la naturaleza creada. Considerando cómo «funciona» el Algo-Alguien que arroja esas pistas podemos suponer que esos indicios han sido dejados deliberadamente y que nuestro descubrimiento de ellos había sido previsto o deseado, como si conviniera a un Plan.

Yo, al escribir este libro, cumplo con mi parte. Pretendo con humildad seguir las palabras de Ben Sirá en el Libro del Eclesiástico en la Biblia: «Ahora voy a recordar las obras del Señor, voy a contar lo que he visto... ni siquiera los santos del Señor son capaces de contar todas las maravillas que el Señor omnipotente ha establecido firmemente para que el universo subsista ante su gloria... el Altísimo conoce toda la ciencia y escruta las señales de los tiempos. Anuncia lo pasado y lo futuro... porque Él existe desde siempre y por siempre».[4]

Sugiero que usted al llegar hasta aquí se pregunte: «¿Y ahora qué?». Y luego emprenda el camino que le haga llegar hasta donde la Verdad le lleve.

QDLB.

---

3. Cit. por Madrid y Hensley en *The Godless Delusion*, p. 158.
4. Pasaje del libro del Eclesiástico que providencialmente acabo de leer según escribía este epílogo. Eclesiástico 42, 15-21. El libro del Eclesiástico, también llamado Sirácida, es el único libro sapiencial que lleva la firma de su autor, el hijo de Sirá, Ben Sirá.

Bibliografía recomendada

La bibliografía completa se puede encontrar en las más de setecientas citas incluidas en el libro. Para no repetirla, incluimos a continuación una bibliografía más reducida y recomendada.

Augros, Michael, *Who Designed the Designer?: A Rediscovered Path to God's Existence*, San Francisco, Ignatius Press, 2015.

Axe, Douglas, *Undeniable: How Biology Confirms Our Intuition that Life is Designed*, Nueva York, Harper One, 2016.

Berlinski, David, *The Devil's Delusion: Atheism and its Scientific Pretensions*, Nueva York, Basic Books, 2009.

Bolloré Michel-Yves y Olivier Bonnassies, *Dieu. La Science. Les Preuves: L'aube D'une Révolution*, París, Guy Trédaniel éditeur, 2021.

Bronowski, Jacob, *Science and Human Values*, Nueva York, Perennial Library, Harper & Row Publishers, 1972.

Carrascosa Santiago, Alfonso, *Iglesia católica y ciencia en la España del siglo*, Madrid, Bendita María, 2019.

Collins, Francis S., *¿Cómo habla Dios?: La evidencia científica de la fe*, Barcelona, Ariel, 2016.

Grodi, Marcus, *From Atheism to Catholicism: Nine Con-*

verts Explain Their Journey Home, Irondale (Alabama), EWTN Publishing, 2017.

Guerra Sierra, Ángel, *Hombres de ciencia, hombres de fe*, Madrid, Rialp, 2011.

Hahn, Scott y Benjamin Wiker, *Dawkins en observación: Una crítica al nuevo ateísmo*, Madrid, Rialp, 2011.

Hahn, Scott, *Reasons to Believe: How to Understand, Explain and Defend the Catholic Faith*, Londres, Darton, Longman & Todd, 2018. [Hay trad. cast.: *La fe es razonable: Cómo comprender, explicar y defender la fe católica*, Madrid, Rialp, 2008].

Johnson, Paul, *Intelectuales*, Madrid, Homo Legens, 2009.

Jouve de la Barreda, Nicolás, *El mensaje de la vida: Credo de un genetista*, Madrid, Ediciones Encuentro, 2020.

Madrid, Patrick y Kenneth Hensley, *The Godless Delusión: A Catholic Challenge to Modern Atheism*, Huntington (Indiana), Our Sunday Visitor Publishing Division, 2010.

Margenau, Henry y Roy Abraham Varghese, *Cosmos, Bios, Theos: Scientists Reflect on Science, God, and the Origins of the Universe, Life and Homo Sapiens*, La Salle (Illinois), Open Court, 1993.

Rizzi, Anthony, *The Science before the Science: A Guide to Thinking in the 21st Century*, Bloomington (Indiana), Author House, 2020.

Spitzer, Robert J., *New Proofs for the Existence of God: Contributions of Contemporary Physics and Philosophy*, Grand Rapids (Michigan), William B. Eerdmans Publishing Company, 2010.

Unwin, Stephen D., *La probabilidad de Dios*, Barcelona, Crescendo, 2008.

Verschuuren, Gerard, *A Catholic Scientist Proves God Exists*, Manchester, Sophia Institute Press, 2019.